Ella Kensington

Die Glückstrainer

Ella Kensington

Die Glückstrainer

Wie man bei sich und anderen die guten Gefühle entstehen lässt

Ella Kensington Verlag

Die Deutsche Bibliothek – CIP-Einheitsaufnahme
Ein Titeldatensatz für diese Publikation ist bei der Deutschen Bibliothek erhältlich.

Ella Kensington
Die Glückstrainer: Wie man bei sich und anderen die guten Gefühle entstehen lässt

Zug: Ella Kensington Verlag, 2008

ISBN 978-3-905765-02-1

3. überarbeitete Auflage

Herstellung: NEUNPLUS1, Berlin

Printed in Germany

Die Schreibweise entspricht den Regeln der neuen Rechtschreibung.

Ella Kensington im Internet: **http://www.ella.org**

Über viele Jahre
unter großen Kosten
reiste ich durch viele Länder
sah die hohen Berge
die Ozeane

Nur was ich nicht sah
war der glitzernde Tautropfen
im Gras gleich vor meiner Tür

Rabindranath Tagore
(Bengalischer Dichter)

Inhaltsverzeichnis

Vorwort

Du findest in diesem Buch ein einfaches, aber höchst effizientes Konzept, das auf den neuesten wissenschaftlichen Ergebnissen der Glücksforschung aufbaut. Vor diesen Forschungen war Glück auf dem Niveau, das wir mit unserem Konzept tatsächlich erreichen können, kaum möglich.

Du kannst mit den nachfolgenden Inhalten zu einem wertvollen Berater in Sachen Glück und Erfolg für dich selbst und andere Menschen werden. Wenn du das so effektiv wie möglich tun willst, möchte ich dir empfehlen, dabei so viel Spaß wie möglich zu haben. Wissenschaftler haben nämlich herausgefunden, dass ein Mensch mit Spaß doppelt so schnell lernt wie mit Druck.

Dieses Buch ist so aufgebaut, dass du allein schon durch das Lesen automatisch immer glücklicher wirst. Damit dies funktioniert, ist es sinnvoll, das Buch von vorne bis hinten durchzulesen.

Ich freue mich übrigens sehr darüber, dass du dieses Buch liest. Ich habe das Ziel, so viel Glück wie möglich in unsere Welt zu bringen. Offensichtlich haben wir ein sehr ähnliches Ziel. Wir werden uns sicherlich gut ergänzen. Wir werden die Welt gemeinsam um ein Stück Glück bereichern. Im ersten Teil dieses Buches werden wir uns mit deinem eigenen Glück beschäftigen. Im zweiten Teil wirst du professionelle Möglichkeiten kennen lernen, mit denen du dein Umfeld glücksinfizieren kannst. Im dritten und vierten Teil wirst du dann lernen zu zaubern …
Ich wünsche dir viel Spaß dabei! ☺

Bodo

Teil 1: Grundlagen

1.I. Was braucht man zum Glücklichsein?

Diese Frage ist sicherlich so alt wie die Menschheit selbst. Die Antworten auf diese Frage sind ebenso reichhaltig wie widersprüchlich.

Jeder von uns verfolgt sein eigenes Konzept zu einem glücklichen Leben. Möglicherweise sind wir uns in einigen Punkten darüber einig, dass dies und jenes wichtig ist. Wir werden jedoch keinen zweiten Menschen finden, der genau den gleichen Weg zum Glück eingeschlagen hat wie wir. Wir sind also in dieser Hinsicht absolut einzigartig!

Doch was ist Glücklichsein wirklich?

Reich, berühmt und sexy und dann von der Brücke springen?!

Es gibt Menschen, die scheinbar alles haben, was man zum Glücklichsein braucht. Sie sind erfolgreich, verdienen viel Geld, haben einen tollen Lebenspartner, sehen gut aus, sind gesund und fit und werden von vielen Menschen begehrt. Doch trotz dieser tollen Lebensumstände springen sie von der Brücke und setzen ihrem Leben ein freiwilliges Ende. Der Grund: Sie waren unglücklich und sahen keine Chance mehr, irgendwann glücklich zu werden.

Was um alles in der Welt fehlte ihnen? Die Antwort ist einfach: Ihnen fehlten glückliche Gefühle. Sie hatten alles, nur keine glücklichen Gefühle.

Glücklich sind wir immer nur dann, wenn wir uns auch wirklich glücklich fühlen. Die äußeren Umstände unseres Lebens können noch so genial sein – wenn wir uns dabei unglücklich fühlen, nutzen sie uns auch nichts.

Lottogewinner und Rollstuhlfahrer

In Amerika gab es einmal eine große Studie, die als Klassiker in die Geschichte der menschlichen Sozialforschung eingegangen ist. Man wollte herausfinden, wie groß der Unterschied im Glücksempfinden zwischen Menschen war, die viel Geld im Lotto gewonnen hatten, und Menschen, die mit einer Querschnittslähmung an den Rollstuhl gefesselt waren. Man stattete beide Gruppen mit einem Piepser aus, der sie mehrere Tage lang alle fünf Minuten daran erinnerte, ihr momentanes Glücksempfinden in eine Liste einzutragen. Das Ergebnis dieser Studie verblüffte alle. Es gab keinen nennenswerten Unterschied zwischen beiden Gruppen in Bezug aufs Glücklichsein. Natürlich erlebten sie unterschiedliche Situationen und Lebensumstände. Doch in ihrem Glücksempfinden waren sie praktisch gleich.

Eine ähnliche Studie verglich chronische Schmerzpatienten mit gesunden Menschen. Auch hier zeigte sich wider Erwarten das gleiche Bild: Beide Gruppen waren in etwa gleich glücklich. Nach neuesten Forschungen aus dem Bereich der Neurobiologie ist dies auch erklärbar: Wir haben verschiedene Gehirnzentren für Schmerzen und für Glücksgefühle. Beide können gleichzeitig aktiviert werden. Die Frage ist lediglich, worauf diese Menschen ihre Aufmerksamkeit lenken. Bei allen Schmerzpatienten wurde deutlich, dass sie ihren Schmerz immer wieder einmal vergaßen und sich anderen wichtigen Dingen zuwendeten, die sie glücklich machten. Im Schnitt vergaßen diese Menschen genauso häufig ihren Schmerz, wie die Gesunden andere Sorgen vergaßen.

Eine halbe Stunde geliebt werden

Eine weitere erwähnenswerte Studie beschäftigte sich mit dem Glücksempfinden von Paaren und Singles. Man wollte herausfinden, wer glücklicher ist. Um das Ergebnis vorwegzunehmen: Es gab wieder einmal keinen nennenswerten Unterschied. Beide Gruppen waren gleich glücklich.

Trotzdem sehnen sich die meisten Menschen nach einer Partnerschaft. In Anbetracht der Gleichwertigkeit des Single-Glücks ist das verwunderlich. Es wird jedoch verständlich, wenn man sich die menschlichen Instinkte anschaut.

Der Mensch war in seinem Ursprung ein Rudeltier. Er hat ein angeborenes Verhaltensprogramm, das ihn dazu veranlasst, sich mit anderen Menschen zusammentun zu wollen. Das innigste Zusammensein ist für die meisten Menschen eine Partnerbeziehung. Wann immer wir uns mit jemandem zusammengehörig fühlen, fühlen wir uns auch glücklich. Leider fühlen wir uns auch grottenschlecht, wenn diese Zusammengehörigkeit gefährdet scheint. Daher heben bei den meisten Paaren die Vorteile einer Partnerschaft in Bezug auf glückliche Gefühle die Nachteile ziemlich genau wieder auf. Paare sind im Schnitt also nicht glücklicher als Singles.

Was in dieser Studie ebenfalls ermittelt wurde, war die Zeitspanne, die glückliche Paare täglich miteinander mit glücklichen Gefühlen verbrachten. Gewertet wurden nur Glücksgefühle, die kein anderer Mensch genauso gut hätte auslösen können. Es ging um Liebe, Verbundenheit, Leidenschaft und so weiter, also um all die schönen Dinge innerhalb einer Partnerschaft. Was nicht gewertet wurde, waren zum Beispiel Gespräche, die nach eigenen Angaben der Testpersonen mit anderen Menschen genauso glücklich hätten sein können. Es ging also nur um direktes, primäres Partnerglück, das man mit sonst keinem Menschen teilen konnte. Das Ergebnis war verblüffend: Nur eine halbe Stunde pro Tag verbringen glückliche Paare im Durchschnitt mit Liebe und Partnerglück.

Andererseits beschäftigen sich die meisten Menschen aber 24 Stunden am Tag damit, wenn in ihrer Partnerschaft ein ernsthaftes Problem zu lösen ist. Die Ursache dieses ungewöhnlichen Phänomens gibt uns die Möglichkeit, unser Glückspotenzial vollständig freizulegen.

Glücklichsein heißt, sich glücklich zu fühlen

Es sind also unsere glücklichen Gefühle, die uns glücklich machen. Die Lebensumstände, in denen wir leben, haben längst nicht die Bedeutung, die wir ihnen bisher beigemessen haben. Vielmehr kommt es darauf an, was wir aus den Umständen machen. Ob wir uns damit gute oder schlechte Gefühle machen, liegt ganz allein bei uns!

1.II. Muss man nicht zuerst seine Probleme lösen?

In unserer Kultur gibt es den weit verbreiteten Glauben, man könne nicht glücklich sein, wenn man ein Problem hat. Diese Überzeugung wurde uns schon unser gesamtes Leben lang anerzogen.

Doch ist das wirklich wahr? Können wir nur dann glückliche Gefühle haben, wenn wir keine Probleme haben?

Stell dir einmal vor, dein Chef schmeißt dich raus. Du hast also ein Problem: Du hast keinen Job mehr. Du gehst verzweifelt zum Arbeitsamt und begegnest dort der Liebe deines Lebens! Es haut euch beiden auf den ersten Blick die Socken weg. Ihr verlasst gemeinsam das Arbeitsamt und spürt, dass für euch ein neues Leben anfängt.

Wärst du in dieser Situation glücklich, die Liebe deines Lebens gefunden zu haben? Oder wärst du unglücklich, weil dein Chef dich rausgeschmissen hat?

Du wärst also glücklich, obwohl du keinen Job hast. Du wärst glücklich, obwohl du ein Problem hast!

Natürlich können wir uns glücklich fühlen, wenn wir Probleme haben. Und wir können uns unglücklich fühlen, wenn wir keine Probleme haben!

Mit welchen Gefühlen, glaubst du, könntest du denn generell deine Probleme am besten lösen? Wenn du in Angst und Panik versumpft bist oder wenn du gut drauf bist? Mit welchen Gefühlen wärst du im Vollbesitz deiner geistigen Kräfte? Mit welchen Gefühlen wärst du kreativer? Und mit welchen Gefühlen hättest du mehr Energie, um deine Ideen in die Tat umzusetzen?

Ich denke, die Antwort fällt leicht. Wie erst kürzlich wissenschaftlich erforscht wurde, steigt unsere geistige Leistungsfähigkeit auf 200 Prozent unserer normalen Möglichkeiten, wenn wir glückliche Gefühle haben. Unsere Leistungsfähigkeit sinkt hingegen auf einen Bruchteil unserer normalen Fähigkeiten, wenn wir uns unglücklich fühlen. Und je unglücklicher wir sind, desto weniger können wir tatsächlich leisten. Das geht bis zur absoluten Machtlosigkeit!

Vergiss also die alte Überzeugung, man müsse zuerst seine Probleme lösen, bevor man glücklich sein kann. Es ist genau umgekehrt. Man sollte zuerst einmal glücklich sein, bevor man anfängt, seine Probleme zu lösen!

Das klingt fast unverschämt, was? Doch jederzeit glückliche Gefühle zu haben, ist in Wirklichkeit sehr einfach, wenn man weiß, wie es geht.

Unsere Gefühle fallen nicht vom Himmel. Wir machen sie uns selbst. Wenn du willst, kannst du dazu einmal eine kleine Vorübung ausprobieren.

Kannst du dich zum Beispiel daran erinnern, wie sich Zuneigung anfühlt? Oder kannst du dir vielleicht sogar vorstellen, wie es sich anfühlen würde, wenn du jetzt Zuneigung fühlen würdest? Wie würde es sich anfühlen, wenn diese Zuneigung stärker würde? Versuch dir einmal dieses Gefühl vorzustellen!

Wie würde es sich anfühlen, wenn die Zuneigung noch stärker würde? Stell dir einmal vor, sie würde so stark, dass du Liebe fühlst! Und jetzt stell dir vor, diese Liebe würde noch stärker! Wie würde sich das anfühlen?

Kannst du dir vorstellen, wie sich die Liebe anfühlen würde, wenn sie stärker würde als jemals zuvor in deinem Leben – so stark, dass du glaubst, vor Glück zu zerspringen? Versuch dir das einmal vorzustellen!

Stell dir einmal vor, du wärst ein Mensch, der seit Jahrzehnten seine wahre Liebe sucht! Plötzlich wird dir bewusst, dass du sie gefunden hast. Du spürst diese übergroße Liebe, von der ich eben gesprochen habe.

Sicherlich würdest du beginnen, dich über diese Liebe zu freuen. Kannst du dir vorstellen, wie sich das anfühlen würde? Du würdest diese gigantische Liebe fühlen und dich darüber freuen. Kannst du dir vorstellen, wie sich diese Freude zusammen mit der Liebe anfühlen würde?

Und jetzt stell dir einmal vor, diese Freude würde noch stärker! Stell dir vor, sie würde so stark, dass du vor Glück laut schreien möchtest! Kannst du dir das vorstellen?

Dann stell dir vor, diese Freude und die Liebe würden noch stärker! Stell dir vor, die Freude über deine große Liebe würde zur Begeisterung!

Kannst du dir vorstellen, wie sich das anfühlen würde, wenn du von deiner großen Liebe begeistert bist? Es wäre ein supertolles Gefühl, stimmt's?

Wie fühlst du dich jetzt? Ich vermute einmal, es geht dir gerade ziemlich gut. Wenn du dir die benannten Gefühle vorstellen konntest, dann hast du sie auch gefühlt – vielleicht nicht so stark, wie das in Wirklichkeit der Fall wäre, aber du hast sie gefühlt. Du kannst deine Gefühle also offensichtlich positiv beeinflussen. Und genau das wollen wir im weiteren Verlauf dieses Buches systematisch ausbauen.

Für diesen Erlebnisprozess wird es sinnvoll sein, von deinen Problemen erst einmal loszulassen. Ich weiß aus Erfahrung, wie schwierig das sein kann, wenn man sein gesamtes Leben dazu erzogen wurde, seine Probleme lösen zu müssen. Wir werden also nicht daran arbeiten, deine Probleme zu ignorieren oder zu verdrängen. Wir werden sie stattdessen lieber in etwas sehr Sinnvolles umwandeln!

1.III. Hin-zu und weg-von

Regt es dich nicht auch immer auf, wenn du dir einen Film anschaust, in dem jemand vor einem Auto davonläuft, das ihn verfolgt? Anstatt sich auf der Straßenseite irgendwo in Sicherheit zu bringen, läuft der Typ einfach planlos davon und bleibt immer schön auf der Straße, auf der das Auto ihn am besten überfahren kann. Denkst du nicht auch jedes Mal, dass das total unrealistisch ist?

Die meisten Menschen verhalten sich wirklich so. Wir haben einen Instinkt, der uns dazu veranlasst, solche Dinge zu tun. Wir Menschen sind in unserem Ursprung Fluchttiere.

Wenn du daran zweifelst, dass du ein Fluchttier bist, dann geh bitte einmal in einen Zoo und brich in den Gorillakäfig ein. Dann gehst du zum nächstbesten Gorilla und haust ihm eine runter. Wenn der Gorilla dir danach wütend in die Augen schaut, wirst du spüren – du bist ein Fluchttier!

Wir alle haben diesen Fluchttierinstinkt. Wie es sich anfühlt, wenn dieser Instinkt dein Handeln bestimmt, hast du sicherlich schon einmal erlebt. Warst du zum Beispiel schon einmal in einer mündlichen Prüfung? Kannst du dich an das Gefühl erinnern? Bungee-Jumping ist nichts dagegen!

Manche Menschen sind in solch einer Situation so von Sinnen, dass sie nicht einmal mehr ihren Namen wissen, wenn sie danach gefragt werden. Das Einzige, was sie in dieser Situation wissen, ist, dass sie weglaufen sollten. Ihr Fluchttierinstinkt hat zugeschlagen!

Glücklicherweise hat die Natur uns jedoch nicht nur diesen Weg-von-der-Gefahr-Impuls gegeben, sondern auch einen Hin-zur-Sicherheit-Impuls.

Wenn dieser Impuls dein Handeln bestimmt, verhältst du dich völlig anders. Du würdest nicht vor dem bösen Auto planlos davonlaufen. Du würdest hinter einen Baum oder in einen Hauseingang flüchten und danach schauen, wo du dich als nächstes in Sicherheit bringen könntest.

Als Hin-zu-Mensch bist du zielorientiert. Du verschwendest keine Zeit damit, darüber nachzudenken, was du *nicht* willst. Du denkst an deine Ziele und überlegst, wie du deine Fähigkeiten einsetzen kannst, um diese Ziele zu erreichen.

Es versteht sich von selbst, dass du als Hin-zu-Mensch erfolgreicher und glücklicher lebst als ein Weg-von-Mensch. Ein Weg-von-Mensch will ständig etwas vermeiden. Er weiß nur, was er *nicht* will. Seine Fähigkeiten setzt er vorwiegend ein, um sich Sorgen zu machen.

Natürlich gibt es keine reinen Weg-von-Menschen, genauso wenig wie es reine Hin-Zu-Menschen gibt. Wann immer der Weg-von-Impuls das Verhalten eines Menschen bestimmt, findet man Probleme in seinem Leben vor. Schaust du dir hingegen deine Erfolge an, erkennst du, dass du dort immer als Hin-zu-Mensch agiert hast. Du hast dir ein Ziel gesetzt und deine Fähigkeiten genutzt, um dieses Ziel zu verwirklichen.

Du hast glücklicherweise in deinem Leben immer die freie Wahl, ob du dich wie ein Weg-von- oder wie ein Hin-zu-Mensch verhalten willst. Du musst dich nur entscheiden. Sobald du dir einmal anschaust, was sicherer und angenehmer ist, ist diese Entscheidung schon gefallen.

Schauen wir uns gemeinsam einmal ein paar Beispiele an: Was ist wohl sicherer und angenehmer in Bezug auf deine Gesundheit? Ist es sicherer, wenn du dir unentwegt Sorgen machst und jedes eventuelle Krankheitsrisiko vermeiden willst? Oder ist es besser, wenn du aktiv etwas für deine Gesundheit tun willst und dazu deine Fähigkeiten einsetzt?

Es gibt Tausende von Krankheiten. Wenn du anfängst, dir darüber Sorgen zu machen, macht dich allein das schon krank! Im Gegensatz zu all den Tausenden von Krankheiten gibt es jedoch nur einen Zustand, den wir Gesundheit nennen. Als Hin-zu-Mensch hast du damit ein klar definiertes Ziel.

Was könntest du alles tun, um deine Gesundheit zu erhalten? Du könntest Sport treiben, dich gesund ernähren, viel Sex haben und es dir generell gut gehen lassen. Ist ja alles nicht so schlimm, bis auf den Sex vielleicht! ☺

Es wäre sicherlich sehr viel sicherer und angenehmer, dich in Bezug auf deine Gesundheit wie ein Hin-zu-Mensch zu verhalten und etwas für deine Gesundheit zu tun, anstatt in der ständigen Angst vor Krankheiten zu leben.

Nehmen wir noch ein anderes Beispiel: Was wäre wohl sicherer und angenehmer in Bezug auf deine Beziehung? Wäre es sicherer, wenn du als Weg-von-Mensch in der ständigen Angst leben würdest, dein Partner könnte aufhören, dich zu lieben? Wie würdest du dich verhalten, wenn du dies vermeiden wolltest? Du wärst vermutlich ziemlich eifersüchtig. Auch würdest du sehr häufig daran zweifeln, dass dein Partner dich wirklich noch liebt. Oder hat er dich womöglich noch nie wirklich richtig geliebt!?

Stell dir einmal einen Menschen vor, der beim Sex alle fünf Minuten innehält und nachfragt: „Ist es wirklich recht so?“

Natürlich macht das (hoffentlich) kein Mensch verbal. Aber mal zwischendurch mit einem kritischen Blick ängstlich überprüfen, ob es dem anderen auch wirklich noch gefällt, das machen sehr viele Menschen. Sie wollen vermeiden, dass es dem Partner nicht gefällt. Natürlich törnt das beim Sex ganz schön ab. Man erreicht damit also genau das Gegenteil. Anstatt den Sex zu verbessern, schadet man ihm.

Hat ein Weg-von also besseren Sex als ein Hin-zu? Oder ist der Hin-zu der/die bessere Liebhaber(in)? Allein diese Antwort sollte doch schon genügen, damit du dich entscheiden kannst, oder? ☺

Spaß beiseite: Würdest du als Weg-von-Mensch nicht eher deine Beziehung belasten als sichern? Als Hin-zu-Mensch ist dir klar, was du wirklich willst. Du willst mit deinem Partner glücklich sein und bleiben. Wie verhältst du dich, wenn du mit deinem Partner glücklich sein willst?

Du wirst viel Spaß mit ihm haben. Du wirst das Leben mit ihm genießen. Du wirst kuscheln und knuddeln, was das Zeug hält. Ihr beide werdet dadurch eine superschöne Zeit miteinander haben und glücklich sein. Das ist der sicherste und angenehmste Weg, deine Beziehung zu sichern!

(Ich kann es einfach nicht weglassen! Ich schaffe es nicht! Ich muss dir jetzt die Wahrheit sagen! Der Sex ist mit einem Hin-zu sehr viel aufregender und leidenschaftlicher als mit einem Weg-von! Wenn sich das unter den sensiblen Männern herumspricht, werden mich vermutlich alle Machos steinigen wollen. Wer will dann noch einen Macho?!)

Wie sieht deine Entscheidung aus? Willst du in puncto Beziehung lieber ein Weg-von oder ein Hin-zu sein?

Nehmen wir noch ein weiteres Beispiel dazu: Was ist wohl besser für deine berufliche Karriere? Ist es besser, wenn du als Weg-von vermeiden willst, Fehler zu machen und entlassen zu werden? Oder ist es besser, als Hin-zu das Ziel vor Augen zu haben, bedingt durch deine Leistung für deine Firma eine Bereicherung darzustellen und all deine Fähigkeiten für dieses Ziel einzusetzen? Ich denke, die Antwort versteht sich von selbst.

Vermutlich stellst du dir stattdessen jetzt eher die Frage, wie du es genau anstellen kannst, ein hundertprozentiger Hin-zu-Mensch zu werden, oder?

Es gibt ein entscheidendes Merkmal, das einen Hin-zu- von einem Weg-von-Menschen unterscheidet: Es ist der Punkt, wie du mit deinen Problemen umgehst. Definierst du sie als Problem oder als Ziel?

Viele Menschen wollen sich keine Ziele mehr setzen, weil sie Angst vor den Enttäuschungen haben, die durch das Nichterreichen der gesteckten Ziele ausgelöst werden können.

Viele dieser Menschen haben beschlossen, nur noch im „Hier und Jetzt“ zu leben. Das erspart ihnen Frust und Enttäuschung. Aber es nimmt ihnen auch Vorfreude, Lust, Zufriedenheit und Begeisterung. Denn diese Gefühle können wir nur haben, wenn wir an die Zukunft oder an die Vergangenheit denken dürfen.

Wenn wir Zufriedenheit spüren wollen, müssen wir daran denken, was wir bisher im Leben erreicht haben. Wir müssen an die Vergangenheit denken! Wenn wir Vorfreude oder Lust haben wollen, dann geht das nur, wenn wir an die Zukunft denken, und sei es nur an eine Zukunft in ein paar Minuten oder Sekunden. Es ist die Zukunft und nicht das Hier und Jetzt, die Vorfreude und Lust auslösen kann.

Natürlich können wir uns aus der Zukunft auch viele Sorgen und Ängste heranziehen, genauso wie wir aus der Vergangenheit viele negative Gefühle heranziehen können. Um das zu vermeiden, haben viele Menschen eben beschlossen, Vergangenheit und Zukunft zu ignorieren.

Wir sollten jedoch nicht vergessen, dass diese Maßnahme eine Notmaßnahme darstellt, die man nicht anwenden würde, wenn man eine bessere Möglichkeit hätte. Diese Maßnahme wird jedoch nur so lange notwendig, wie man noch nicht gelernt hat, seine Probleme in Ziele umzudefinieren.

Wenn wir an ein Problem denken, fühlen wir uns schlecht. Wenn wir an ein positives Ziel denken, fühlen wir uns gut. Was aber ist, wenn wir keine Ahnung haben, wie wir unser positives Ziel erreichen sollen? Dann haben wir doch trotzdem ein Problem, oder? Und dann wollen wir doch sicherlich trotzdem weg von dem Problem. Wir wollen es loswerden. Damit wären wir doch schon wieder ein Weg-von!

Was aber ist, wenn du dir sagst: „Klar, im Moment weiß ich nicht, wie ich mein Ziel erreichen kann, aber ich kann es herausfinden! Ich setze es mir zum Ziel, herauszufinden, wie ich mein Ziel erreichen kann!“

Was würde passieren, wenn du das tust? Wärst du dann noch ein Weg-von? Das wärst du nicht! Du hättest dein Ziel vor Augen, das darin besteht, herauszufinden, wie du dein Ziel erreichen kannst.

Was meinst du: Wären deine Chancen auf diese Weise größer oder kleiner, dass du dein wirkliches Ziel dann doch noch erreichst? Würdest du dann eher einen Weg finden, wie du dein Problem lösen kannst? Oder wäre es besser, das Weg-von-Ziel anzustreben, dass du weg von deinem Problem willst? Was wäre also effektiver? Weg von dem Problem zu wollen oder hin zum Herausfinden, wie du dein Ziel erreichen kannst? Ich denke, die Antwort versteht sich von selbst! Doch wie viel besser wäre es, herausfinden zu wollen, wie du dein Ziel erreichen kannst? Wäre es doppelt so gut? Wäre es zehn Mal so gut? Wäre es hundert Mal so gut? Im Grunde genommen ist es nicht wirklich wichtig, wie viel besser es wäre. Es wäre auf jeden Fall besser!

Was einen Hin-zu-Menschen von einem Weg-von-Menschen unterscheidet, ist also letztendlich die Entscheidung, ein Problem nicht als Problem zu definieren, sondern ein Ziel daraus zu machen.

Selbst dann, wenn du nicht weißt, wie du das Ziel erreichen sollst, kannst du es dir zum Ziel setzen, dies herauszufinden. Und wenn du nicht weißt, wie du das herausfinden sollst? Dann setzt du dir halt zum Ziel, herauszufinden, wie du es herausfinden kannst!

Es ist immer sehr viel erfolgreicher, sich Ziele zu setzen als in seinen Problemen zu versumpfen! Mit Resignation hat noch nie jemand eine Lösung gefunden. Wenn also überhaupt die Chance besteht, eine Lösung zu finden, dann zielorientiert!

Die größten Erfolgschancen hast du dann, wenn du dir Ziele setzt, die du *selbst* erfüllen kannst. Das sind „gute" Ziele. „Schlechte" Ziele müssen von anderen erfüllt werden. Dabei fühlt man sich natürlich sehr schnell machtlos. So wäre es zum Beispiel mit dem Ziel, gesagt oder gezeigt zu bekommen, dass man geliebt wird. Man ist darauf angewiesen, dass der andere das tut. In solch einem Fall wäre es besser, sich zum Ziel zu setzen, gelassen warten zu können, bis man erkennen kann, dass man geliebt wird.

Und wenn du das Gefühl hast, dass du nicht warten kannst, dann setzt du dir zum Ziel, herauszufinden, wie du diese Gelassenheit aufbringen kannst.

Versuche also immer „gute" Ziele zu finden – Ziele, die du selbst erfüllen kannst. Damit machst du dir die Sache leichter.

Es ist also theoretisch nicht schwierig, ein hundertprozentiger Hin-zu-Mensch zu werden.

Du brauchst dich nur dazu zu entscheiden, aus jedem Problem ein „gutes" Ziel zu machen.

Das ist schon alles. Es ist der wichtigste aller Schritte auf dem Weg zu Glück und Erfolg. Wie leicht du die Inhalte dieses Buches umsetzen kannst, hängt vorwiegend davon ab, ob du zielorientiert oder problemorientiert denkst.

Mache die Zielorientierung zur festen Basis deines Denkens. Du wirst merken, dass dieser kleine Schritt eine immense positive Auswirkung auf dein gesamtes Leben haben wird. Du wirst dich sehr viel selbstsicherer und fähiger fühlen. Du wirst dich generell sehr viel häufiger gut fühlen. Und du wirst bei allem, was du tust, erfolgreicher sein. Zu allem Überfluss wird deine Wirkung auf andere Menschen sehr viel positiver sein.

Es lohnt sich also, diesen kleinen Schritt zur Zielorientierung in Angriff zu nehmen. Ich möchte dir dazu ein kleines einwöchiges Glückstraining empfehlen.

Übersetze eine Woche lang jedes Weg-von in ein Hin-zu! Egal, ob es dein eigenes Weg-von ist oder das von jemand anderem. Egal, ob du im Fernsehen einen Film oder eine Talkshow schaust oder ob du auf dem Büro-Klo ein Gespräch belauschst. Übersetze jedes Problem in ein „gutes" Ziel! Und wenn du dich machtlos fühlst, weil du nicht weißt, wie du dieses Ziel erreichen sollst, dann mach aus dieser Machtlosigkeit abermals ein Ziel. Setze dir also zum Ziel, dass du Wege finden möchtest, dein Ziel zu erreichen. Suchen kann jeder! Diesbezüglich kann man sich nicht machtlos fühlen.

Mach dir aber keinen Druck, dass du deine Ziele alle schnellstmöglich erreichen musst. Das macht nur unnötig Stress. Setz dir lieber zum Ziel, mit deinen Zielen gelassen umzugehen. Du findest auf jeden Fall gelassen schneller eine Lösung als mit Druck. Nimm also die bessere Möglichkeit, und die besteht in der Entscheidung, Gelassenheit mit deinen Zielen zu üben.

Du kannst für die Zielorientierung eine bestimmte Formulierung benutzen, die es dir einfacher macht. Zunächst solltest du dich immer fragen, was du anstatt des Problems im Positiven erreichen willst. Wenn du auf diese Weise ein Ziel definiert hast, solltest du dich fragen, was du brauchst, um das Ziel zu erreichen. Dabei solltest du jedoch darauf achten, dass du dir das, was du brauchst, selbst geben kannst. Nur so kannst du dir ein „gutes“ Ziel schaffen.

Kriegst du das hin? Machen wir noch ein Beispiel dazu.

Sagen wir einmal, du hättest das Problem, dass du nicht so richtig weißt, wie der Mensch zu dir steht, in den du dich gerade so richtig verschossen hast. Das fühlt sich ziemlich ätzend an, stimmt's?

Als erstes machen wir daraus jetzt ein Ziel. Wir kennen dein Problem, aber was ist dabei dein Ziel? Was willst du im Positiven? Stellen wir also unsere erste Frage:

„Was will ich stattdessen?“

Was willst du anstatt der Ungewissheit, ob er dich nun liebt oder nicht? Die Antwort ist, denke ich, klar, oder? Du willst die Gewissheit, dass er dich auch liebt, weil du mit ihm eine Beziehung eingehen möchtest.

Wir haben also mit der ersten Frage zunächst einmal aus deinem Problem ein Ziel gemacht. Fühl einmal den ersten Unterschied! Du hast das Problem, dass du nicht weißt, ob er dich auch liebt. Das fühlt sich sehr schlecht an.

Du willst spüren, dass er dich auch liebt, weil du mit ihm eine Beziehung eingehen willst. Wie fühlt sich das an? Besser, oder?

Jetzt kommt die zweite Frage ins Spiel:

„Was bräuchte ich dazu, was ich mir selbst geben kann?"

Was bräuchtest du, um zu spüren, dass er dich auch liebt? Wie wäre es mit einer eindeutigen Aussage von ihm? Das würde dir gefallen, oder?

Das Dumme ist, dass du dieses Ziel nicht selbst verwirklichen kannst. Du bräuchtest ihn dazu. Wir haben also noch kein „gutes" Ziel. Würden wir dieses Ziel weiter anstreben, würdest du dich in einer unendlichen Folge von Zielen verstricken, bezüglich deren Erreichung du dich jedes Mal machtlos fühlst. Du würdest nur überlegen, wie du ihn dazu bringen kannst, dir seine Liebe zu bekennen. Das gäbe Stress ohne Ende!
Achten wir also bei dieser Frage wirklich darauf, dass wir ein „gutes" Ziel definieren, indem wir dem zweiten Teil des Satzes ebenfalls Beachtung schenken.

„Was bräuchte ich dazu, *was ich mir selbst geben kann*?"

Was bräuchtest du, was du dir selbst geben kannst, um zu spüren, dass er dich auch liebt?

Wie wäre es damit, warten zu können, bis du es erkennen kannst? Das wäre ein „gutes" Ziel. Oder doch nicht? Gehörst du vielleicht auch zu den Menschen, die jeden Abend vor dem Schlafengehen zu Gott beten, er möge ihnen Geduld geben, und dann im Nachsatz darum bitten, dass er sich damit beeilen möge?

Tja, Geduld ist so eine Sache. Wenn man sie nicht hat, dann kann man auch nicht warten. Was also tun wir in solch einem

Fall? Haben wir dann ein Problem? Natürlich nicht! Wir haben ein neues Ziel.

„Was bräuchte ich dazu, was ich mir selbst geben kann?"

Was bräuchtest du, was du dir selbst geben kannst, um Geduld aufbauen zu können? Wie wäre es mit ein wenig Selbstvertrauen? Das würde dir doch dabei helfen, warten zu können. Und was ist, wenn du dieses Selbstvertrauen nicht hast? Hast du dann doch ein Problem? Nein, auch das ist kein Problem, sondern ein Ziel. Dann willst du eben dein Selbstvertrauen aufbauen. Das ist dein neues Ziel. Und wenn du nicht weißt, wie das geht? Dann setzt du dir zum Ziel, das herauszufinden.

Und wenn dir das zu schwierig erscheint oder es zu lange dauert? Dann suchst du dir einfach ein neues „gutes" Ziel. Was könnte dir noch dabei helfen, gelassen zu bleiben? Wie wäre es mit dem Ziel, deine Gefühle in den Griff zu bekommen?

Was bräuchtest du, was du dir selbst geben kannst, um deine Gefühle in den Griff zu bekommen? Wie wäre es mit dem Wissen, dass du auch ohne diesen Menschen bisher nicht einsam warst? Du hast Freunde. Oder wie wäre es damit, dass du dich schon oft verliebt hast, und dieses Mal nicht das letzte Mal gewesen sein muss? Helfen könnte auch der Gedanke, dass zusammenkommt, was zusammengehört? Wenn es wirklich sein soll, dann kommt ihr sowieso nicht aneinander vorbei. Das ist ein kosmisches Gesetz! ☺

Sollte das alles nicht genügen, könntest du dir natürlich auch zum Ziel setzen, jemanden zu finden, der dir dabei helfen kann. Du könntest dir professionelle Hilfe bei einem Glückstrainer holen, um deine Gefühle in den Griff zu bekommen. Dafür ist er da. Oder du könntest dieses Buch lesen und alles selbst lernen, was du dazu brauchst. Das wäre ein „hervorragendes" Ziel!

Auf die beschriebene Weise fällt es nicht schwer, ein „gutes" Ziel zu finden, das dir ermöglicht, warten zu können, bis du erkennen kannst, dass deine große Liebe dich auch liebt.

Du wirst dadurch auf jeden Fall sehr viel besser warten können als mit der Sichtweise, dass es ein großes Problem darstellt, nicht zu wissen, ob du auch geliebt wirst. Ich denke, das dürfte klar sein. Zudem wirst du mit deinem „guten" Ziel sehr viel größere Erfolgschancen bei deinem Schatzi haben als mit der alten Problemorientierung. Deine Wirkung auf sie/ihn wäre sehr viel besser.

Es ist also nicht wirklich schwierig, zu einem hundertprozentigen Hin-zu-Menschen zu werden. Du musst es nur einmal wirklich konsequent durchziehen. Schnell gewöhnst du dir an, nicht mehr problemorientiert, sondern zielorientiert zu denken. Eine Woche konsequenter Übung genügt dazu. Mach also wie gesagt eine Woche lang aus jedem Problem, das du hörst oder selbst denkst, in Gedanken ein „gutes" Ziel.

Wenn du dir das Ganze leichter machen willst, dann mach dieses Training mit einer oder mehreren Personen gemeinsam. Such dir ein paar Freunde, die den Sinn dieses Glückstrainings erkennen und es auch machen wollen. Versuche jedoch bitte nicht, dein Umfeld zwangszubeglücken! Du willst deine Freunde doch behalten, oder?

Für Menschen, die nicht wissen, was du da übst, könntest du sehr penetrant und anstrengend rüberkommen. Das ist nicht notwendig. Du kannst dein Training auch ganz allein für dich in Gedanken machen. Der Effekt wird der gleiche sein. Gemeinsam macht es nur mehr Spaß. Du wirst nach diesem Training merken, dass sich diese Woche mehr als gelohnt hat. Von deinen vormaligen Problemgefühlen wird nicht mehr sehr viel übrig sein.

Ich möchte dir also empfehlen, jetzt sofort mit dieser Woche zu beginnen. Ich wünsche dir viel Spaß dabei!

1.IV. Der Sinn unserer Gefühle

Glücklich zu sein heißt bekanntlich, sich glücklich zu fühlen. Hier stellt sich natürlich sofort die Frage, woher unsere Gefühle eigentlich kommen und wie wir sie glücklich gestalten können.

Um dieser Frage nachzugehen, sollten wir uns einmal mit den menschlichen Instinkten beschäftigen. Sie haben einen weit größeren Einfluss auf unsere Gefühle, als wir gemeinhin glauben. Sie *machen* nämlich die Gefühle!

Der Mensch verfügt wie die meisten Säugetiere über drei Grundinstinkte:

1. Überlebenstrieb

2. Herdentrieb

3. Vergnügungstrieb

Unsere Grundinstinkte sind dazu geschaffen worden, unser eigenes Leben und das unserer Art zu erhalten.

Der dominanteste Instinkt von diesen dreien ist unser Überlebenstrieb. Er sorgt dafür, dass wir jedes Anzeichen einer Gefahr für unser Leben automatisch wahrnehmen und uns in Sicherheit bringen oder weglaufen.

Es war auch dein Überlebenstrieb, der dir in der mündlichen Prüfung die Synapsen weggeschossen hat! Dein Überlebenstrieb hat die Situation als absolut lebensgefährlich eingestuft und dir einen Weg-von-Impuls gegeben. Es ist klar, dass man nicht klar denken kann, wenn man in akuter Lebensgefahr schwebt!

Der nächste in der Hierarchieliste unserer Grundinstinkte ist der Herdentrieb. Sobald alle akuten Gefahren für dein Leben beseitigt sind, versucht dieser Instinkt, deine Zusammengehörigkeit zu sichern. Auch hierbei gibt es einen Weg-von- und einen Hin-zu-Impuls. Als Weg-von willst du Ausgrenzung und Einsamkeit vermeiden. Als Hin-zu willst du dazugehören und gemocht oder geliebt werden.

Der drittwichtigste Grundinstinkt ist unser Vergnügungstrieb. Er sorgt zum Beispiel dafür, dass wir neugierig sind und uns weiterentwickeln. Außerdem haben wir es diesem Instinkt zu verdanken, dass wir uns fortpflanzen wollen. Danke dafür! ☺

Auch sorgt unser Vergnügungstrieb dafür, dass wir eine gesunde Auswahl unserer Speisen treffen. Er lässt uns Speisen schmecken, die für unsere Gesundheit gut sind, und macht uns Ekelgefühle, wenn eine Speise giftig oder verdorben ist. Auf diese Weise trägt dieser Instinkt mit seinen Hin-zu- und Weg-von-Impulsen ebenfalls dazu bei, dass wir am Leben bleiben.

Jeder dieser drei Grundinstinkte bedient sich also eines Hin-zu- und eines Weg-von-Impulses. Neurobiologen sprechen bei diesen beiden Impulsen von einem Belohnungs- und einem Vermeidungssystem. Wann immer wir etwas erleben, was unsere Instinkte als positiv beurteilen, bekommen wir dafür Belohnungsgefühle. Gefährden wir jedoch in irgendeiner Weise die Motive unserer Grundinstinkte, keimen sehr unangenehme Vermeidungsemotionen in uns auf.

Alle angenehmen und unangenehmen Gefühle, zu denen wir Menschen fähig sind, stellen entweder Belohnungs- oder Vermeidungsgefühle dar. Das ist der Sinn unserer guten und schlechten Gefühle. Unsere Instinkte bedienen sich dieser Gefühlsimpulse, um ihre Funktion ausüben zu können. Schauen wir uns das einmal genauer an:

Warum fühlst du dich gut, wenn du ein Kleidungsstück kaufst, das dir gut steht? Welcher der drei Grundinstinkte sorgt hierbei für deine Belohnungsgefühle? Gehen wir das einmal detailliert durch.

Warum willst du zum Beispiel eine Hose kaufen, die dir gut steht? Klar ist, dass du sie kaufst, weil du dich damit gut fühlst. Doch warum fühlst du dich gut? Würdest du diese Hose auch dann kaufen, wenn du darin so richtig unattraktiv aussehen würdest? Sicherlich nicht! Du kaufst sie also, damit du attraktiv aussiehst. Warum aber willst du attraktiv aussehen? Welche Absicht steckt dahinter?

Welche Hose würdest du anziehen, wenn du auf eine Party gehst, bei der du weißt, dass eine Person da sein wird, der du unbedingt gefallen möchtest? Ziehst du die bequeme Hose an, in der du nicht so besonders gut aussiehst, oder ziehst du deine schönste Hose an, selbst wenn sie unbequem sein sollte? Ich denke, du würdest dich auch nicht anders entscheiden als ich: Du ziehst deine schönste Hose an, weil du dir damit mehr Chancen auf eine Beziehung ausrechnest. Es geht dir also um Zusammengehörigkeit. Das gute Gefühl, das du beim Kauf der Hose hattest, war also ein Belohnungsgefühl von deinem Herdentrieb.

Was du noch an diesem Beispiel sehen kannst, ist, dass dir die Zusammengehörigkeit wichtiger ist als der Genuss. Die unbequeme Hose ist kein Genuss – ganz im Gegenteil! Doch das nimmt man doch gerne in Kauf, wenn man dafür etwas für die Liebe tun kann, oder?

Nehmen wir noch ein anderes Beispiel: Warum fühlst du dich gut, wenn du eine Gehaltserhöhung bekommst? Welcher Grundinstinkt wird hier wohl befriedigt?

Hast du das Gefühl, dass diese Gehaltserhöhung eine Art Wertschätzung darstellt? Wenn ja, wäre die Frage, warum du wertgeschätzt werden willst? Die Antwort dürfte dir nicht sonderlich schwer fallen. Wer wertvoll ist, hat bessere Chancen, auch begehrt zu sein. Seine Chancen, in einem Rudel willkommen zu sein, sind größer als bei einem Taugenichts. Es könnte also wieder einmal der Herdentrieb dahinter stecken, der dir die Belohnungsgefühle macht.

Oder denkst du bei deiner Gehaltserhöhung gleich darüber nach, was du mit dem Geld alles machen willst? Willst du dir damit öfter mal etwas Nettes gönnen? Wenn ja, geht es um deinen Vergnügungstrieb.

Oder wirst du das Geld deiner Gehaltserhöhung auf die hohe Kante legen und für magere Zeiten sparen? Dann kämen deine Belohnungsgefühle aus deinem Überlebenstrieb.

Es könnten also in diesem Beispiel alle drei Grundinstinkte sein. Oft ist es nicht nur ein Instinkt, der deine Gefühle bestimmt, sondern gleich mehrere gleichzeitig.

Warum würdest du dich gut fühlen, wenn du so viel Geld im Lotto gewinnen würdest, dass du nie wieder arbeiten müsstest? Würdest du deinen Job weiterhin machen? Oder würdest du etwas ganz anderes tun? Etwas, was dir mehr Spaß macht vielleicht?

Würde dich dieses Geld attraktiver machen? Oder würden dich die Dinge attraktiver machen, die du mit dem Geld anstellen kannst? Du könntest damit ein Wohltäter der Menschheit werden, der überall gerne gesehen ist. Geht es also um Zusammengehörigkeit? Oder würdest du dein Überleben jetzt einfach nur als gesichert ansehen und ansonsten so weitermachen wie bisher?

Möglicherweise ist es von allem ein bisschen. Dann würde das Geld wieder gleich alle drei Grundinstinkte befriedigen und dein System dir deshalb so richtig starke Belohnungsgefühle ausschütten, wenn du bei der Ziehung im Fernsehen die gleichen Lottozahlen wie auf deinem Schein vorfindest.

Warum fühlst du dich eigentlich gut, wenn du ein richtig gutes Essen bekommst? Ich denke, diese Antwort ist leicht. Ein richtig gutes Essen ist ein wahrer Genuss. Der Vergnügungstrieb ist also für diese Belohnungsgefühle verantwortlich.

Und warum fühlst du dich gut, wenn du gemocht wirst? Ziemlich sicher geht es hierbei um Zusammengehörigkeit, oder? Es geht also um den Herdentrieb.

Warum fühlst du dich gut, wenn du eine interessante Arbeit bekommst? Sichert diese Arbeit dein Überleben? Verstärkt sie deine Zusammengehörigkeit? Oder macht sie einfach mehr Spaß als eine uninteressante Arbeit? Ich vermute einmal, dass es dir in diesem Punkt um den Spaß und damit um deinen Vergnügungstrieb geht.

Fühlst du dich gut, wenn du dir einen Sonnenaufgang anschaust? Ist es ein Genuss? Geht es um Romantik? Romantik würde wieder Zusammengehörigkeit bedeuten.

Deine Grundinstinkte können unabhängig voneinander agieren. So kann es sein, dass du von einem Instinkt ein Belohnungsgefühl bekommst und von einem anderen gleichzeitig ein Vermeidungsgefühl. Du kannst zum Beispiel Angst um dein Leben und gleichzeitig Liebe empfinden.

Jeder deiner Grundinstinkte kennt eine Vielzahl von Belohnungs- und Vermeidungsgefühlen. Auf diese Weise erlebst du eine unermessliche Gefühlsvielfalt. Deine Grundinstinkte mixen dir jede Sekunde einen ausgefallenen Gefühlscocktail, der sich vermutlich kein einziges Mal in deinem gesamten Leben genau so wiederholt.

Wann immer du also etwas tust, das dein Überleben, deine Zusammengehörigkeit und/oder dein Vergnügen sichert, bekommst du Belohnungsgefühle. Die Intensität dieser Belohnungsgefühle ist unter anderem davon abhängig, wie stark du deine Grundinstinkte als abgesichert empfindest.

Schaffst du es beispielsweise, den Partner deines Lebens für dich zu gewinnen, ist diese gigantische Sicherung deiner Zusammengehörigkeit ein unermessliches Belohnungsgefühl wert!

Genauso intensiv werden jedoch auch die Vermeidungsgefühle sein, wenn etwas geschieht, das deine Beziehung gefährden könnte!

Sei meine Instinkte!

Hast du Lust, mit mir ein kleines Spielchen zu spielen, um das Verständnis für den Sinn deiner Gefühle noch mehr zu vertiefen?

Du wirst jetzt eine wichtige Aufgabe bekommen. Du vertrittst meine Grundinstinkte. Du hilfst mir damit, vernünftig durchs Leben zu gehen. Dabei gibt es jedoch ein Handicap: Du kannst nicht reden. Du kannst jedoch etwas anderes: Du kannst Gefühle machen. Das ist das, was die Instinkte machen, und damit auch dein Job. Mach mir die Gefühle, die mich dazu bringen, mich richtig zu verhalten. Dafür gibt es wie gesagt zwei Sorten von Gefühlen:

Belohungsgefühle und Vermeidungsgefühle

Gehen wir noch einmal ein paar Beispiele durch:

- Was ist Freude? Ist es ein Belohnungsgefühl oder ein Vermeidungsgefühl? (Belohnungsgefühl)

- Wie sieht es mit Lust aus? (Belohnungsgefühl)
- Was ist Angst für ein Gefühl? (Vermeidungsgefühl)
- Wohin gehört Geborgenheit? (Belohnungsgefühl)
- Und wie sieht es mit Zufriedenheit aus? (Belohnungsgefühl)
- Im Gegensatz dazu Unzufriedenheit? (Vermeidungsgefühl)
- Was für ein Gefühl ist Mangel? (Vermeidungsgefühl)
- Und was sind Erfolgsgefühle? (Belohnungsgefühl)
- Ist Euphorie ein Vermeidungsgefühl oder ein Belohnungsgefühl? (Belohnungsgefühl)

Wie du siehst, ist es nicht schwierig, Belohnungsgefühle von Vermeidungsgefühlen zu unterscheiden. Alles, was sich gut anfühlt, sind Belohnungsgefühle und alles, was sich unangenehm anfühlt, sind Vermeidungsgefühle.

Mit diesen Belohnungs- und Vermeidungsgefühlen sollst du mich also dazu bringen, vernünftig durchs Leben zu gehen. Dabei verfolgst du unabhängig voneinander drei verschiedene Ziele. Es sind die Ziele der drei Grundinstinkte, die du vertreten sollst.

1. Überlebenstrieb:

Als mein Überlebenstrieb sollst du insbesondere darauf achten, dass mein Überleben gesichert ist. Sorg dafür, dass ich immer etwas zu essen und ein Dach über dem Kopf habe!

Außerdem solltest du immer die Gefahr im Auge behalten, dass mich irgendjemand tätlich angreifen könnte. Schütze mich also vor Gewalt. Ich verlass mich auf dich!

2. Herdentrieb:

Als mein Herdentrieb solltest du aufpassen, dass es keine Disharmonien gibt. Das Wichtigste auf der Welt ist jedoch, dass du vermeidest, dass ich einsam werde. Sorg dafür, dass ich immer erwünscht bin! Und sorg dafür, dass ich immer Menschen habe, zu denen ich passe. Das sind deine Aufgaben als mein Herdentrieb.

3. Vergnügungstrieb:

Als mein Vergnügungstrieb hast du darauf zu achten, dass mein Spaß und mein Genuss nicht zu kurz kommen. Je mehr Spaß und Genuss ich mitnehmen kann, desto besser. Wichtig dabei ist, dass du meine Freiheit absicherst. Ich kann keinen Spaß haben, wenn ich Dinge tun muss, die ich nicht tun will. Ebenfalls kann ich keinen Spaß haben, wenn ich die Dinge, die ich gerne tun möchte, nicht tun darf. Achte also darauf, dass ich keinen Zwängen oder Verboten unterliege.

Eines ist noch wichtig, bevor wir anfangen: Meine Instinkte arbeiten völlig unabhängig voneinander. Jeder will seine Ansprüche durchsetzen, auch wenn das den jeweils anderen beiden Instinkten nicht wirklich passt. Es kann also öfter einmal zu Zielkonflikten innerhalb der drei Grundinstinkte kommen.

Okay, dann wollen wir loslegen: Stell dir folgende Situation vor: Mein Chef gibt mir eine Aufgabe, die ich total ätzend finde. Welche Gefühle machst du mir?

Wie sieht es mit meinem Vergnügungstrieb aus? Welche Gefühle machst du mir, wenn deine Aufgabe darin besteht, meinen Spaß und meinen Genuss zu sichern? Machst du mir in dieser Situation Belohnungsgefühle?

Wenn du deine Aufgabe als mein Vergnügungstrieb gewissenhaft ausübst, dann sicherlich nicht. Du wirst mir Ablehnungsgefühle, Widerwillen und Demotivation verpassen. Wie sonst willst du mich dazu bringen, meinen Spaß und meinen Genuss zu schützen?

Was jedoch tust du, wenn du mein Überleben sichern sollst? Vergiss jetzt einmal deine Aufgabe als mein Vergnügungstrieb. Jetzt bist du mein Überlebenstrieb!

Welche Gefühle machst du mir, um mein Überleben zu sichern? Bedenke dabei, dass ich bereits eine Menge an Demotivation und Widerwillen in meinem Blut habe. Wenn ich diesen Gefühlen nachgebe, werde ich meinen Job sofort hinschmeißen, nur weil ich für einen Tag eine blöde Aufgabe erledigen muss. Das kann's ja wohl nicht sein! Welche Gefühle also machst du mir, die dafür sorgen, dass ich meinen Job behalte und meine Existenz und damit mein Überleben sichere? Machst du mir Belohnungsgefühle oder Vermeidungsgefühle? Mit welchen Gefühlen könntest du besser erreichen, dass ich meinen Job behalte? Es müssten schon Gefühle sein, die stärker sind als meine Demotivation und mein Widerwille. Wie wäre es mit der Angst, dass ich meinen Job verlieren könnte, wenn ich meinem Widerwillen die Führung überlasse? Würde diese Angst nicht meine Existenz am besten absichern?

Dann lege jetzt bitte auch diesen Job zur Seite und vertritt meinen Herdentrieb. Du sollst also meine Zusammengehörigkeit sichern. In meinem Job habe ich diese mit meinen Kollegen. Klar, ich würde auch wieder andere nette Kollegen finden, sollte ich gekündigt werden. Doch lohnt sich der Aufwand? Nur, weil ich für einen Tag einen Scheißjob machen soll?!

Was für Gefühle machst du mir also, wenn du meine Zusammengehörigkeit sichern sollst? Machst du mir Belohnungsgefühle? Du könntest mir zum Beispiel die Verbundenheit mit meinen Kollegen bewusst machen und wie schön es mit ihnen ist. Du könntest mir aber auch Vermeidungsgefühle machen – zum Beispiel die Angst, dass ich nie wieder so tolle Kollegen finden würde. Du könntest mir aber auch beides gleichzeitig machen.

Was meinst du? Wie würde ich mich entscheiden aufgrund all der Gefühle, die ich jetzt im Blut habe? Es ist ja ein bunt gemischter Cocktail von Widerwille, Demotivation, Existenzangst, Verbundenheit und Angst davor, nie wieder so tolle Kollegen zu finden.

Ich glaube, ich würde mich dazu entscheiden, diesen blöden Job zu machen. Es ist ja nur ein Tag. Ich würde also auf mein Vergnügen an diesem Tag verzichten. Meine Existenzsicherung und meine Verbundenheit zu meinen Kollegen wären mir wichtiger.

Verändern wir jetzt einmal die Situation etwas. Mein Chef gibt mir diese ätzende Aufgabe, weil er mich auf den Tod nicht ausstehen kann. Er will mich schikanieren. So wie es aussieht, soll ich diesen Scheißjob jetzt jeden Tag machen. Welche Gefühle machst du mir jetzt, wenn du meinen Vergnügungstrieb vertreten sollst? Bedenke dabei, dass der Überlebenstrieb sicherlich wieder seine Existenzangst schiebt und der Herdentrieb Angst hat, nie wieder so nette Kollegen zu finden. Mit welchen Gefühlen hältst du also dagegen?

Ich will diesen Job nicht bis zum Ende meiner Tage machen. Lass mich also nicht hängen! Du machst mir doch hoffentlich einen so großen Widerwillen, dass ich kotzen könnte, oder?! Leg dich ins Zeug! Ich will bei dem Gedanken an diesen Job so schlechte Gefühle haben, dass ich mich dazu durchringen kann, irgendeinen anderen Job zu suchen. Und natürlich werde ich auch wieder nette Kollegen finden. So schwierig kann das doch wohl nicht sein!

Was meinst du? Kannst du mir das Leben vielleicht ein bisschen leichter machen, indem du mir ein paar passende Belohnungsgefühle machst? Du könntest mir doch Hoffnung machen, dass ich einen viel besseren Job finden kann. Oder du könntest mein Selbstwertgefühl so richtig hochfahren, damit ich meine Existenzangst etwas besänftigen kann.

Ach ja! Da fällt mir noch was ein. Es gibt noch ein kleines Problem: In meiner Firma gibt es eine Frau, die ich total toll finde. Ich habe mich bisher noch nicht getraut, sie anzusprechen. Ich habe jedoch das Gefühl, dass sie die Frau meines Lebens sein könnte!

Welche Gefühle machst du mir als mein Herdentrieb? Zur Erinnerung: Für meinen Herdentrieb sind Freundschaft, Verbundenheit und Liebe das Wichtigste auf der ganzen Welt. Alles andere ist völlig nebensächlich.

Soll ich also kündigen? Ich weiß nicht, ob ich diese Frau dann jemals wiedersehen werde. In den letzten Monaten habe ich jeden Tag stundenlang am Kopierer gestanden und darauf gewartet, dass sie mal dort hinkommt, um etwas zu kopieren. Das wäre meine Chance gewesen. Ich habe mich sehr intensiv auf diesen Moment vorbereitet. Würde ich jetzt kündigen, wäre die Arbeit der letzten Monate völlig umsonst gewesen!

Welche Gefühle machst du mir also, damit ich diese Frau doch noch kennen lernen kann? Bedenke, dass ich mich bisher nicht getraut habe, sie anzusprechen. Sag jetzt also nicht: „Ei, dann mach ich dir halt die volle Begeisterung, zu ihr hinzugehen und sie zu fragen, ob sie dich heiraten will!“

Ich habe mich in den letzten Monaten nicht getraut, sie anzusprechen, weil du mir immer so große Angst gemacht hast, ich könnte von ihr zurückgewiesen werden. Diese Angst hast du mir die ganze Zeit gemacht und wirst sie auch weiterhin machen. Das ist Fakt! Welche Gefühle machst du mir also jetzt, wenn mein Chef sagt, ich müsse diesen Scheißjob bis zum Ende meiner Tage machen? Bedenke: Als mein Vergnügungstrieb hast du mir dermaßen starke Vermeidungsgefühle gemacht, dass ich sofort kündigen wollte. Wie also hältst du dagegen, wenn du deine Aufgabe als mein Herdentrieb gewissenhaft ausüben willst? Machst du mir also Belohnungs- oder Vermeidungsgefühle?

Meine Gefühle schlagen Purzelbaum! Ich habe ein dermaßen großes Chaos im Bauch, dass ich nicht mehr klar denken kann. In solch einem emotionalen Zustand kann ich keine Entscheidung treffen. Ich entscheide also nichts und lasse die Tage ins Land ziehen.

Es wird Wochenende. Ich gehe am Abend in eine Disco, und was sehen meine von Leid geplagten Augen? Meine Angebetete ist auf der Tanzfläche! Sie tanzt sehr gut. Tanzen ist auch meine Leidenschaft. Wenn ich jemanden mit etwas beeindrucken kann, dann mit der Art, wie ich tanze!

Was sagst du als mein Vergnügungstrieb dazu? Machst du mir jetzt Vermeidungsgefühle oder Belohnungsgefühle? Ich denke, die Antwort ist klar. Du wirst mich mit Belohnungsgefühlen auf die Tanzfläche treiben wollen, oder?

Und welche Gefühle machst du mir als mein Herdentrieb? Nimmst du mir jetzt jegliche Angst, von ihr zurückgewiesen zu werden und lässt mich sie ungehemmt anspringen? Oder sollte ich doch etwas vorsichtiger sein? Aber hingehen sollte ich doch schon, oder? Welche Gefühle machst du mir, damit ich hingehe, aber nicht gleich ausflippe?

Ich denke, als mein Überlebenstrieb hast du in dieser Situation nicht unbedingt viel zu tun. Es besteht ja ganz offensichtlich keine Gefahr für mein Leben. Oder doch?! Ich sehe plötzlich einen 2,40 Meter großen Bodybuilder, der offensichtlich eine Beziehung mit meiner Traumfrau hat. Was sagt mein Überlebenstrieb beim Anblick dieses Monsters?

Gehe ich trotzdem hin und grabe sie an? Sicherlich nicht! Ich bin doch nicht lebensmüde! Du wirst mir doch bestimmt eine Scheißangst einjagen, dass der Typ mich in Stücke reißen wird, wenn ich seine Freundin anmache.

Ich bleibe also in sicherer Entfernung. Ich sehe, dass die beiden sich nicht wirklich gut verstehen. So ganz und gar nicht eigentlich! Sie giften sich an. Welche Gefühle macht mir mein Herdentrieb jetzt? Belohnungsgefühle? Ich würde das an deiner Stelle auf jeden Fall tun. Wir hätten doch jetzt allen Grund für Belohnungsgefühle wie Hoffnung, Zuversicht oder Freude. (Schadenfreude ist übrigens die ehrlichste Form von Mitgefühl! ☺)

Jetzt wird dieser Typ auch noch richtig grob zu ihr. Er fasst sie sehr fest am Arm. Ich kann sehen, dass er ihr wehtut. Welche Gefühle machst du mir? Soll ich sie beschützen? Soll ich mein Leben für sie opfern? Was soll ich tun?

Bevor ich reagieren kann, reißt sie sich los und haut ihm eine runter. Danach lässt sie ihn in der Disco stehen und schnappt ihre Jacke. Sie will offensichtlich gehen. Welche Gefühle machst du mir jetzt? Was sagst du mir als mein Vergnügungstrieb? Machst du mir Vermeidungsgefühle oder Belohnungsgefühle, wenn ich daran denke, ihr nachzulaufen? Und welche Gefühle machst du mir als Herdentrieb? Ist jetzt der richtige Zeitpunkt, um sie anzusprechen? Und wie sieht es mit meinem Überlebenstrieb aus? Kann ich ihr gefahrlos folgen? Was hält das Monster davon?

Ich traue mich nicht, ihr nachzulaufen! Ich bleibe in der Disco. Plötzlich kommt meine Lieblingsmusik. Auf diese Musik tanze ich am liebsten. Welche Gefühle macht mir mein Vergnügungstrieb?

Wie? Das interessiert meinen Herdentrieb und meinen Überlebenstrieb jetzt nicht?! Mein Vergnügungstrieb will tanzen! Und wie der tanzen will! Aber es nützt ihm nichts. Die anderen beiden haben jetzt ganz andere Sorgen.

Plötzlich kommt meine Traumfrau zurück, geht zu ihrem Macker und macht offensichtlich Schluss mit ihm. Danach geht sie auf die Tanzfläche und tanzt. Ich kann sehen, dass sie sich momentan sehr allein fühlt.

Welche Gefühle machst du mir jetzt? Höre ich jetzt wieder meinen Vergnügungstrieb, wie er mir die volle Begeisterung zum Tanzen machen will? Gebe ich jetzt meinem Herdentrieb nach, der natürlich will, dass ich meine Chance nutze? Oder traue ich mich immer noch nicht, sie anzusprechen, weil ich ja von ihr zurückgewiesen werden könnte? Könnte ich sie überhaupt ansprechen, ohne dass das 2,40-Meter-Monster mir den Hals umdreht? Ich spüre noch immer die Angst, die du mir als mein Überlebenstrieb verpasst.

Scheißegal, mein Herdentrieb kann sich diese Gelegenheit nicht entgehen lassen. Das Risiko, dass das Monster mich zerreißt, ist kalkulierbar. Wir sind hier in einer öffentlichen Disco. Hier gibt es Hunderte von Leuten, die mir eventuell helfen würden. Und es gibt 2,60 Meter große Rausschmeißer, die mit dem Kerl fertig würden.

Ich spreche sie also an. Sie reagiert positiv darauf. Nur ihr Ex schaut ziemlich grimmig. Welche Gefühle machst du mir? Mache ich mir vor Angst in die Hose und ziehe mich zurück? Oder dominiert meine Freude, die du mir als mein Herdentrieb sicherlich in dieser Situation machst?

Wir harmonieren beim Tanzen sehr gut miteinander. Plötzlich fragt sie, ob ich mit ihr nach draußen kommen möchte. Ihr Ex schaut mittlerweile noch grimmiger. Welche Gefühle machst du mir?

Hätte ich aufgrund der Gefühle, die du mir machst, eine Chance, sie für mich zu gewinnen? Wenn nicht, ist dein Job, meine Instinkte zu vertreten, jetzt gekündigt! ☺

1.V. Bewusstsein, Unterbewusstsein und Instinkte

Im Gegensatz zu einer Bachstelze, die zu Grunde geht, wenn man ihr ihren Bach wegnimmt, an dem sie stelzen kann, können Menschen ihren Verstand und ihre Intuition einsetzen, um sich anzupassen. Bewusstsein, Unterbewusstsein und Instinkte arbeiten Hand in Hand. Diese drei Komponenten bestimmen unser Leben.

Schauen wir uns diese Anpassungsprozesse einmal genauer an: Unsere Instinkte sind auf einige wichtige Ziele in unserem Leben genetisch vorbereitet. Wir nennen diese angeborenen Ziele Grundmotive. Es gibt insgesamt sieben dieser Grundmotive.

So passt unser Herdentrieb zum Beispiel darauf auf, dass wir in unserer Familie erwünscht sind, denn ohne dieses Erwünschtsein wären wir als Kind nicht überlebensfähig. Eines der sieben Grundmotive ist also das Erwünschtsein.

Bedingt durch die genetische Vorprogrammierung dieses Grundmotivs erkennt unser Herdentrieb an der Zuneigung, die uns von unseren Eltern entgegengebracht wird, dass wir etwas richtig gemacht haben müssen – etwas, das ganz offensichtlich unser Erwünschtsein bei unseren Eltern verstärkt hat und damit wiederholt werden sollte. Wir bekommen also Belohnungsgefühle, damit wir diesen Effekt wiederholen und verstärken wollen.

Wir haben also erstmalig in unserem Leben ein neues Ziel angenommen. Wir wollen eine bestimmte Reaktion unserer Eltern wiederholen. Mit diesem Ziel wurden wir nicht geboren. Es ist der erste Schritt in einem schier unendlichen Anpassungsprozess an die Anforderungen unseres Lebensalltags.

Letztendlich wollen wir mit dem neuen Ziel natürlich wieder unser Grundmotiv des Erwünschtseins erfüllen, um erneut Belohnungsgefühle zu bekommen. Unser neues Ziel ist also nur Mittel zum Zweck, doch es löst eine gigantische Kettenreaktion aus.

Bedingt durch unser neues Ziel werden wir fortan nach den Ursachen der Zuneigung unserer Eltern forschen. Wir wollen diese Zuneigung ja erneut gewinnen, um unser Grundmotiv des Erwünschtseins abzusichern.

Wir erkennen zum Beispiel, dass wir Zuneigung bekamen, weil wir in den Augen unserer Eltern etwas gut gemacht haben. Dieser Erkenntnisprozess kann sich entweder ganz bewusst über unseren Verstand abspielen oder unbewusst über unsere Intuition. Beide Prozesse haben eines gemeinsam: Wir haben ein weiteres neues Ziel gesetzt! Wir wollen unsere Sache in den Augen unserer Eltern gut machen.

Wann immer wir dieses Ziel erfüllen, belohnen uns unsere Instinkte mit den schönsten Gefühlen, denn die Erfüllung dieses Ziels sichert ja ab, dass wir bei unseren Eltern weiterhin erwünscht sind.

Bedingt durch die schönen Belohnungsgefühle, die unser Instinkt uns für das Gutmachen geschenkt hat, werden wir ständig versuchen, wieder etwas besonders gut zu machen. Wir setzen also erneut ein weiteres Ziel. Wir werden herausfinden wollen, woran es liegt, dass unsere Eltern gut fanden, was wir getan haben. Möglicherweise erkennen wir dabei, dass unsere Eltern es gut fanden, dass wir eine gute Leistung erbracht haben.

Nach dieser Erkenntnis haben wir abermals ein weiteres neues Ziel im Leben. Wir wollen fortan Leistung bringen, denn das sichert uns das Grundmotiv des Erwünschtseins. Unsere Instinkte werden fortan Leistung mit den schönsten Belohnungsgefühlen bedenken. Wir werden natürlich noch mehr von diesen schönen Gefühlen haben wollen. Wir werden bewusst und unbewusst versuchen, alles herauszufinden, was notwendig ist, damit wir erneut Leistung bringen können. Dieses Herausfinden ist das nächste Ziel, das wir unserem Zielrepertoire hinzufügen.

Bei der Umsetzung all unserer Ziele, die wir auf diese Weise im Leben annehmen, gehen unser Unterbewusstsein und unser Bewusstsein sehr unterschiedliche Wege.

Unser Bewusstsein analysiert die Situation logisch. Es durchdenkt alle möglichen Feinheiten. Dabei ist es in seinen Schlussfolgerungen zwar sehr langsam, aber auch sehr gründlich.

Unser Unterbewusstsein ist hingegen extrem schnell. Es sucht nach Ähnlichkeiten zu bereits Bekanntem und verallgemeinert sofort. Wir lernen beispielsweise im Urlaub drei Spanier kennen. Alle drei sind nett. Unserem Unterbewusstsein genügen diese drei Menschen schon, um zu dem Ergebnis zu kommen, dass alle Spanier nett sind. Das ist extrem schnell! Natürlich sind diese Schnellschussentscheidungen nicht immer ganz richtig.

Aus diesem Grund haben wir ein Bewusstsein und ein Unterbewusstsein. Ohne die schnelle Entscheidung unseres Unterbewusstseins wären wir nicht lebensfähig, doch ohne die Korrektur einiger Entscheidungen durch unser Bewusstsein ebenfalls nicht. Bewusstsein und Unterbewusstsein tun also gut daran, intensiv zusammenzuarbeiten.

Kommen wir zu unserem Beispiel zurück. Wir wollten herausfinden, wie wir Leistung bringen können, um dafür Anerkennung und damit Zuneigung zu bekommen. Das war unser neues Ziel.

Unser Bewusstsein erkennt möglicherweise, dass wir kompetent sein sollten, um Leistung bringen zu können. Darüber hinaus trägt Fleiß ebenfalls sehr dazu bei, kompetent zu werden, merkt unser Unterbewusstsein.

Wir setzen also jeweils bewusst und unbewusst ein neues zusätzliches Ziel. Wann immer wir daraufhin fleißig sind oder für kompetent gehalten werden, bekommen wir von unserem Instinkt Belohnungsgefühle.

Unsere Gefühle sind demnach nicht das Produkt unserer Lebensumstände. Sie sind das Resultat dieses Zielsetzungsprozesses, den wir seit unserer Geburt bis heute durchleben.

Da viele unserer Ziele in frühester Kindheit gesetzt wurden, versteht es sich von selbst, dass einige unserer Erkenntnisse als Kleinkind heute in unserem Erwachsenenleben nicht unbedingt als sinnvoll anzusehen sind.

Dazu ein Beispiel: Als Kleinkind haben wir erlebt, dass Ablehnung sehr unangenehm ist. Werden wir abgelehnt, sieht unser Instinkt das Grundmotiv des Erwünschtseins gefährdet. Um dieses Motiv zu sichern, erzeugt er bei jeder Ablehnung sofort Vermeidungsgefühle, damit wir es uns zum Ziel setzen, solche Situationen zu vermeiden.

Wir haben in unserer Kindheit sehr schnell verstanden, dass andere Menschen sich ebenfalls sehr ungut fühlten, wenn wir sie ablehnten. Sie setzten sich dann ebenfalls das Ziel, die Situation zu vermeiden, die zu der Ablehnung geführt hatte. Damit hatten wir eine wirksame Maßnahme, um dafür zu sorgen, dass jemand sich änderte.

Sobald wir also das Ziel haben, jemanden zu ändern, greifen wir auf diese wirksame Maßnahme von damals zurück: Wir lehnen ihn ab.

Dieser Lernprozess vollzog sich so früh in unserer Kindheit, dass wir heute jeden ablehnen, der sich ändern soll. So lehnen wir zum Beispiel unseren Partner ab, wenn wir eifersüchtig sind. Wir tun so, als würden wir ihn nicht mehr lieben. Wir machen ihm mit unserem Liebesentzug die Hölle heiß. Letztendlich wollen wir mit dieser Aktion unser Grundmotiv des Erwünschtseins absichern! Wir wollen, dass unser Partner uns weiterhin liebt. Deswegen tun wir so, als würden wir ihn nicht mehr lieben! Schlau, was?!

Ich denke, es versteht sich von selbst, dass diese Vorgehensweise eine Beziehung eher gefährdet als sichert! Unser Bewusstsein täte also gut daran, solche unbewussten Zielsetzungen aus unserer Kindheit einmal zu überprüfen.

Leider ist das Zusammenspiel von Bewusstsein und Unterbewusstsein manchmal etwas blockiert. So etwas geschieht immer dann, wenn das Bewusstsein etwas gegen die Zielsetzung des Unterbewusstseins durchsetzen will.

Dazu ein Beispiel: Nehmen wir einmal an, wir haben als Kind unbewusst gemerkt, dass wir immer abgelehnt wurden, wenn wir faul waren. Unser Unterbewusstsein erkannte hierin eine Gefahr hinsichtlich des Erwünschtseins. Sofort bedachte uns unser Instinkt mit Vermeidungsgefühlen, sobald wir es uns erlauben wollten, faul zu sein.

Da wir von dieser unbewussten Erkenntnis bewusst keine Ahnung hatten, kamen wir möglicherweise irgendwann auf die Idee, jetzt mal so richtig abhängen und faul sein zu wollen. Sofort schlug unser Instinkt Alarm und geriet in Panik. Faul zu sein stellte eine akute Gefahr dar, aus dem Rudel ausgestoßen zu werden. Dieses Risiko konnte unser Instinkt natürlich nicht eingehen und machte uns mächtig starke Vermeidungsgefühle. Wir hatten ein schlechtes Gewissen und spürten den Zwang, etwas Sinnvolles tun zu müssen.

Wenn wir uns bewusst gegen dieses Gefühl aufgelehnt haben und uns dazu zwingen wollten, faul zu sein, sah unser Unterbewusstsein das Bewusstsein als Gefahr an. Fortan war das Verhältnis zwischen Bewusstsein und Unterbewusstsein gespannt. Und je mehr wir uns bewusst über unsere Vermeidungsgefühle hinwegsetzen wollten, desto härter wurde die Front zwischen Bewusstsein und Unterbewusstsein.

Ich habe Menschen kennen gelernt, bei denen das Unterbewusstsein überhaupt keine Impulse mehr vom Bewusstsein angenommen hat. Das ist fatal, denn das Unterbewusstsein braucht ab und an eine logische Korrektur seiner Schnellschussentscheidungen. Wozu? Das will ich gleich erklären.

Stell dir einmal vor, du bist ein Mann und gehst gerne im Wald spazieren. Dir fällt auf, dass alle Blätter im Wald, die im Herbst braun geworden sind, plötzlich abfallen. Dein Unterbewusstsein erkennt sofort: „Alles, was braun wird, fällt im Winter ab!"

Im Winter legst du dich dann unters Solarium und stellst kurz darauf mit Entsetzen fest, dass dein gutes Stück auch braun geworden ist! Wenn jetzt dein Bewusstsein nicht den Denkfehler deines Unterbewusstseins korrigieren kann, hast du echte Probleme! ☺

Um die Beziehung zwischen deinem Bewusstsein, deinem Unterbewusstsein und deinen Grundinstinkten so gut wie möglich zu gestalten, möchte ich dich bitten, Folgendes zu bedenken: Seit du auf der Welt bist, haben dein Unterbewusstsein und deine Grundinstinkte versucht, ihre Aufgabe so gut es geht zu erfüllen – egal, wie sehr du sie dafür abgelehnt hast, weil dir die Vermeidungsgefühle nicht gefielen, egal, wie übel du sie beschimpft hast und ihnen am liebsten den Hals umgedreht hättest, dein Unterbewusstsein und deine Grundinstinkte standen immer zu dir und versuchten, deine Sicherheit zu gewährleisten.

Sie sind dazu da, dein Leben zu beschützen. Das ist ihr Job. Und den machen sie. Nichts und niemand auf der Welt kann sie davon abhalten. Du kannst dich auf sie verlassen. Es sind die treusten Freunde, die du dir vorstellen kannst. Sie passen Tag und Nacht auf dich auf. Sie schlafen nie. Und sie haben niemals eine negative oder egoistische Absicht – bei allem, was sie tun.

Um seinen Job zu machen, nutzt dein Unterbewusstsein unglaubliche Fähigkeiten. Ich hatte zum Beispiel einmal ein Erlebnis, bei dem ich bewusst mitverfolgen konnte, was mein Unterbewusstsein in Zusammenarbeit mit meinen Instinkten alles drauf hat. Ich fuhr damals mit meiner Exfrau und meinen zwei Kindern auf der Autobahn. Mein Tacho zeigte 180 km/h. Plötzlich wendete ein paar hundert Meter vor mir ein PKW! Bevor ich überhaupt richtig denken konnte, stand ich mit voller Kraft auf der Bremse.

Ich rutschte mit blockierten Reifen auf diesen Wagen zu. Ich hatte das Gefühl, dass dies alles in Zeitlupe ablief. Während ich auf diesen Wagen zuraste, rechnete ich in Gedanken aus, wie schnell ich dort ankommen würde. Ich schätzte wohlgemerkt nicht! Ich rechnete es tatsächlich aus!

Ich hatte vor Ella Kensington einen richtigen Beruf. Ich habe Fahrzeugtechnik studiert. Da lernt man, so etwas auszurechnen. Normalerweise brauche ich jedoch ein paar Minuten, um das im Kopf auszurechnen.

Ich rechnete also aus, dass ich mit etwa einhundert Stundenkilometern bei diesem Wagen ankommen würde, der mittlerweile quer auf beiden Fahrspuren stand.

Während ich noch auf ihn zurutschte, überlegte ich, ob ich nun besser auf der Bremse bleiben, oder sie loslassen und ein Ausweichmanöver versuchen sollte. Ich hatte nicht mehr viel Platz. Rechts von diesem PKW war zwar genügend Platz, doch das würde ich nicht mehr schaffen. Die Entfernung war zu gering. Ich würde mittenrein krachen.

Links neben diesem PKW war ungefähr 1,50 Meter Platz. Mein Wagen war ohne Seitenspiegel etwa 1,70 Meter breit. Ich entschied mich also, dass ich ihn auf beiden Seiten um zehn Zentimeter kleiner machen sollte! Damit wäre mein Wagen danach zwar ein Totalschaden, aber der Aufprall wäre verhältnismäßig weich!

Ich ließ also die Bremse los und zog nach links rüber auf den Grünstreifen. Mit etwa 110 km/h raste ich durch die Lücke. Mein Wagen hatte keinen Kratzer. Die Lücke war doch breiter als 1,50 Meter gewesen. Sie war gerade groß genug, damit mein Auto haarscharf durchpasste.

Der gesamte Vorgang kam mir wie zwei Minuten vor. Tatsächlich dauerte er jedoch so lange, wie meine Exfrau brauchte, um sich nach meiner Vollbremsung wieder aufzurichten und zu sagen: „Spinnst du!?“

Ich hatte tatsächlich in dieser einen Sekunde die Geschwindigkeit ausgerechnet, die ich beim Aufprall haben würde, und einen sehr ausführlichen Entscheidungsprozess durchlaufen, ob ich es nun lieber rechts oder links vorbei versuchen sollte.

Mein Unterbewusstsein ließ mich die richtige Entscheidung treffen. Vielen, vielen Dank dafür!

Solche und ähnliche Situationen erlebte ich in meinem Leben bisher etwa dreißig Mal. Jedes Mal stand mein Leben ganz akut auf dem Spiel. Ich weiß daher, wie sehr ich meinem Unterbewusstsein und meinen Instinkten vertrauen kann und was sie drauf haben. Sie haben mir bei diesen dreißig Erlebnissen jedes Mal das Leben gerettet.

Natürlich machen sie auch Fehler. Mein Unterbewusstsein verallgemeinert manchmal etwas zu schnell, und meine Grundinstinkte haben eine Vorprogrammierung, die unserer heutigen Zeit nicht mehr angemessen ist. Die Evolution hatte noch nicht die Zeit, diese Vorprogrammierung an unsere heutigen Lebensverhältnisse anzupassen.

Arbeiten wir also mit unserem Unterbewusstsein und unseren Instinkten zusammen, anstatt sie abzulehnen, wenn sie etwas tun, was uns nicht gefällt. Sie brauchen uns genauso, wie wir sie brauchen. Gemeinsam können wir ein gutes Team sein!

1.VI. Die Instinkte und ihre Grundmotive

Kommen wir jetzt zurück zu der ursprünglichen Absicht, die ich am Anfang dieses Buches nannte. Wir wollen erst einmal glücklich werden, bevor wir uns mit unseren Problemen beschäftigen.

Bis jetzt wissen wir, dass glücklich zu sein bedeutet, sich glücklich zu fühlen. Wir wissen weiterhin, dass unsere glücklichen Gefühle dem Belohnungssystem unserer Instinkte entspringen. Jetzt wollen wir damit anfangen, unsere Instinkte so zu nutzen, dass sie uns glückliche Gefühle machen. Das ist unser nächstes Ziel.

Wir werden uns dazu unsere drei Grundinstinkte genauer anschauen. Insbesondere werden wir uns die sieben elementaren Zielsetzungen unserer Instinkte anschauen, die ich im letzten Kapitel Grundmotive genannt habe. Alles, was unsere Instinkte tun, geht letztendlich aus diesen sieben Grundmotiven hervor. Wann immer wir eines dieser Grundmotive erfüllen, werden wir von unseren Instinkten mit schönen Gefühlen belohnt. Würden wir unsere Grundmotive permanent erfüllen, wären permanente Glücksgefühle die unweigerliche Folge.

Was meinst du? Ist es schwierig, diese Grundmotive permanent zu erfüllen? Lass dich überraschen!

1. Passen

Befassen wir uns als Erstes einmal mit dem Grundmotiv unseres Herdentriebes, Menschen zu finden, die zu uns passen. Unser Herdentrieb spricht in dieser Hinsicht noch heute die gleiche Sprache wie in der Frühzeit des Menschen.

Stell dir einmal vor, du lebst nicht heute, sondern in der rauen Welt der Frühzeit. Überall lauern wilde Tiere. Der Winter ist hart. Ohne die Gemeinschaft deines Rudels kannst du hier nicht überleben. Deinem Rudel gehören etwa einhundert Menschen an. Doch dieses Rudel ist sich uneinig. Es steht eine Aufspaltung bevor. Eine Gruppe von drei Personen ist mit der Marschroute der Gemeinschaft nicht zufrieden. Sie wollen ihre eigenen Wege gehen und heißen jeden aus dem großen Rudel willkommen, der sich ihnen anschließen möchte. Sie fragen auch dich, ob du mit ihnen kommen willst.

Wie hoch wären in dieser Situation deine Anforderungen an die drei Menschen dieser kleinen Gruppe? Wie gut müssten sie zu dir passen, damit du die Gemeinschaft verlassen und dich ihnen anschließen würdest? Würdest du das leichtfertig tun? Sicherlich nicht! Dein Leben wäre von dieser Entscheidung abhängig. Dein Herdentrieb würde dir bei dieser Auswahl sehr starke Gefühle machen. Er würde sicherstellen wollen, dass du am Leben bleibst.

Welche Gefühle würde dein Herdentrieb dir machen, wenn in dieser Gruppe ein Mensch wäre, mit dem du nicht so ganz klarkommst? Würde er dir Belohnungs- oder Vermeidungsgefühle machen?

Ich denke, die Antwort fällt leicht. Er würde dir Ablehnungsgefühle machen. Ablehnung ist das primäre Vermeidungsgefühl deines Herdentriebes, wenn etwas nicht passt.

Natürlich gab es diesen Menschen, mit dem du nicht so ganz klar kommst, auch zuvor in der großen Gruppe. Doch da fiel er nicht sonderlich auf. Dein Leben war nicht so stark davon abhängig, ob du mit ihm harmoniertest. Es gab ja noch genug andere Leute. Wenn dein Rudel jedoch auf eine Teilnehmerzahl von drei Menschen zusammenschrumpfen sollte, ist jeder Einzelne extrem wichtig. Du legst also sofort eine sehr viel höhere Messlatte für das Passen an.

Und genau das macht dein Herdentrieb auch heute noch! Er hat sich seit der Frühzeit kaum verändert. Noch immer ist es für ihn das Wichtigste auf der ganzen Welt, dass wir Menschen haben, die zu uns passen. Und genau wie in der Frühzeit ist die Messlatte, die er bei dieser Suche anlegt, davon abhängig, wie groß unser Rudel ist.

Besteht unser Rudel nur aus einigen wenigen Menschen, werden wir hundertprozentig sicher sein wollen, dass die anderen aus dem Rudel perfekt zu uns passen. Wenn nicht, bedenkt uns unser Herdentrieb sofort mit heftigsten Ablehnungsgefühlen, denn das ist sein Job.

Würde unser Rudel hingegen aus einer sehr großen Zahl an Mitgliedern bestehen, könnten wir mit einzelnen Menschen sehr viel großzügiger umgehen. Wir würden dann sofort verschiedene Messlatten für verschiedene Menschengruppen anlegen.

Wir würden zum Beispiel nach Menschen Ausschau halten, die als „Freunde“ zu uns passen könnten. Wir würden nach Menschen schauen, die als „potenzielle Partner“ in Frage kämen. Es gäbe eine Anzahl an Menschen, die wir in der Kategorie „Arbeitskollegen“ als passend beurteilen würden. Dann hätten wir vielleicht Menschen, die als „Trainingspartner“ zu uns passen. Wir hätten Menschen, die als „Gesprächspartner“ passend wären. Wir hätten für alles und jeden eine passende Kategorie.

Welche Gefühle, glaubst du, macht dir dein Herdentrieb, wenn du einen Arbeitskollegen in dieser Kategorie als sehr passend beurteilst, weil du mit ihm sehr gut zusammenarbeiten kannst? Dein Herdentrieb würde dir Belohnungsgefühle machen.

Was würde jedoch passieren, wenn du diesen Arbeitskollegen aufgrund eines großen Mitgliederschwundes deines Rudels plötzlich in die Kategorie „beste Freunde“ aufnehmen wolltest? Hättest du dann immer noch Belohnungsgefühle, nur weil ihr gut zusammenarbeiten könnt? Plötzlich würde dein Herdentrieb zu demselben Menschen völlig andere Gefühle machen.

Es scheint also sinnvoll zu sein, ein großes Rudel zu haben, wenn man seinem Herdentrieb Belohnungsgefühle entlocken will. Auf diese Weise würde man sich über seinen guten Trainingspartner genauso freuen wie über den guten Arbeitskollegen, den netten Nachbarn oder die nette Kassiererin vom Supermarkt.

Wenn du Lust hast, dann können wir jetzt einmal ein kleines Experiment machen! Hast du eine glückliche Beziehung? Wir können jetzt gemeinsam dafür sorgen, dass du mächtig viele Beziehungsprobleme bekommst! Hast du Lust dazu? ... Spielverderber! ☺

Können wir dann wenigstens etwas dafür tun, dass deine Beziehung wieder so glücklich wird wie zu der Zeit, in der ihr bis über beide Ohren ineinander verliebt wart? Bist du dazu bereit?!

Wenn du keine Beziehung hast, dann könnten wir stattdessen den sichersten Weg beschreiten, wie du die Liebe deines Lebens finden kannst. Hast du Interesse daran?!

Dann erkläre ich dir erst einmal, was wir *nicht* tun werden! Wir werden deine Beziehung nicht als dein kleines Minirudel definieren. Würden wir das tun, würde dein Herdentrieb die Anforderungen an deinen Partner hinsichtlich des Passens auf 100 Prozent hochschrauben. Er würde verlangen, dass alle Facetten der Persönlichkeit deines Partners mit deinen eigenen Persönlichkeitsfacetten übereinstimmen. Er wäre erst zufrieden, wenn ihr absolut die gleichen Interessen hättet. Ihr müsstet in allem den gleichen Geschmack haben. Außerdem müsstet ihr immer einer Meinung sein. Eure Charaktereigenschaften müssten ebenfalls in allen Details harmonieren. Damit gäbe es unweigerlich Krieg in eurer Beziehung!

Stell dir noch einmal die Frühzeit vor. Du lebst mit deinem Partner in einer sehr gefährlichen Umgebung. Wenn ihr hier nicht hundertprozentig zusammenpasst, werdet ihr zu zweit keine große Überlebenschance haben.

Merke: Je kleiner du dein Rudel definierst, desto höher wird die Messlatte fürs Passen liegen!

Das ist also genau das, was wir *nicht* tun werden! Was aber wollen wir stattdessen tun? Wie bringen wir die Liebe der ersten Verliebtheitsphase wieder zurück? Oder wie bauen wir uns die Liebe unseres Lebens in einer neuen Beziehung sicher auf?

Das ist ganz einfach: Wir machen uns ein großes Rudel! Wir brauchen dazu nicht viel zu tun. Wir brauchen nur eine neue Sichtweise unseres Rudels – eine, bei der sich unser Herdentrieb nicht gezwungen sieht, die Messlatte auf hundert Prozent zu legen, damit wir überleben können. Klar ist schon einmal, dass unser Rudel nicht zu klein sein darf. Doch wie viele Menschen sollten dazugehören? Wie viele Menschen bräuchte unser Herdentrieb, damit er keine zu hohe Messlatte anlegt?

Gehört überhaupt eine bestimmte, feste Anzahl dazu, oder sollten wir die genaue Anzahl besser offen lassen?

Probier es aus! Mach dir bitte jetzt einmal ein inneres Vorstellungsbild von deinem momentanen Rudel. Weißt du, wie groß dein Rudel heute in Wirklichkeit ist? Es umfasst kulturell gesehen mindestens ganz Europa! Wir beide gehören also dem gleichen Rudel an! Ich find's geil! Vor allem habe ich das Gefühl, du passt zu mir. Ich habe also deinetwegen Belohnungsgefühle. Danke dafür! ☺

Natürlich ist die Menschenmasse von Europa etwas groß, um sie sich genau vorzustellen. Behelfen wir uns mit einem kleinen Trick. Teilen wir die Menschen aus Europa in verschiedene „Passenskategorien" ein.

Als Erstes solltest du in Gedanken einmal alle deine engsten Freunde um dich herum versammeln. Wenn du einen Partner und eine eigene Familie hast, sollten diese natürlich an erster Stelle stehen.

Als nächste Kategorie könntest du deine Eltern und deine Geschwister mit dazunehmen, wenn du willst. Entscheide, wie nah sie in deinem Umfeld stehen sollten. Gehören sie mit in den Kreis deiner besten Freunde, oder würdest du sie eher weiter weg platzieren?

Danach kommen alle Menschen, die du in die Rubrik „sehr gute Bekannte" einsortieren würdest. Gib ihnen einen Platz in deinem Bild, der deutlich macht, dass diese guten Bekannten dir nicht so nahe stehen wie deine besten Freunde. Platziere sie zum Beispiel einfach weiter außen im Kreis.

Danach kommen dann Bekannte und Arbeitskollegen. Diese könntest du in einem noch weiter entfernten Kreis um dich herum anordnen.

Als Letztes solltest du all die Menschen mit in das Bild hinzunehmen, die ab und an etwas mit dir zu tun haben.

All diese Menschen bilden den inneren Kreis deines Rudels. Um diesen Kreis herum gibt es mit etwas Abstand eine unendlich große Anzahl an Menschen, die alle Interesse haben könnten, zu deinem inneren Kreis dazuzugehören. Du hast leider nicht die Zeit, so viele Freunde zu haben, deshalb wirst du die meisten von ihnen niemals kennen lernen. Trotzdem gehören sie zu deinem Rudel, das wie gesagt das gesamte Europa umfasst.

Manchmal gehen Leute aus deinem inneren Kreis in die Masse. Sie machen damit sozusagen den Platz frei für neue Menschen. Es kommen danach meistens ziemlich schnell wieder neue Leute aus der großen Masse in deinen inneren Kreis hinzu.

Kannst du dir das vorstellen? So in etwa ist die Welt heute in Wirklichkeit. Du kannst so viele Menschen in deinen inneren Kreis hineinholen, wie du willst.

Natürlich gehört in dieses Bild noch ein Symbol für Partnerschaft. Bei mir besteht dieses Symbol aus zwei Teilen: Zum einen hat meine Partnerin ein rotes Herzkissen in ihren Händen und zum anderen trägt sie spezielle Kleidung, die für mich einen Bereich meines Lebens symbolisiert, den ich nur mit meiner Partnerin auslebe. Sie trägt in diesem Bild schwarze Strapse! ☺

Welches Symbol du für deinen Partner oder deine Partnerin verwendest, bleibt natürlich deiner Fantasie überlassen. Nicht jeder sieht seinen (männlichen) Partner gerne in schwarzen Strapsen! ☺

Damit mein Herdentrieb nicht Panik bekommt, dass ich von meiner Partnerin verlassen werden könnte, habe ich das Symbol für eine mögliche Partnerschaft auch außerhalb des inneren Kreises platziert. Es tauchen dort in relativer Häufigkeit Frauen mit Herzilein und Strapsen auf und geben mir das Gefühl, dass ich auch in Zukunft wieder eine glückliche Partnerschaft erleben könnte.

Was meinst du, wie reich dein Leben an Glücksgefühlen sein kann, wenn du das Leben so siehst, wie es wirklich ist? Womit könntest du deinem Herdentrieb ein Passensgefühl entlocken? Womit, glaubst du, habe ich meinen Herdentrieb ein Passensgefühl dir gegenüber entlockt?

Die Antwort ist einfach: Ich habe dieses Buch geschrieben, und du liest es. Damit passen wir gut zusammen. Du passt also in die für mich sehr wichtige Rubrik „Leser“, und ich passe für dich in die Rubrik „Autor“.

Ich weiß nicht, wie gut wir in anderen Rubriken zusammenpassen würden, aber ich weiß, dass du zu mir als Leser passt. Und allein das entlockt meinem Herdentrieb schon ein schönes Gefühl. Okay, ich gebe es zu: Du bist mir damit tatsächlich sympathisch! ☺

Du hast also mit dieser Definition deines Rudels die Freiheit, dir soviel Passensgefühle reinzuziehen, wie du möchtest. Doch würdest du damit nicht realitätsfremd? Ist es nicht weltfremd, den gesamten Tag Zuneigung und Sympathie zu anderen Menschen zu empfinden? Was ist mit irgendwelchen Blödköpfen, die du bisher nicht leiden konntest? Die würdest du möglicherweise in der richtigen Kategorie auch als „passend“ empfinden. Wäre das nicht realitätsfremd?

Wenn du es genau betrachtest, dann ist eher das, was du bisher getan hast, realitätsfremd. Wenn du Ablehnungsgefühle für jemanden hegst, hast du diesen Jemand als nicht passend beurteilt. Das kann er nur sein, wenn du ihn in die falsche Kategorie eingeordnet hast. So gut wie jeder ist in der richtigen Kategorie passend. Steckst du ihn in die falsche Kategorie, gaukelst du deinem Herdentrieb eine falsche Realität vor. Er geht dann davon aus, dass dieser Jemand dein Leben gefährdet, weil er nicht gut genug zu dir passt. Ist es realistisch oder realitätsfremd, dass dein Leben gefährdet ist, weil dieser Typ so ist, wie er ist?

In Wirklichkeit ist das Grundmotiv, genügend Menschen zu haben, die zu dir passen, damit du überleben und glücklich sein kannst, längst erfüllt. Das ist die Realität.

Wenn dein Herdentrieb Ablehnungsgefühle macht, baut die Beurteilung des Nichtpassens auf einer unrealistischen Sichtweise der Wirklichkeit auf. Du gaukelst deinen Herdentrieb vor, das Grundmotiv Passen sei nicht erfüllt. In Wirklichkeit ist es wie gesagt sehr wohl erfüllt.

Willst du also weltfremd sein und Menschen mit einer zu hohen Messlatte beurteilen, oder willst du von der Realität ausgehen, dass dir ein unermesslich großes Rudel zur Verfügung steht, in dem es für jeden Menschen die passende Kategorie gibt?

Du könntest damit ständig Sympathie und Zuneigung zu anderen Menschen empfinden. Sogar für deinen Partner! ☺

Es stellt sich natürlich die Frage, ob du das überhaupt willst. Nicht jeder will für seinen Partner immerzu Zuneigung empfinden. Manchmal will man ihn ja auch mal ablehnen – dann zum Beispiel, wenn er etwas tut, was man nicht in Ordnung findet. Um ihn ablehnen zu können, muss man an etwas denken, das nicht passt. Nur so kann man dem Herdentrieb ein Ablehnungsgefühl entlocken.

Schauen wir uns diesen Sachverhalt einmal genauer an. Wir wollen unserem Partner klar machen, dass er sein Verhalten zu verändern hat. Womit erreichen wir es besser? Indem wir darauf achten, was nicht passt und damit Ablehnungsgefühle auslösen?

Oder erreichen wir eher, was wir wollen, wenn wir auf alles Mögliche achten, was passt, und dabei mächtig starke Zuneigungsgefühle ernten?

Wie reagiert dein Partner im Allgemeinen darauf, wenn du ihn ablehnst? Macht er dann plötzlich alles, was du willst, oder wehrt er sich?

Er wehrt sich, stimmt's? Und wie wehrt er sich? Mit Gegenablehnung, ganz genau! Er macht dich also „gegenunpassend"!

Was tust du daraufhin normalerweise? Machst du dann, was er will, oder wehrst du dich ebenfalls gegen seine Ablehnung? Ich bin sicher, du wehrst dich ebenfalls, oder? Das machen nämlich fast alle Menschen.

Wir alle kommen, bedingt durch unsere Instinkte, in den gleichen Strudel. Wenn uns jemand unpassend macht, machen wir ihn auch unpassend. Man kann sich ja nicht alles gefallen lassen! Im Gegenteil! Wir werden unsere Ablehnungsgefühle steigern. Aus Ablehnung wird auf diese Weise sehr schnell Wut.

Und wie reagiert unser Partner darauf? Klar, er beurteilt unsere Wut als ebenso unpassend und wird daraufhin ebenfalls wütend. Ein nettes Spiel hat sich die Natur da ausgedacht!

Bedingt durch die Wut machen wir dann meistens Schuldzuweisungen. Und wie reagiert unser Partner darauf? Er macht Gegenschuldzuweisungen – möglicherweise noch bessere als wir. Daraufhin werden wir halt beleidigt sein. Und er? Er ist noch mehr beleidigt! Und wer am längsten beleidigt ist, hat gewonnen! Das ist ungeschriebenes, weltweites Beziehungsgesetz! ☺

Dann drohen wir ihm irgendwann mit Kündigung, wenn er sich nicht ändert. Stimmt er dann unerwarteterweise zu, haben wir ein Problem! Das hatten wir uns doch eigentlich anders vorgestellt, oder?!

Manche Menschen werden dann krank, damit der Partner sieht, was er einem angetan hat. Und manche Partner werden dann noch kränker, damit sie diese Schuld zurückweisen können.

Ein völlig unsinniges Spiel mit völlig unsinnigem Ausgang: Zwei Menschen, die sich lieben, trennen sich, weil sie nur noch Ablehnungsgefühle füreinander haben. Möglicherweise hassen sie sich sogar – und das nur, weil sie ihr Rudel zu klein definiert haben!

Das wäre also die eine Möglichkeit, wie wir unseren Partner bitten könnten, sein Verhalten zu verändern. Die Erfolgschancen sind, gelinde ausgedrückt, sehr bescheiden! Zwar haben manche Menschen so viel Angst vor Ablehnung, dass sie sich auf diese Weise tatsächlich eine Zeit lang manipulieren lassen, aber langfristig wird dadurch jede Beziehung oder zumindest das Beziehungsglück zerstört.

Schauen wir uns die zweite Möglichkeit an, die uns zur Verfügung steht. Wir können auf alle möglichen Merkmale achten, an denen wir erkennen könnten, dass unser Partner zu uns passt. Tun wir das einmal gemeinsam, um praktisch nachempfinden zu können, ob du ihn dann überhaupt noch ändern willst.

Warum passt dein Partner also zu dir? Wenn du keinen Partner hast, dann denk über die Freundschaft zu deinem besten Freund oder deiner besten Freundin nach.

Habt ihr Gemeinsamkeiten? Wenn ja, welche? Habt ihr zum Beispiel ähnliche Charaktereigenschaften? Habt ihr ähnliche Interessen oder Wünsche? Könnt ihr euch gut miteinander unterhalten? Verbringt ihr gerne die Zeit mit den gleichen Leuten? Mögt ihr die gleiche Musik oder die gleichen Filme? Passt ihr optisch gut zusammen? Seid ihr gemeinsam unerträglich? ☺

Denk einmal für ein paar Momente darüber nach, dass ihr gut zusammen passt, und genieße die schönen Gefühle, die das macht.

Wie ist das jetzt? Ist dir jetzt alles wurscht, was dein Partner oder dein Freund tut? Oder hättest du immer noch den Wunsch, dass er etwas ändert, wenn etwas nicht in Ordnung ist? Ich bin sicher, du würdest es immer noch gerne anders haben wollen, stimmt's? Es wäre nur nicht mehr so dringend.

Was würde passieren, wenn du ihn mit der Zuneigung im Bauch und der Gelassenheit, die du jetzt der Sache gegenüber hast, ansprechen würdest, ob er dir den Gefallen tun möchte, diese gewisse Sache zu ändern? Wie groß wären deine Erfolgschancen jetzt? Wären sie nicht hundert Mal größer als mit der Ablehnungsprozedur?

Und selbst wenn er es nicht ändern würde, wäre eure Beziehung dann nicht trotzdem mit diesen Passensgefühlen sehr viel schöner als mit den Ablehnungsgefühlen?!

Weißt du, was die große Liebe in der Verliebtheitsphase ausmacht? Kannst du es schon ahnen? Es sind die Passensgefühle. Am Anfang einer Beziehung achten wir auf alles, was passt. Wir sammeln regelrecht Bestätigungen fürs Passen. Das tut unser Herdentrieb automatisch in dieser Phase. Es gibt nur einen Grund, warum er irgendwann damit aufhört: Wir bringen ihn dazu!

Leider hört er sofort damit auf, Bestätigungen fürs Passen zu sammeln, sobald wir unseren Partner zu unserem Minirudel machen. Unser neuer Partner wird für uns der wichtigste Mensch auf der ganzen Welt. Wir denken nur noch über ihn nach. Unsere Freunde rücken wir in dieser Zeit in unserem inneren Rudelbild sehr viel weiter weg. Das bedeutet für unseren Herdentrieb, dass sich unser Rudel verkleinert hat. Damit steigen sofort die Anforderungen an unseren Partner. Die gesammelten Bestätigungen fürs Passen sind plötzlich nicht mehr genug. Wenn unser Partner unser Minirudel darstellt, dann muss er in allen Facetten seiner Persönlichkeit zu uns passen. Wir fangen also an, Dinge zu sehen, die wir als nicht passend empfinden. Die Verliebtheitsphase ist damit vorbei.

Das muss nicht so passieren! Wir haben es in der Hand, welche Welt wir unserem Herdentrieb als Wirklichkeit aufzeigen. Bleiben wir bei der Wahrheit und sehen alle Menschen Europas als unser Rudel an, können wir bis zum Ende unserer Tage auf Bestätigungen fürs Passen achten und weiterhin verliebt bleiben. Auf die gleiche Art und Weise können wir uns auch die Verliebtheit wieder zurückholen. Fangen wir einfach wieder an, nach Bestätigungen fürs Passen zu suchen!

Welche Maßnahme wirst du also weiterhin verwenden? Wirst du auf Ablehnung setzen oder auf Passensgefühle?

Du kannst dir jedoch mit dieser Entscheidung auch noch etwas Zeit lassen. Überprüfen wir erst einmal ausgiebig, ob es in allen Lebensbereichen besser wäre, dein Rudel neuzeitlich zu definieren und auf Bestätigungen zu achten, an denen dein Herdentrieb erkennen kann, dass jemand zu dir passt.

Wie sieht es zum Beispiel mit deinem Chef aus? Macht dein Chef eher, was du willst, wenn du ihn ablehnst, oder tut er das eher, wenn du auf Bestätigungen fürs Passen achtest? Wie fühlt sich dein Chef, wenn du ihn als passend empfindest? Er fühlt sich von dir anerkannt und erwünscht.

Wann macht er eher, was du willst? Wenn er sich anerkannt fühlt, oder wenn er sich abgelehnt fühlt? Ich denke, die Antwort versteht sich von selbst.

Um ihn als passend zu empfinden, müsstest du ihn natürlich in die richtige Kategorie einordnen. Was ist die richtige Kategorie, in die dein Chef für dich hineinpasst?

Wie würde sich das Verhältnis zu dem Arbeitskollegen verändern, den du bisher gar nicht leiden konntest, wenn du permanent auf Bestätigungen fürs Passen mit ihm achten würdest? Du glaubst, das geht nicht? Du sollst nicht darüber nachdenken, ob dieser Mensch in die Rubrik „beste Freunde" passt. Es geht lediglich um die Rubrik „Arbeitskollegen". Warum passt dieser Kollege in diese Rubrik? Gibt es irgendeinen Arbeitsprozess, den du mit ihm zusammen gut erledigen könntest? Macht er vielleicht gewisse Arbeiten gerne, die dir keinen Spaß machen? Wo könntet ihr zusammenpassen?

Selbst wenn dir jetzt so spontan dazu nichts einfallen sollte: Ich garantiere dir, dass dir etwas einfallen würde, wenn du dir eine Weile ernsthaft Gedanken darüber machen würdest. Du würdest nach und nach immer mehr Bestätigungen fürs Passen finden, an denen dein Instinkt erkennen könnte, dass ihr als Arbeitskollegen gut zusammenpasst. Dein Herdentrieb würde also Passensgefühle machen. Dein Arbeitskollege würde dir damit immer sympathischer werden. Welche Konsequenzen hätte das langfristig auf euer Arbeitsklima?

Es hätte also nicht nur positive Auswirkungen in deiner Beziehung, wenn du auf Bestätigungen fürs Passen achten würdest. Es hätte positive Konsequenzen in allen Lebensbereichen, in denen du mit anderen Menschen zu tun hast.

Du würdest die Menschen immer mehr so sein lassen können, wie sie sind, und sie einfach mögen. Das wünscht sich im Übrigen jeder Mensch. Jeder will so gemocht werden, wie er ist. Doch nur sehr wenige Menschen sind wirklich dazu in der Lage, das zu tun. Ihre Instinkte machen ihnen einen Strich durch die Rechnung. Du bist jetzt dazu in der Lage. Von nun an werden deine Instinkte nicht mehr dich, sondern du deine Instinkte kontrollieren!

Dein Glück hängt ganz allein davon ab, was du mit deinen Instinkten machst. Gibst du ihnen eine reale Definition deines Neuzeitrudels und ordnest alle Menschen in die richtige Kategorie ein, machen sie dir Belohnungsgefühle. Diese Belohnungsgefühle machen dich einerseits glücklich und andererseits sehr leistungsfähig. Wie gesagt ist es mehr als sinnvoll, dafür zu sorgen, dass man glückliche Gefühle hat, bevor man sich mit den Problemen des Lebens beschäftigt. Es stellt die sicherste und effektivste Maßnahme zum Erfolg dar.

Du hast es also in der Hand, ob du glücklich und erfolgreich bist oder nicht. Du kannst dir das Leben sehr viel schöner machen, wann immer du mit anderen Menschen zusammenkommst.

Du kannst deinen Herdentrieb jedoch nicht nur auf andere Menschen ansetzen. Das geht auch mit Gegenständen!

Hast du schon einmal deinen Computer abgelehnt, wenn er abgestürzt ist? Das hat er gefälligst nicht zu tun! Das widerspricht deiner Maßgabe darüber, was richtig ist. Es passt dir also nicht, und schon macht dein Herdentrieb Ablehnungsgefühle.

Zwar ist dein Computer kein Rudelmitglied, doch für diese Erkenntnis ist dein Herdentrieb noch nicht vorbereitet. In der Frühzeit gab es noch keine Computer. Es gab nur andere Menschen.

Dein Herdentrieb weiß nur, dass er Ablehnungsgefühle machen soll, wenn du etwas als nicht passend beurteilst. Wann immer dir also etwas nicht passt, bekommst du Ablehnungsgefühle –

ganz egal, ob es um das Wetter, deinen Job, deine Gesundheit oder deine schlechten Gefühle geht. Du lehnst alles ab, was als nicht passend beurteilt wird.

Wenn du deinem Herdentrieb hingegen Belohnungsgefühle entlocken willst, dann solltest du nach Bestätigungen suchen, an denen du erkennen kannst, warum es gerade passt.

Warum passt es zum Beispiel gerade, dass dein Computer abgestürzt ist? Solltest du vielleicht gerade mal wieder eine Pause machen? Oder solltest du dein Schatzi mal wieder anrufen? Passt es vielleicht, weil du damit testen kannst, ob du dir mit dem Computerabsturz tatsächlich gute Gefühle machen kannst?

Und warum könnte es gerade passend sein, dass das Wetter im Moment nicht so schön ist? Passt es vielleicht gerade, weil du sowieso gerne dieses Buch lesen möchtest? Wenn du kurz überlegst, wofür das Wetter passend ist, wirst du eine Antwort finden, die du dir nicht schönreden musst. Alles passt für irgendetwas!

Es gibt eine kleine wahre Geschichte, die diesen Sachverhalt verdeutlicht. Es geht um eine Frau, die einen extrem nervösen Magen hatte. Sie musste sich bei jeder kleinen Aufregung immer sofort übergeben. Das ging schon seit ihrer Kindheit so.

Wenn der Lehrer sie nur ansprach, musste sie sich übergeben. Schaute sie ein netter Junge an, musste sie sich übergeben. Wurde eine Klassenarbeit geschrieben, musste sie sich übergeben.

Als sie erwachsen war, hatte sie unzählige Therapieversuche und Magenoperationen hinter sich gebracht. Doch nichts half. Sie musste sich bei jeder kleinen Aufregung erneut übergeben.

Diese Frau hätte beide Arme dafür gegeben, wenn sie ihr Problem hätte damit loswerden können. Nie wäre ihr in den Sinn gekommen, dass dieses Leiden für irgendetwas gut sein könnte. Und dennoch war es eines Tages so weit: Ihr Leiden erwies sich als äußerst passend!

Sie ging eines Abends allein durch einen dunklen Park, als plötzlich ein Triebtäter vor ihr stand und sie vergewaltigen wollte. Glücklicherweise regte sie sich auf und kotzte den Typ von oben bin unten voll! Er zog angewidert von dannen. Kurze Zeit später konnte die Polizei den Triebtäter festnehmen, nachdem die Frau ihn unverwechselbar „markiert“ hatte.

Ihr Leiden hatte damit möglicherweise ihr selbst und noch anderen Frauen das Leben gerettet. Es hatte also tatsächlich einmal genau gepasst.

Und so ist das mit allem in unserem Leben. Es gibt nichts, was nie passt. Es kommt immer auf die jeweilige Situation an. Wollen wir also Passensgefühle haben, brauchen wir nur nach den entsprechenden Umständen und Situationen zu suchen, in denen etwas passt. Vor allem sollten wir auch unsere Anforderungen fürs Passen genau überprüfen.

Was, meinst du, passiert zum Beispiel, wenn du es als Sollmaß ansiehst, 24 Stunden am Tag glücklich zu sein? Welche Gefühle macht dir dein Herdentrieb, wenn du es einmal nicht gerade bist? Macht er dann Passengefühle? Sicherlich nicht. Du wirst Ablehnung fühlen. Deine Anforderung ans Leben heißt, dass du 24 Stunden ununterbrochen glückliche Gefühle haben willst. Ein schlechtes Gefühl wird damit als unpassend empfunden.

Du bekommst also Ablehnungsgefühle von deinem Herdentrieb. Die wirst du dann auch gleich wieder ablehnen. Das ist doch praktisch! Du brauchst überhaupt nichts Fremdes, über das du dich aufregen kannst. Deine eigenen Gefühle erfüllen diesen

Zweck. Du lehnst deine schlechten Gefühle ab und machst sie mit dieser Ablehnung natürlich noch schlechter. Dann lehnst du sie noch mehr ab, was sie abermals schlechter macht. Und so geht das immer weiter, bis du so richtig sauer bist und deinen Gefühlen die Freundschaft kündigst.

Es liegt natürlich bei dir, ob du das Ziel als Maßstab ansetzt, 24 Stunden pro Tag glücklich zu sein. Du kannst dich frei entscheiden.

Du könntest auch definieren, dass jedes Gefühl in Ordnung ist. Jedes Gefühl passt für eine bestimmte Situation am besten. Warum könnte also dein momentanes Gefühl für dich passend sein?

Wann immer du nach Bestätigungen fürs Passen suchst, wirst du welche finden und damit deinen Herdentrieb dazu bringen, dir Belohnungsgefühle zu machen. Das kannst du von morgens bis abends tun, ohne Unterlass! Dabei musst du jedoch nicht ständig alles neu beurteilen. Was du bisher bereits als passend beurteilt hast, wird automatisch Belohnungsgefühle auslösen – genauso wie deine Lieblingskleidung diese Passensgefühle auslöst, selbst wenn du nicht bewusst nach Bestätigungen dafür suchst. Du hast diese Bestätigungen fürs Passen in deinem Unterbewusstsein abgespeichert. Es hat sie sich gemerkt und löst damit automatisch die Passensbeurteilung für deinen Herdentrieb aus.

Wie, meinst du, kannst du deine Ziele besser verwirklichen? Wenn du darauf achtest, was alles nicht in Ordnung ist in deinem Leben, oder wenn du auf Bestätigungen fürs Passen achtest?

Welcher Weg ist sicherer, wenn es um wirklich wichtige Ziele geht? Wirst du zum Beispiel eher befördert, wenn du auf alles achtest, was nicht passt und damit ständig Ablehnungsgefühle in dir trägst? Oder bekommst du den besseren Job, wenn du auf Bestätigungen fürs Passen achtest und damit sehr optimistisch, positiv motiviert und im Vollbesitz deiner geistigen und körperlichen Leistungsfähigkeit bist? Mit welchen Gefühlen wirkst du besser auf deine Vorgesetzten? Wem trauen sie mehr zu? Dem, dem alles nicht passt, oder dem, der optimistisch und motiviert ist?

Mit welchem Weg findest du am besten die Liebe deines Lebens? Oder noch besser: Wie kannst du dich von der Liebe deines Lebens am besten finden lassen?

Jeder Mensch auf dieser Welt sucht nach einem Partner, der hundertprozentig zu ihm passt. Dafür sorgt unser Herdentrieb. Um jemand zu finden, der zu uns passt, schauen wir vor allem auf Gemeinsamkeiten und Ergänzungen. Wir tun das unbewusst und vollautomatisch.

Wie soll dein Traumpartner drauf sein? Soll er ständig danach schauen, was bei ihm selbst, bei dir und bei allen anderen Menschen nicht in Ordnung ist? Oder soll er dich so lieben, wie du bist? Soll er sich selbst gut finden? Soll er andere Menschen mögen, wie sie sind?

Bedenke: Jeder sucht seinesgleichen! Was glaubst du, welcher Partner sich für dich interessiert, wenn du lieber darauf schaust, was mit anderen Menschen und mit dir selbst nicht in Ordnung ist?!

Welchen Weg willst du also gehen? Du musst es nicht jetzt entscheiden! Schlafe erst noch einmal eine Nacht darüber! Oder besser noch – entscheide am Ende dieses Buches! Dann hast du einen vollständigen Überblick.

2. Erwünschtsein

Unser Herdentrieb verfolgt noch ein zweites Grundmotiv, mit dem wir uns Glücksgefühle zaubern können. Wir wollen bei den Menschen, die zu uns passen, erwünscht sein. Wir versuchen, interessant zu sein und dazuzugehören.

Im Allgemeinen machen wir uns instinktbedingt aus diesem Grundmotiv heraus die meisten Probleme in unserem Leben. Mit einer kleinen Korrektur unserer Rudeldefinition können wir diesen Effekt jedoch voll und ganz zu unseren Gunsten nutzen und uns ein reichhaltiges Buffet an Glücksgefühlen eröffnen. Die Auswirkungen auf die Beziehungen zu anderen Menschen sind dabei überaus positiv.

Schauen wir uns dieses Grundmotiv also einmal genauer an. Stell dir dein Rudelbild vom letzten Kapitel noch einmal vor. Sieh die gigantische Menschenmasse im äußeren Kreis deines Rudels. Viele davon könnten jederzeit zu deinem inneren Kreis werden. Mach dir bewusst, dass dies die Wirklichkeit ist.

Wie sicher ist es heute, dass wir Menschen um uns haben oder finden werden, bei denen wir erwünscht sind? Jeder, der zu uns passt, wird uns automatisch mögen. Das ist ungeschriebenes Herdentriebgesetz! Wir Menschen sind alle sehr unterschiedlich. Doch wir sind uns auch sehr ähnlich. 99,9 Prozent unserer Gene sind identisch mit denen aller anderen Menschen, wie die Wissenschaft kürzlich erst herausgefunden hat. Kann es also sein, dass wir niemanden finden, der uns ähnlich ist?! Wann immer wir jemandem begegnen, der unserer Persönlichkeit in bestimmten Facetten ähnlich ist, empfinden wir Sympathie und Zuneigung. Dafür sorgt unser Herdentrieb. Und so ergeht es auch den anderen Menschen mit uns. Sie erkennen Gemeinsamkeiten mit uns und mögen uns. Wenn du dir diesen Sachverhalt genau anschaust, dann wirst du erkennen, dass es damit auf dieser Welt Menschen gibt, die zu keinem anderen Menschen besser passen als zu dir. Oder anders ausgedrückt: Du bist der Mensch, den sie allen anderen Menschen vorziehen! Das kannst du dir nicht vorstellen? Solltest du aber, denn so ist die Wirklichkeit!

Du kannst gerade einmal sein, wie du willst, es wird immer Menschen geben, die ähnlich sind – sehr ähnlich sogar. Diese Menschen gefallen dir, und du gefällst ihnen. Du musst kein Model und kein Astronaut sein, um gemocht zu werden. (Glückstrainer zu sein hilft allerdings schon! ☺)

Du wirst gemocht, weil du *du* bist. Du wirst gemocht, weil es Menschen gibt, die supergut zu dir passen. Und du passt zu ihnen. Ihr werdet euch suchen und finden. Das lässt sich gar nicht vermeiden, wenn man sich traut, in die Welt hinauszuschauen. Und warum sollten wir uns nicht trauen? Weil es Menschen geben könnte, die uns nicht mögen? Deshalb sollen wir zu Hause in unserer Wohnung bleiben?! Weil wir abgelehnt werden könnten?! Ganz sicher nicht! Es muss uns doch nicht jeder mögen. Das wäre ja mächtig anstrengend. Es genügt doch, wenn uns jeder Zehnte mag. Das sind immer noch 600 Millionen Menschen auf der Welt! Das muss genügen! ☺

Bei dem begrenzten Rudel der Frühzeit bestand die Gefahr eines Ausschlusses, wenn einer aus unserem Rudel uns nicht mochte. Er hätte alle anderen überzeugen können, dass wir nicht in Ordnung sind. Das soll er mal bei 6 Milliarden Menschen versuchen!

Was meinst du? Ist es unrealistisch, dass dich jeder Zehnte sympathisch findet? Ganz sicher nicht! Damit ist es realistisch, dass es 600 Millionen Menschen gibt, mit denen du eine tolle Zeit haben könntest. Wenn das keine Fülle ist?!

Backen wir einmal etwas kleinere Brötchen. Im deutschsprachigen Raum leben ca. 100 Millionen Menschen. Was glaubst du, wie viele Menschen dich mögen könnten, die zu dir passen? Ist bei 100 Menschen einer dabei, mit dem du befreundet sein könntest? Ich denke, da ist mindestens einer dabei! Denk einmal an deine frühere Schulklasse oder an die Kollegen in deinem Job. Das sind keine hundert Leute, und trotzdem sind mehrere davon zu Freunden geworden.

Doch gehen wir ruhig einmal von dieser niedrig angesetzten Quote von einem Prozent der Menschen aus, mit denen du befreundet sein könntest. Das bedeutet, dass es allein im deutschsprachigen Raum eine Million Menschen gibt, die gut zu dir passen und bei denen du damit auf jeden Fall erwünscht wärst, wenn sie dich kennen lernen.

Hast du eigentlich schon einmal überlegt, für wie viele Freunde du Zeit in deinem Leben finden kannst? Hast du Zeit für tausend Freunde? Sicherlich nicht! Für wie viele hast du also Zeit? Sind es zehn? Oder kannst du sogar Zeit für fünfzig Freunde aufbringen?

Eine Million Menschen stünden als potenzielle Freunde zur Verfügung. In Anbetracht deiner zeitlichen Möglichkeiten ist dies eine unendlich große Anzahl.

Was also passiert, wenn mal einer von deinen Freunden wegfällt? Ganz einfach! Du hättest mehr Zeit für die anderen oder es wäre wieder einmal ein Platz frei für einen neuen Freund. Mehr würde nicht passieren!

Wie sieht es eigentlich mit potenziellen Partnern aus? Hattest du schon mehrere Beziehungen? Ist unter 1000 Menschen möglicherweise einer dabei, mit dem du eine Beziehung führen könntest?

Rechnen wir einmal total unrealistisch, damit du ein realistisches Gefühl dazu haben kannst! ☺

Ist unter 100 000 Menschen einer dabei, mit dem du eine Beziehung haben könntest? Ich denke, so langsam müsstest du zustimmen. Es sei denn, du hast noch nie in deinem Leben eine Beziehung gehabt, weil dir nie einer gut genug war.

Allerdings hast du vermutlich auch noch längst keine 100 000 Menschen kennen gelernt, oder?

Wenn jeder Einhunderttausendste als Partner in Frage käme, dann würden immer noch 1000 potenzielle Partner allein im deutschsprachigen Raum herumlaufen.

Nimm dir bitte noch einmal dein Rudelbild vor. Du hast deinen inneren Kreis. Um dich herum sind eine Million Menschen, die als Freunde in Frage kämen. Darunter sind eintausend Herzchenträger(innen)!

Jetzt brauchen wir für dieses Bild noch ein Symbol fürs Erwünschtsein. Ich habe einfach ein Lächeln und offene Arme genommen. Die Leute in meinem inneren und äußeren Kreis lächeln mich alle an und breiten die Arme aus, wenn ich komme. Das fühlt sich echt klasse an!

Vielleicht tut es das für dich auch. Wenn nicht, denk dir ein anderes Symbol fürs Erwünschtsein aus, und integriere dieses Symbol in dein Rudelbild.

Sag mal – stehen unsere Beziehungen oder unsere Freundschaften tatsächlich jeden Augenblick ernsthaft auf dem Spiel? Besteht eine permanente Gefahr, dass wir verlassen werden? Wie ist das, wenn es eine Meinungsverschiedenheit gibt? Ist unsere Beziehung dann sofort zu Ende, oder reden wir erst einmal darüber? Wir reden natürlich erst mal darüber!

Besteht also wirklich jederzeit die akute Gefahr, dass wir unsere Zusammengehörigkeit mit einem bestimmten Menschen für alle Zeit verlieren? Oder ist die Zusammengehörigkeit eher nicht so stark gefährdet? Ist sie nicht eher relativ sicher? Wenn es ein Problem gibt, redet man erst einmal darüber, bevor man sich trennt. Damit ist die Zusammengehörigkeit schon relativ sicher. Eigentlich sogar sehr sicher, wenn man es genau betrachtet.

Wie sieht es mit der Zusammengehörigkeit zu all unseren Freunden und Bekannten und unserer Familie aus? Wie groß ist die Gefahr, dass alle gleichzeitig ohne Vorwarnung nichts mehr mit uns zu tun haben wollten? Drei Mal hintereinander im Lotto zu gewinnen ist vermutlich wahrscheinlicher!

Und wie sieht es mit unserer Zusammengehörigkeit für die Zukunft aus? Alle Menschen auf diesem Globus haben einen Herdentrieb. Er veranlasst sie dazu, nach Menschen zu suchen, mit denen sie etwas gemeinsam haben. Finden sie jemanden, wollen sie mit ihm zusammen sein. Das wollen alle Menschen auf dieser Welt. Und mindestens eine Million Menschen suchen allein nach dir – und eintausend Herzchenträger(innen)!

Wie wahrscheinlich ist es wohl, dass es auf der Welt plötzlich keine Menschen mehr gibt, die irgendetwas mit uns gemeinsam haben?

Stell dir einmal vor, ein verrückter Milliardär käme und schlüge dir eine Wette vor: Er vermacht dir sein gesamtes Geld, wenn du es schaffst, für ein Jahr von jedem Menschen, der dir in diesem Jahr begegnet, abgelehnt und ausgegrenzt zu werden. Schaffst du es allerdings nicht, bekäme er alles, was du besitzt! Das wäre doch ein guter Handel, oder?! Würdest du also diese Wette eingehen? Wie groß schätzt du deine Chancen ein, dass dich wirklich jeder Mensch, der dir begegnet, ausgrenzt? Wie hoch würdest du die Gefahr einschätzen, dass du deinen gesamten Besitz verlierst?

Ehrlich gesagt würde ich diese Wette noch nicht einmal eingehen, wenn ich nur 100 Euro besitzen würde. Die wären mit hundertprozentiger Sicherheit weg. Von dem Geld des Milliardärs würde ich ganz sicher nie etwas sehen!

Es ist vollkommen ausgeschlossen, dass uns jeder Mensch ausschließt – ganz egal, was wir tun würden. Es gäbe immer Menschen, die uns mögen.

Das bedeutet, dass wir immer Menschen finden werden, die so sind wie wir! Oder wir werden gefunden. Das heißt, wir werden immer Zusammengehörigkeit haben, wenn wir das wollen. Das ist die unumstößliche Wahrheit des Lebens!

Natürlich wird uns nicht jeder gleich stark mögen. Genauso wie wir andere Menschen in entsprechende Kategorien einteilen, in die sie für uns hineinpassen, so werden wir auch von unseren Mitmenschen in die für sie passenden Kategorien eingeteilt.

Es hat also keinen Sinn, von jedem Menschen partnerschaftlich geliebt werden zu wollen. Wir selbst bringen auch nicht jedem Menschen diese Liebe entgegen. Es gehört nicht jeder Mensch aus unserem Umfeld in diese Kategorie. Und genauso wenig gehören wir bei jedem Menschen in die Kategorie „Partnerschaft“.

Wenn wir bei anderen Menschen in einer anderen Kategorie erwünscht sein wollen als der, in die sie uns tatsächlich einordnen, fühlen wir uns natürlich nicht wirklich erwünscht. Wir spüren zwar möglicherweise, dass wir gemocht werden, aber das genügt uns nicht. Wir wollen mehr! Wir wollen „wirklich" erwünscht sein!

Bringt uns dann jedoch wirklich einmal jemand seine partnerschaftliche Liebe entgegen, den wir selbst nur in die Kategorie „guter Bekannter" eingeordnet haben, dann stellen wir fest, dass das auch nicht gut ist. Wir werden von jemandem geliebt, den wir selbst nicht in gleicher Weise lieben können. Wenn wir Pech haben, werden wir seine Liebe sogar als aufdringlich empfinden!

Es hat also wirklich keinen Sinn, von allen Menschen in der höchsten Kategorie erwünscht sein zu wollen. Viel sinnvoller ist es, sich in der gleichen Kategorie erwünscht zu fühlen, in die wir auch unser Gegenüber eingeordnet haben.

Von Freunden wollen wir auch als Freunde erwünscht sein. Von Arbeitskollegen, die wir möglicherweise nicht leiden können, wollen wir auch nur als Arbeitskollegen erwünscht sein. Guten Bekannten wollen wir auch gute Bekannte sein. Würden sie uns als beste Freude haben wollen, wäre unsere Beziehung sofort im Ungleichgewicht. Wir täten also gut daran, auch fürs Erwünschtsein eine Differenzierung in unserem Umfeld vorzunehmen.

Im Gegensatz zur Frühzeit ist unser Rudel heute unbegrenzt groß. In unseren inneren Kreis kommen ständig neue Menschen hinzu, andere gehen. Das ist in unserem Leben sicherlich schon hundert Mal passiert! Es ist nichts Besonderes. So ist das Leben.

Doch genau das hat unser Herdentrieb noch nicht mitgekriegt. Er steht noch auf dem Stand des Frühmenschen und produziert deshalb sehr häufig Vermeidungsgefühle, wenn es ums Erwünschtsein geht. Sagen wir ihm also, wie die Welt heute in Wirklichkeit ist, und lassen ihn stattdessen Glücksgefühle machen.

Unsere Zusammengehörigkeit zum großen Rudel ist also extrem sicher! Dagegen können wir gar nichts tun. Wir können uns nur selbst im Keller einsperren, weil wir glauben, dass uns keiner mögen kann. Das ist die einzige Möglichkeit, wirklich einsam zu werden. Kriechen wir jedoch aus unserem Kellerloch heraus, werden wir Menschen finden, die zu uns passen, oder wir werden gefunden. Was glaubst du, wie viele Menschen aus dem gleichen Grund im Keller sitzen? Sie alle würden supergut zusammenpassen!

Zusammengehörigkeit entsteht durch Vertrautheit. Sie entsteht sogar, wenn man die Menschen gar nicht wirklich mag. Als ich meinen Job kündigte, musste ich erkennen, dass mir meine Kollegen tatsächlich fehlten – jedoch nicht nur die sympathischen: auch die, die ich eigentlich gar nicht so richtig mochte. Sie fehlten mir alle. Ich hatte Verbundenheit mit ihnen entwickelt – ganz von selbst, ohne dass ich etwas dafür getan hatte und ohne dass ich etwas dagegen hätte tun können.

Stell dir einmal vor, dass du auf deiner Arbeit über das Wochenende mit dem größten Unsympathen der ganzen Firma im Fahrstuhl eingesperrt wärst! Du würdest nicht vermeiden können, dass ihr euch im Fahrstuhl näher kennen lernt. Dabei würdet ihr einiges an Gemeinsamkeiten feststellen. Ich kann dir versichern: Nach diesen drei Tagen im Fahrstuhl würdet ihr euch miteinander verbunden fühlen.

Ist es dir schon einmal passiert, dass du einen Menschen kennen gelernt hast, den du am Anfang total unsympathisch fandest und mit dem du später befreundet warst? Ich kenne Menschen, die genau diesen Unsympathen geheiratet haben!

Wir brauchen uns wirklich keine Sorgen darüber zu machen, dass irgendetwas passieren könnte, wodurch uns niemand mehr mögen würde. Wir werden immer Menschen finden, bei denen wir erwünscht sind. Es wird immer Menschen geben, die uns mögen und die sich für uns interessieren – und zwar eine ganze Menge! Wir haben während unseres bisherigen Lebens schon viele Menschen gefunden, und wir werden sicherlich noch sehr viele mehr finden.

Die Zeiten haben sich also geändert. Unser Rudel ist sehr groß geworden. Es ist nicht mehr begrenzt wie in der Frühzeit. Eine Gefahr, einsam zu werden, gibt es nicht mehr. Wir können uns zwar einsam fühlen, aber wir werden es niemals wirklich sein müssen.

Es hat damit keinen Sinn, wegen einer nicht vorhandenen Gefahr unseren Sicherheitsmaßstab an das Erwünschtsein durch bestimmte Menschen allzu hoch anzusetzen. Wir brauchen keine bestimmten Menschen, um Einsamkeit zu vermeiden. Wir haben gigantisch viele Menschen, bei denen wir in den verschiedensten Kategorien erwünscht sind. An Menschen kann es uns nicht mangeln.

Stell dir kurz einmal vor, dein Partner kommt zu dir und sagt, dass er mit dir auf jeden Fall zusammenbleiben will, weil er sonst keinen Partner mehr findet außer dir. Er will aber nicht einsam sein, und deswegen bleibt er bei dir. Fühlt sich das gut an?

Dann stell dir mal vor, er kommt zu dir und erklärt, dass er weiß, dass es viele Menschen gibt, die ihn als Partner nehmen würden. Aber von all diesen Menschen bist du mit Abstand seine erste Wahl. Wie fühlt sich das an?

Wir selbst und unsere Mitmenschen werden davon profitieren, wenn wir die Welt so sehen, wie sie wirklich ist. Und genau das wollen wir unserem Herdentrieb jetzt beibringen. Er macht uns immer noch panische Angst vorm Verlassenwerden, vor Ausgrenzung und Desinteresse an unserer Person. Er macht sich permanent Sorgen darum, dass wir keinen Wert darstellen und in unserem Rudel keine Funktion haben. Damit könnte er jetzt eigentlich langsam aufhören. Es ist mehr als überflüssig. Lassen wir ihn lieber Glücksgefühle machen!

Denk bitte jetzt noch einmal an dein Rudelbild. Sieh die vielen Menschen, die gerne zu deinem inneren Kreis gehören würden. Sie alle lächeln dich an und breiten die Arme aus. Denk dabei daran, bei wie vielen Menschen du in Wirklichkeit erwünscht bist. Du hast eine riesige Masse an Menschen um dich herum. Und mindestens eine Million davon finden dich klasse. Vermutlich sind es noch viel mehr! Hast du eine Vorstellung davon, wie viele das sind? Stell dir das in deinem Rudelbild noch einmal vor! Und vergiss die Herzchenträger(innen) nicht! Ist geil, oder?!

Unser Herdentrieb ist wie alle Instinkte so programmiert, dass er etwa einmal pro Minute danach schaut, ob alles in Ordnung ist. Das bedeutete in der Vergangenheit, dass wir uns aufgrund unserer Frühzeitvorstellung der Welt einmal pro Minute Sorgen gemacht haben, ob wir noch gemocht und geliebt werden und ob wir auch weiterhin Menschen finden werden, die zu uns passen.

Wir wollen diesen Effekt umkehren. Unser Herdentrieb wird weiterhin einmal pro Minute nachschauen wollen, ob alles in Ordnung ist. Er kann nicht anders. So ist er programmiert. Wir haben es jedoch in der Hand, ihm einmal pro Minute zu bestätigen, dass wir immer Menschen haben, die zu uns passen und bei denen wir erwünscht sind.

Das können wir natürlich nicht bewusst tun. Wir müssten dabei einmal pro Minute unsere Tätigkeit unterbrechen und nach Bestätigungen suchen, dass alles in Ordnung ist. Wir könnten auf diese Art und Weise nichts anderes mehr tun.

Glücklicherweise brauchen wir es nicht bewusst zu tun. Wir haben auch bisher einmal pro Minute völlig unbewusst nach Gefahren für unsere Zusammengehörigkeit geschaut. Unser Unterbewusstsein hat also diesen Job übernommen. Jetzt wollen wir unserem Unterbewusstsein helfen, eine wichtige Entscheidung zu treffen.

Ist es besser, einmal pro Minute auf die Gefahren einer Frühzeitwelt zu achten, die es heute gar nicht mehr gibt? Oder ist es besser, unseren Instinkten einmal pro Minute zu zeigen, wie die Welt von heute wirklich ist? Von welcher Realität sollen unsere Instinkte ausgehen, wenn sie ihre Gefühle machen? Was ist sicherer?

Das ist schon alles, was zu tun ist! Unser Unterbewusstsein ist nicht blöd! Es nimmt immer den sichersten und effektivsten Weg, wenn es etwas erreichen will. Und natürlich will unser Unterbewusstsein auch alle unsere Grundmotive erfüllen und glücklich sein.

Wenn es also erkennt, dass es immer sicherer und effektiver ist, nach Bestätigungen für die Erfüllung unserer Grundmotive zu schauen, anstatt nach Frühzeitgefahren zu suchen, die es heute gar nicht mehr gibt, wird es den Instinkten einmal pro Minute die Bestätigungen zeigen, dass unsere Grundmotive erfüllt sind. Wir bekommen also vollautomatisch einmal pro Minute Glücksgefühle! ☺

Schauen wir uns einmal genauer an, was das für Konsequenzen hätte. Stell dir vor, dein Partner hat ein Problem mit dir und lehnt dich deswegen ab. Du hast jetzt zwei Möglichkeiten: Du kannst daran denken, wie die Welt heute wirklich ist, oder du kannst dein Rudel so definieren, wie deine Instinkte das aus der Frühzeit heraus tun.

Wenn du dein Rudel wie ein Frühmensch definierst, geht dein Herdentrieb sicherheitshalber davon aus, dass dein Partner dich nicht mehr lieben könnte, wenn du dich nicht änderst. Ein Frühmensch will hundertprozentig sicher sein, dass er erwünscht ist – und zwar in allen Facetten seiner Persönlichkeit. Er würde sich also sehr viel aus dieser Ablehnung machen.

Wie bereits im letzten Kapitel erwähnt, reagieren wir aufgrund unserer Instinkte auf Ablehnung meistens mit Gegenablehnung. Es würde also vermutlich Streit geben.

Wenn du an dein Neuzeitrudel denkst, wirst du erkennen können, dass die Ablehnung deines Partners nur eine Aufforderung darstellt, dass du bestimmte einzelne Facetten deiner Persönlichkeit ändern sollst, mit denen er ein Problem hat. Er lehnt dich nicht wirklich ab, er will dich nur ändern, weil er ein Problem hat. Wer dich ändern will, will dich nicht verlassen. Sonst könnte er sich die Mühe ja sparen!

Betrachtest du die Ablehnung von dieser Seite, dann stellt diese Aktion deines Partners sogar eine Bestätigung dar, dass du ihm wichtig bist. Damit könntest du in der Ablehnung eine Bestätigung sehen, dass du erwünscht bist. Über diesen einen Hinweis hinaus könntest du sicherlich noch sehr viele andere Bestätigungen finden, dass du bei ihm erwünscht bist.

Woran kannst du noch erkennen, dass dein Partner dich will? Erkennst du es daran, dass er noch mit dir zusammen ist? Erkennst du es daran, wie er dich anschaut? Erkennst du es daran, dass er versucht, deine Wünsche und Probleme ernst zu nehmen?

Ich denke, es gibt viele Anzeichen, an denen du erkennen könntest, dass du erwünscht bist. Was würde passieren, wenn du dir diese Bestätigungen ins Gedächtnis rufst, sobald du von ihm wieder einmal abgelehnt wirst? Du würdest dich geliebt fühlen. Welche Konsequenzen hätte es, wenn du das tun würdest? Wie würde dein Partner darauf reagieren? Würde es Streit geben wie beim gegenseitigen Ablehnungskampf? Sicherlich nicht! Du würdest dich von ihm geliebt fühlen und gleichzeitig wissen, dass er ein Problem hat. Zufälligerweise hat er ein Problem mit dir. Aber das ist nicht wirklich wichtig. Grundsätzlich ist klar, dass er es ist, der das Problem hat.

Wie gehst du mit einem Menschen um, der dich liebt und der ein Problem hat? Machst du ihn fertig oder kümmerst du dich um ihn? Müsstest du dich ihm damit vollkommen unterordnen, weil du dich ja jetzt nicht massiv gegen seine Ablehnung wehrst? Oder könntest du trotzdem weiterhin selbst entscheiden, ob du etwas änderst oder nicht?

Ich denke, es ist klar, dass du aufgrund der guten Gefühle, die du dann im Bauch hättest, sehr viel sinnvoller reagieren könntest als beim gegenseitigen Ablehnungskrieg. Du würdest die Situation mit Herz und Verstand meistern.

Und genauso sieht es für jede andere Situation aus, in der es ums Erwünschtsein bei anderen Menschen geht. Achtest du auf Bestätigungen fürs Erwünschtsein, wirst du dich immer erwünscht fühlen und mit Herz und Verstand agieren können.

Siehst du dein Rudel jedoch wie ein Frühmensch, wirst du ständig Angst vor Einsamkeit haben. Jedes falsche Wort wird diese

Angst sofort in dir aufkeimen lassen. Und wenn du dich deswegen verletzt fühlst, wirst du zusätzlich noch Angst bekommen, dass die anderen das merken und dich für eine Mimose halten. Du hättest also Stress ohne Ende – und das nur, weil du die Größe deines Rudels falsch definiert hast und nicht auf Bestätigungen fürs Erwünschtsein achtest!

Mit der begrenzten Definition des Frühzeitrudels wird dein Herdentrieb bei jedem kleinen Makel oder Fehler befürchten, dass dich niemand mehr mag. Das braucht doch kein Mensch!

Woran könntest du erkennen, dass man dich auch dann noch mag, wenn du nicht perfekt bist? Bist du perfekt? Nein?! Und mögen dich trotzdem ein paar Leute? Wenn ja, dann würde ich das einmal als Bestätigung fürs Erwünschtsein gelten lassen. Du bist also auch erwünscht, wenn du nicht perfekt bist. Du hast genug Bestätigungen dafür.

Wer ist dir eigentlich sympathischer? Jemand, der zu seinen Fehlern stehen kann, oder jemand, der nicht zugeben kann, dass er Fehler hat?

Mit der neuzeitlichen Definition deines Rudels würdest du dir überhaupt keinen Stress mehr mit deinen Fehlern machen. Was meinst du? Machst du damit mehr oder weniger Fehler? Glaubst du, dass der Druck, keine Fehler machen zu dürfen, tatsächlich Fehler vermeidet? Ganz bestimmt nicht!

Du willst natürlich auch dann alles richtig machen, wenn du weißt, dass du erwünscht bist. Doch du würdest keine Panik mehr schieben, dass du Fehler machen könntest. Du könntest deine fünf Sinne zusammenhalten und dich ganz darauf konzentrieren, deine Sache gut zu machen.

Wie sieht es mit der Sympathie anderer Menschen aus? Wie viel Stress macht sich ein Frühmensch, wenn ihn jemand nicht sympathisch findet? Für ihn bedeutet das sofort wieder Lebensgefahr! Er macht sich also mächtig Stress damit. Glaubst du, dass er dadurch anderen Menschen sympathischer wird? Ich glaube nicht!

Wie würde es aussehen, wenn du permanent und überall nach Bestätigungen fürs Erwünschtsein schauen würdest? Du bekämst auf diese Weise einmal pro Minute die Bestätigung, dass du beliebt bist. Hättest du damit noch den gleichen Stress, wenn dich jemand mal nicht sympathisch findet? Garantiert nicht!

Würden dich dadurch mehr oder weniger Menschen sympathisch finden? Ich denke, die Antwort ist einfach! Andere Menschen werden mit uns Gemeinsamkeiten entdecken, weil wir welche haben. Sie werden uns sympathisch finden. Ihr Herdentrieb sorgt dafür. Dazu ist es völlig egal, wie wir sind und was wir drauf haben. Es gibt Leute, die genau das, was wir sind und können, gut finden.

So gibt es Menschen, für die wir liebenswert sind. Für andere sind wir es nicht. So ist das Leben. Ob wir uns jetzt ernsthaft Sorgen darum machen, hängt einzig und allein davon ab, wie wir unser Rudel definieren. Haben wir unser Frühzeitrudel vor Augen, wollen wir für jeden Menschen in unserem Rudel liebenswert sein. Die Messlatte liegt auf hundert Prozent. Wir sehen damit immer nur unsere Mängel und machen uns Sorgen darum, ob wir wirklich liebenswert sind.

Denken wir an die Wirklichkeit unseres unbegrenzten Neuzeitrudels, brauchen wir nur die Augen offen zu halten, und wir werden Bestätigungen dafür finden, dass es sehr viele Menschen gibt, für die wir liebenswert sind.

Selbst wenn zwei Menschen sich begegnen, die beide mit der Angst erzogen wurden, sie wären nicht liebenswert, werden sie eben genau diese Gemeinsamkeit feststellen. Gemeinsamkeiten machen liebenswert. Diese beiden Menschen werden sich also gegenseitig liebenswert finden.

Ist es also wirklich wahr, dass wir nicht liebenswert sind? Oder könnte es vielleicht doch sein, dass wir für viele Menschen liebenswert sind? Für sehr viele sogar? Für viele Millionen Menschen?! Wie viele brauchst du, um glücklich sein zu können? Reichen ein paar Millionen?!

Aber werden wir durch diese Sichtweise nicht total arrogant? Ganz im Gegenteil! Arroganz ist ein verzweifelter Versuch, andere davon zu überzeugen, dass man klasse ist, nichts weiter. Haben wir das noch nötig, wenn wir auf Erwünschtseinsmerkmale achten? Ganz sicher nicht! Wir werden unweigerlich erkennen können, dass man uns mag. Damit können wir gelassen bleiben. Wir müssen niemanden von uns überzeugen.

Was glaubst du, wie du auf andere Menschen wirkst, wenn du dir keine Sorgen mehr darum machst, ob du liebenswert bist? Wirst du einen besseren oder schlechteren Eindruck hinterlassen? Denk einmal daran, wie Leute auf dich wirken, die jeden davon überzeugen wollen, dass sie liebenswert sind! Und wie wirken Menschen, die selbstsicher sind, weil sie erkennen können, dass man sie mag? Was ist also besser?

Ist es dann wirklich noch wahr, dass du dir Sorgen darüber machen musst, dass du vielleicht ein schlechter Mensch sein könntest, der nirgends erwünscht ist? Musst du wirklich Angst davor haben, dass du von allen Menschen für schlecht gehalten wirst? Ist das wirklich realistisch?

Für einen Frühmenschen ist es realistisch, dass er sich darum sorgt. Seine Messlatte liegt auf hundert Prozent. Sie liegt so hoch, dass er nie hundertprozentig sicher sein kann, ob er nicht doch von jemandem für schlecht gehalten wird. Und ein einziger Jemand ist schon viel zu viel!

Ein Frühmensch traut sich gar nicht, sich sicher zu fühlen. Er geht aus Sicherheitsgründen lieber davon aus, dass man ihn für schlecht halten könnte, damit er bloß keinen Scheiß baut.

Doch ist das wirklich sicherer? Sind wir wirklich bessere Menschen, wenn wir in der ständigen Angst leben, man könnte uns für schlecht halten? Und werden wir mit dieser Angst unser Glück finden?

Ganz sicher nicht! Es ist absoluter Blödquatsch, so zu denken! Es würde uns permanent unglückliche Gefühle machen. Wir würden uns also grottenschlechte Gefühle machen, um damit abzusichern, dass wir nicht für schlecht gehalten werden. Bedingt durch diese ständigen schlechten Gefühle würden wir dann vielleicht tatsächlich irgendwann echten Scheiß bauen. Ob das einen Sinn hat?!

Natürlich sind wir keine schlechten Menschen und werden auch niemals von allen Menschen dafür gehalten. Schau dich in deinem Umfeld um! Gibt es Anzeichen dafür, dass dich andere für einen guten Menschen halten? Wie sieht es mit deinen Eltern aus? Halten sie dich für einen guten Menschen? Und wie ist es mit deinen Freunden? Gibt es Anzeichen dafür, dass sie dich für einen guten Menschen halten? Und wie ist es mit dir selbst? Hältst du dich selbst für einen guten Menschen? Woran kannst du erkennen, dass du ein guter Mensch bist? Denk ruhig einmal ein paar Augenblicke darüber nach!

Ich denke, es ist nicht schwer, diese Bestätigungen fürs Erwünschtsein zu finden. Du bist ein guter Mensch! Wenn du darüber nachdenkst, entlockst du deinem Herdentrieb wunderschöne Belohnungsgefühle. Daran könnte man sich glatt gewöhnen, stimmt's? Sollte dann irgendwer tatsächlich einmal meinen, du wärst ein schlechter Mensch, dann sagt das nicht wirklich etwas über dich aus. Es sagt lediglich etwas darüber aus, welche Wertvorstellungen dieser Mensch im Leben gelernt hat, aus denen heraus er dich beurteilt.

Genauso sieht es aus, wenn jemand uns als Belastung beurteilt. Es gibt einige Menschen, die ihre Messlatte für andere Menschen auf hundert Prozent liegen haben. Sie haben damit ständig schlechte Gefühle anderen Menschen gegenüber. Wenn solche Menschen uns als Belastung beurteilen, ist das nicht weiter verwunderlich.

Mit unserem frühzeitlichen begrenzten Rudel würden wir uns damit jedoch Stress ohne Ende machen. Wenn einer aus unserem Rudel uns als Belastung ansieht, dann könnte sich das herumsprechen. Sollten dann alle der Meinung sein, wir wären eine Belastung, würden wir von unserem Rudel ausgestoßen. So war die Realität.

Doch das ist heute nicht mehr unsere Realität. Es ist die Realität eines Frühmenschen. Die Zeiten haben sich glücklicherweise geändert.

Denk bitte wieder an die richtige Definition deines Rudels! Ist es hier wirklich noch wahr, dass du bei niemandem erwünscht sein könntest, weil du für alle Menschen eine Belastung darstellst? Manche Menschen sind so erzogen worden! Es ist eine gute Möglichkeit, seine Kinder gefügig zu machen! Doch wie sieht die Wirklichkeit aus?

Allein schon durch deine Existenz bist du eine Bereicherung für andere Menschen. Du bietest ihnen die Möglichkeit, mit dir Zusammengehörigkeit zu empfinden. Das ist das Schönste und Wertvollste überhaupt. Halte einmal einen Moment inne und denk an die Menschen, denen die Zusammengehörigkeit mit dir wichtig ist! Kannst du erkennen, welche Bereicherung du damit für sie bist? Es ist wahr: Du bist eine Bereicherung! Und was für eine! Allein mit dieser Tatsache kannst du deinem Herdentrieb die genialsten Belohnungsgefühle entlocken.

Kennst du Menschen, die sich massiv anstrengen, von anderen als etwas Besonderes gesehen zu werden? Haben die eine positive Wirkung auf andere Menschen, oder wirken sie eher etwas peinlich?

Was uns von ihnen unterscheidet, ist die Definition unseres Rudels. Schau dir bitte dein unbegrenztes Neuzeitrudel noch einmal an. Eine Million Menschen um dich herum finden dich klasse. (Nicht zu vergessen die tausend mit roten Herzchen und Strapsen!)

Bist du also etwas Besonderes? Klar bist du das! Wer hat schon Tausend Strapseträger, die auf ihn stehen?! ☺

Welche Wirkung hat es auf dich, wenn dein Gegenüber einmal pro Minute Angst hat, dass du ihn nicht anerkennst oder nicht wertschätzt? Wenn mal nicht genug Anerkennung von dir rüberkommt, ist er sofort beleidigt. Wie würde dieser Mensch auf dich wirken, und wie wäre eure Beziehung miteinander?

Wie würde ein Mensch hingegen wirken, wenn er sich einmal pro Minute bestätigt, dass du zu ihm passt und dass er bei dir erwünscht ist? Er fordert wohlgemerkt nicht etwa einmal pro Minute einen Beweis von dir. Er erkennt es von sich aus, dass du zu ihm passt und dass er bei dir erwünscht ist.

Generell hat er ohnehin das Gefühl, dass es mehr als genug Menschen gibt, bei denen er erwünscht ist. Er hat genug Hinweise darauf und achtet auch regelmäßig darauf. Sein Herdentrieb ist also permanent befriedigt und schenkt ihm dafür Belohnungsgefühle.

Wie würde dieser Mensch auf dich wirken? Wem würdest du letztendlich mehr Anerkennung und Wertschätzung entgegenbringen?

Ein Mensch, der sich ständig Sorgen darum macht, ob man ihn noch mag, strengt sich im Allgemeinen sehr an, deine Aufmerksamkeit zu bekommen. Er möchte unbedingt interessant für dich sein. Er müsste dir unentwegt erklären, wie toll er ist und was er wieder Tolles gemacht hat.

Der Mensch, der ständig auf Bestätigungen fürs Erwünschtsein achtet, hätte das nicht nötig. Er würde wissen, dass du ihn magst. Er wäre sich seines gigantischen Rudels bewusst, in dem es viele verschiedene Kategorien von Menschen gibt, die zu ihm passen und bei denen er erwünscht ist. Er wäre damit zufrieden, in der Kategorie erwünscht zu sein, in die du ihn eingeordnet hast.

Ganz im Gegensatz zum Frühmenschen: Dieser würde immer versuchen, bei dir in der obersten Kategorie erwünscht zu sein. Damit würde er dir mächtig auf den Senkel gehen!

Welcher Mensch wäre für dich interessanter? Mit wem würdest du lieber deine Zeit verbringen? Ich denke, die Antwort fällt leicht!

Wenn du für andere Menschen interessant sein möchtest, dann solltest du also auf Bestätigungen fürs Erwünschtsein achten. Woran könntest du erkennen, dass du für sie in der Kategorie interessant bist, in die sie dich eingeordnet haben? Ich denke, es fällt nicht schwer, diese Anzeichen zu finden.

Wir sind immer für die Menschen interessant, die so sind wie wir. Und genau diese Menschen interessieren auch uns am meisten. Wir können sein, wie wir wollen, es wird immer Menschen geben, die genau das suchen. Wäre es also nicht am einfachsten und besten, wenn wir uns so geben, wie wir sind? Würden wir das tun, wären wir sogar noch automatisch am erfolgreichsten. Am besten ist man nämlich dort, wo man am besten ist!

Streng dich nicht an, wie jemand anders sein zu wollen, weil dieser Jemand von anderen gemocht wird. Er wird gemocht, weil er so ist, wie er ist. Und du wirst gemocht, weil du so bist, wie du bist. Möglicherweise mögen euch nicht die gleichen Menschen. Doch das ist ja auch gut so. Dich mögen die Menschen, die zu dir passen. Den anderen mögen die Menschen, die zu ihm passen. Mit den Leuten könntest du auf Dauer möglicherweise gar nichts anfangen.

Auf diese Art und Weise wirst du immer Menschen finden, bei denen du erwünscht bist. Lehn dich doch einfach einmal zurück und sei du selbst. Mach doch einfach einmal den Versuch und gib dir die Chance, zu erkennen, dass es tatsächlich Menschen gibt, die dich gut finden, wie du bist.

Die Angst, nirgends erwünscht zu sein, ist nur noch ein Relikt unserer Frühzeitinstinkte – Instinkte, die immer noch glauben, wir hätten ein in seiner Anzahl stark begrenztes Rudel. Die Zeiten haben sich glücklicherweise geändert!

Denk noch einmal an dein Rudelbild! So ist die Wirklichkeit heute. Du hast einen inneren Kreis und extrem viele Menschen drum herum, von denen eventuell bald einige zum engsten Kreis gehören könnten. Sie alle lächeln dich an und empfangen dich mit offenen Armen. Du musst dir mit dem Erwünschtsein keinen Stress mehr machen. Du bist immer erwünscht!

Fühl einmal in dich hinein, wie sich diese Gewissheit anfühlt! Was wird sich durch diese Gewissheit in deinem Leben verändern? Wirst du weiterhin deine hohe Messlatte dafür ansetzen, dass sich alle Menschen für dich interessieren müssen? Wirst du deine hohe Messlatte beibehalten, wenn es darum geht, wie sehr dich andere im Rudel dabeihaben wollen? Wirst du außerdem wirklich deine Messlatte beibehalten wollen, wenn es darum geht, wie sicher dein Partner bei dir bleiben wird? Muss er dir seine Liebe jede Minute auf eine andere Art und Weise beweisen, damit dein Sollmaß erfüllt ist und du keine Angst haben musst, einsam zu werden?

Ich denke, das musst du alles sicherlich nicht mehr. Den ganzen Stress kannst du dir und allen anderen Menschen in deinem Umfeld ersparen, oder?

Du hast diesen Stress hinter dir. Es ist Zeit, ein neues Leben anzufangen. Lass es uns gemeinsam angehen! Entscheide dich am Ende dieses Buches dafür, immer auf Bestätigungen fürs Erwünschtsein in der passenden Kategorie zu achten! Definiere dein Rudel wie ein Neuzeitmensch, und die Sache ist erledigt!

3. Schutz

Das nächste Grundmotiv, das wir uns anschauen wollen, entstammt unserem Überlebenstrieb. Er ist das dominanteste aller sieben Grundmotive. Es geht um den Schutz vor Gewalt.

Wenn unser Leben akut gefährdet ist, sorgen wir uns nicht mehr sonderlich um unsere Zusammengehörigkeit oder unseren Spaß. Wir müssen als Erstes einmal dafür sorgen, dass wir am Leben bleiben. Wenn wir tot sind, nützt es uns gar nichts, wenn uns alle Menschen mögen!

Was meinst du? Ist dein Leben in den nächsten 10 Minuten in akuter Gefahr? Gibt es irgendwelche Säbelzahntiger in der Nähe? Kannibalen vielleicht?

Keine große akute Gefahr, dass uns Gewalt angetan werden könnte? Eigentlich fast gar keine Gefahr? Eher ziemlich sicher? Unser Leben ist lange nicht mehr so unsicher wie in der Frühzeit der Menschheitsgeschichte. Im Vergleich zur Frühzeit sind wir heute sehr sicher vor Gewalt. Wenn man es genau betrachtet, lebten wir nie zuvor in solch sicheren Lebensverhältnissen.

Viele Menschen glauben, dass sie ihre Angst unbedingt brauchen, um nicht völlig abzudrehen. Wie sieht es mit dir aus? Dir ist jetzt gerade bewusst, dass dein Leben so sicher ist wie noch nie zuvor in der Menschheitsgeschichte. Ist dieses Bewusstsein jetzt gefährlich für dich, oder bringt es sogar noch mehr Sicherheit?

Ist es vernünftig, aus Sicherheitsgründen vor jedem Eichhörnchen davonzulaufen, weil es ja Tollwut haben könnte? Verlieren wir dabei nicht das Wesentliche aus den Augen? Laufen wir dann nicht möglicherweise vor lauter Panik dem Säbelzahntiger ins offene Säbelzahnmesser? Wäre es nicht sicherer, wirkliche Gefahren von Pillepalle zu unterscheiden?

Denk zum Beispiel einmal an deine Arbeit. Sicherst du deinen Job und deine Kariere, wenn du Angst hast, dass dein Chef dich erschlägt, wenn du nicht richtig funktionierst?

Genau diese Angst macht dir nämlich dein Überlebenstrieb. Er weiß nichts davon, dass es heutzutage Gesetze gibt, die Gewalt unterbinden. Er hat tatsächlich Angst um dein Leben, wenn dein Chef unzufrieden ist und aggressiv wird. Dein Herz schlägt wie verrückt und der Schweiß bricht dir aus. Dein Instinkt bereitet deinen Körper auf den Kampf gegen deinen Chef oder auf die Flucht vor ihm vor!

Wie sieht es aus? Machst du mit dieser Angst Kariere und sicherst somit deinen Job? Oder steht die Angst dir eher im

Weg und sorgt dafür, dass du Fehler machst? Wer wird wohl eher befördert? Der, der Angst vor dem Chef hat und damit lieber keine Entscheidungen treffen will, oder der, der sich sicher fühlt und sich damit traut, Verantwortung zu tragen? Sichert also die Angst vor Gewalt deine Finanzen oder gefährdet sie eher deine Existenzsicherheit?

Es wäre also sehr viel sicherer, wenn dein Überlebenstrieb lernen würde, dass die Welt heute sehr viel sicherer geworden ist als in der Frühzeit. Aber wirst du nicht leichtsinnig, wenn du keine Angst um dein Leben mehr hast? Läufst du dann nicht über die Straße, ohne auf die Autos zu achten?

Du fühlst dich doch jetzt sicher, oder? Würdest du jetzt über die Straße laufen, ohne zu schauen? Sicherlich nicht!

Wie sieht es mit der Rockerkneipe aus, die du bisher immer gemieden hast? Gehst du jetzt dorthin und provozierst die Schlägertypen, wenn du daran denkst, dass dein Leben sehr viel sicherer ist als in der Frühzeit des Menschen? Sicherlich ebenfalls nicht! Und selbst wenn du aus Versehen doch einmal dort hineingerätst, wird es dann nicht besser für dich sein, wenn du Ruhe bewahren kannst? Wenn du in solch einer Umgebung voller Angst herumläufst, werden sich Leute finden, denen es Spaß macht, auf Leuten herumzutrampeln, die sich vor lauter Angst in die Hose machen! Ich weiß, wovon ich rede. Ich bin in solch einer Gegend aufgewachsen.

Sich bewusst zu machen, dass auch in solch einer Kneipe die Gesetze gelten und dein Leben nicht so stark gefährdet ist, wie dein Instinkt dich das fühlen lässt, würde deine Chancen, ohne Schlägerei und Schikane aus dieser Kneipe wieder herauszukommen, erheblich verbessern.

Und wie sieht es mit den Auswirkungen auf dein soziales Umfeld aus? Bist du rücksichtsloser und egoistischer, wenn du keine Angst mehr um dein Leben haben musst? Gefährdest du jetzt deine Beziehung und deine Freundschaften?

Weißt du, wann Menschen rücksichtslos und egoistisch werden? Sie werden rücksichtslos, wenn sie sich in die Enge getrieben fühlen. So, wie ein Hund aus Angst beißt, so beißen auch wir Menschen vorwiegend aus Angst. Die Angst um unser Leben steht dabei ganz vorne. Wenn du weißt, dass dir nichts wirklich Schlimmes passieren kann, wirst du es nicht mehr nötig haben, rücksichtslos oder egoistisch zu sein. Die Menschen in deinem Umfeld werden davon begeistert sein.

Wie schätzt du eigentlich deine Attraktivität auf andere Menschen ein, wenn du wegen jedem Scheiß Angst um dein Leben bekommst? Wäre ein Mensch, der souverän und ohne Angst durchs Leben gehen kann, nicht sehr viel attraktiver? Deine Chancen auf Zusammengehörigkeit wären also eher besser, wenn du dir bewusst machst, dass dein Überleben extrem sicher ist.

Wenn du dir bewusst machst, wie sicher dein Leben heutzutage ist, würdest du dir dadurch eher auf der Nase herumtanzen lassen oder weniger? Würdest du dann alles mit dir machen lassen? Würdest du dich jedem unterordnen? Nein? Wozu auch? Dir kann ja nichts passieren. Aus welchem Grund solltest du dich noch anderen Menschen unterordnen und demütig sein? Und aus welchem Grund solltest du andere Menschen unterordnen?

Wir haben einen Instinkt, der uns immer dazu anhält, die Verantwortung und Führung für die Schwachen zu übernehmen. Dummerweise ist die Frage darüber, wer schwach ist, nicht mehr so einfach zu klären wie in der Frühzeit. Damals galt nur die körperliche Stärke. Heute haben wir eine Vielzahl von Eigenschaften, die wir als Stärke empfinden. Stark ist zum Beispiel, wer sich traut, Verantwortung zu tragen. Stark ist, wer weiß, was richtig ist. Stark ist, wer emotional gefestigt ist. Stark ist, wer intelligent ist usw. usw.

Das Ganze hat noch einen kleinen Haken: Wenn wir die Führung über die vermeintlich Schwachen übernehmen wollen, müssen wir die Position des Rudelführers erst einmal erreichen. Das bedeutet, dass die anderen unsere Führung anerkennen müssen. Dummerweise halten sie sich aber auf ihrem Gebiet ebenfalls für die Stärkeren. Auch sie beanspruchen also die Führung über das Rudel. Es bricht ein Rudelkampf aus. Genau dieser Rudelkampf ist es, der in fast jeder Beziehung für einen Machtkampf sorgt. Genau dieser Rudelkampf ist es, der das Zusammenleben jeder Gruppe früher oder später belastet.

Unser Überlebenstrieb treibt uns in diesen Kampf. Viele Beziehungen und Freundschaften zerbrechen daran – und das alles nur, weil wir unserem Überlebenstrieb nicht beigebracht haben, dass die Welt da draußen heute überhaupt nicht mehr gefährlich ist. Sie ist extrem sicher geworden. Wir müssen nicht um unser eigenes und nicht um das Leben der angeblich Schwächeren fürchten. Es ist alles in Ordnung.

Wir können also diesen Kampf, der zur größten Geißel unserer Gesellschaft geworden ist, beenden und damit die Beziehungen zu unseren Mitmenschen erheblich entspannen und verbessern. Und wir müssen uns nicht ständig Sorgen um sie machen. Sie sind ebenso sicher wie wir – eine Tatsache, die immens wichtig ist, damit wir uns erlauben können, glücklich zu sein.

Nimm dir noch einmal das Bild von deinem unbegrenzten Rudel vor. Du hast den inneren Kreis und die vielen lächelnden Menschen drum herum, die dich mit offenen Armen empfangen. (Vergiss die Herzchenträger nicht!)

Fügen wir jetzt noch ein Symbol dafür hinzu, dass es Gesetze gibt, welche Gewalt zwischen den Menschen unterbinden. Ich habe als Symbol ein paar Bodyguards genommen, die um den inneren Kreis herum stehen und alles beobachten. Wird jemand gewalttätig, schreiten sie ein. Was nimmst du für ein Symbol? Oder soll ich meine Bodyguards mit dir teilen? Tue ich gerne!

Schau dir dieses Bild jetzt erst einmal in Ruhe an. So ist die Welt heute wirklich! Wir haben den inneren Kreis und die vielen Menschen drum herum, die alle zu uns passen würden. Alle Menschen lächeln und empfangen uns mit offenen Armen. Es gibt 1000 Menschen mit roten Herzkissen und genug Bodyguards. Schau dir dieses Rudelbild genau an. Das fühlt sich gut an, stimmt's?!

Ist es also wirklich wahr, dass die Welt so gefährlich ist, dass wir ständig Angst um das Leben unserer Schützlinge haben müssen? Oder ist das Leben unserer Schützlinge heutzutage genauso wie unseres weitestgehend gesichert? Müssen wir ständig aufpassen, dass sie nicht vom Säbelzahntiger geholt werden? Ist es nicht besser, sichere Lebensumstände für sie schaffen zu wollen, anstatt uns ständig Sorgen um sie zu machen? Unser Leben ist extrem sicher. Und wir können es immer noch sicherer machen, wenn wir wollen. Verwenden wir auch hier unsere Energie positiv. Achten wir auch beim Thema „Schutz vor Gewalt" auf Bestätigungen anstatt auf Gefahren. Unser Überlebenstrieb belohnt uns dafür mit Gelassenheit. Vor allem aber ermöglicht uns die Gelassenheit, die restlichen Freuden des

Lebens wirklich genießen zu können. Niemand kann nämlich etwas Schönes genießen, wenn er gleichzeitig Angst vor Gewalt hat.

Mit der Gewissheit, dass unser Leben extrem sicher ist, können wir noch ein weiteres Problem in unserem Leben stark entspannen: die Angst vor Krankheiten.

In der Frühzeit des Menschen war eine Krankheit gleichbedeutend mit großer Lebensgefahr. Wir waren als kranke Menschen leichte Beute für die Säbelzahntiger. Wir waren eine Belastung für unser Rudel. Möglicherweise mussten wir umherziehen, um Nahrung zu finden. Die Kranken und Schwachen konnten vermutlich nicht mithalten und blieben zurück. Oder sie wurden sogar vertrieben, weil sie eine Belastung und damit eine Gefahr für das Rudel darstellten.

Glücklicherweise haben sich die Zeiten auch hier geändert. Auch wenn wir krank sind, schützt uns unsere Gesellschaft vor Ausgrenzung und wilden Tieren. Wir genießen den gleichen Schutz wie die Gesunden. Diese Tatsache müssen wir unserem Überlebenstrieb mitteilen, damit er sich keine Sorgen mehr um uns machen muss.

Ist es also wirklich noch wahr, dass wir vom Säbelzahntiger geholt werden, wenn wir krank sind? Ist es wirklich noch wahr, dass wir unser Leben in Gefahr bringen, weil wir durch unsere Krankheit schwach sind? Oder ist unser Leben auch während einer Krankheit beschützt? Ich denke, hier ist die Wirklichkeit leicht ins Gefühl zu bringen.

Natürlich stellen manche Krankheiten an sich eine Gefahr für unser Leben dar. Das ist klar. Doch diese Krankheiten werden ja erst durch unsere Ängste und Sorgen ausgelöst. Ein Teil dieser Ängste bezieht sich auf die angeblichen Lebensgefahren, wenn wir krank sind. Erkennen wir, dass es diese Lebensgefahren in der heutigen Zeit nicht mehr gibt, haben wir einen Grund weniger, krank zu werden oder zu bleiben.

Und? Willst du auch weniger krank sein? Dann mach dir bewusst, wie sicher dein Leben heutzutage geworden ist. Achte auf Bestätigungen hinsichtlich deiner Sicherheit. Für uns ist das alles selbstverständlich. Für unseren Überlebenstrieb ist es jedoch der pure Wahnsinn!

Unser Überlebenstrieb hat noch eine weitere Eigenart, die wir aktualisieren sollten. Man könnte diese Eigenart als Neulandinstinkt bezeichnen. Dieser Instinkt veranlasst uns dazu, alles Neue immer sehr kritisch auf Gefahren zu überprüfen. Dabei machen wir jedoch einen kleinen Denkfehler: Wir wollen erst dann etwas verändern, wenn wir alle theoretischen Gefahren hundertprozentig ausschließen können. Der Denkfehler besteht darin, dass wir lieber bei einer sehr schlechten Lösung bleiben, als eine viel bessere, neue anzunehmen, nur weil wir nicht alle Gefahren hundertprozentig ausschließen können.

Was ist wohl sicherer? Ist es sicherer, jede noch so kleinste Gefahr ausschließen zu wollen und erst dann etwas zu verändern, wenn wir das geschafft haben? Oder ist es sicherer, immer den besten Weg zu wählen, der sich uns gerade anbietet?

Ein Beispiel dazu: Ist es sicherer, bei den veralteten Ängsten unserer Instinkte zu bleiben, bis wir jede Gefahr einer Gewalttat hundertprozentig ausschließen können? Oder ist es sicherer, die Welt auch jetzt schon so zu sehen, wie sie in Wirklichkeit ist?

Ich denke, die Antwort versteht sich von selbst. Wir erreichen niemals eine hundertprozentige Sicherheit vor Gewalt. Das ist nicht möglich. Damit würden wir eine notwendige Entscheidung nicht treffen können – obwohl sie sehr viel besser wäre!

Es stellt sich erneut die Frage, ob du deine Messlatte hinsichtlich der Gefahrenvermeidung wirklich so liegen lassen willst, dass du vor jedem Eichhörnchen davonrennst!

Ich schlage vor, dass du am Ende dieses Buches entscheidest, wie du zukünftig mit dem Thema Schutz vor Gewalt umgehen möchtest. Willst du bei deinen Beurteilungen davon ausgehen, wie die Welt heute wirklich ist, oder gehst du lieber davon aus, dass sie so ist wie in der Frühzeit?

4. Überlebenssicherung

Wie sieht es mit unserer Überlebenssicherung aus? Leben wir in einer Zivilisation, in der es eine große Gefahr gibt, zu verhungern oder zu erfrieren?

Sicherlich können wir diese Gefahr ebenfalls nicht vollständig ausschließen. Das kann man ja nie. Doch wie groß ist die Gefahr wirklich, dass du verhungern könntest? Ist sie größer oder kleiner als die Gefahr, die du jedes Mal eingehst, wenn du mit dem Auto fährst? Ist sie größer oder kleiner als die Gefahr, eine Treppe herunterzugehen und dabei zu stürzen? Ist sie größer oder kleiner als die Gefahr, auf dem Klo vom Blitz erschlagen zu werden?

Du hältst das für einen Witz? In unserem Land werden tatsächlich mehr Menschen auf dem Klo vom Blitz erschlagen als Menschen verhungern! Nicht, dass wir uns falsch verstehen: Es ist nicht wirklich gefährlich, bei Gewitter auf dem Klo zu sitzen!

Denk einmal an deine Familie! Würde sie dich verhungern lassen, wenn es hart auf hart käme? Würde sie dich im Winter erfrieren lassen, wenn du sonst keine Möglichkeit finden würdest, einen warmen Schlafplatz zu bekommen?

Sicherlich würde es dich Überwindung kosten, Hilfe in Anspruch zu nehmen. Du könntest Angst vor der Ablehnung deiner Mitmenschen haben. Dieses Problem würde jedoch nicht auf dem Grundmotiv der Überlebenssicherung aufbauen, sondern auf dem Motiv, erwünscht zu sein.

Wenn du mit dem Erwünschtsein kein Problem mehr hast, kannst du sowohl die Hilfe des Sozialamtes in Anspruch nehmen, die dir rechtlich zusteht, als auch die Hilfe anderer Menschen. Wenn du es genau nimmst, dann könntest du sogar Spaß daran haben, gegenüber deinem Sozialbeamten dein Recht auf Unterstützung einzufordern. Wenn man will, kann man bei allem Spaß haben!

Du würdest sicherlich nicht einsam, nur weil du Sozialhilfe in Anspruch nehmen würdest. Ebenfalls würdest du nicht einsam, wenn du dir von Freunden helfen ließest.

Sollten alle Stricke reißen, fändest du auch im Obdachlosenasyl einen warmen Schlafplatz und etwas zu essen. Oder du würdest direkt vor dem Krankenhaus ohnmächtig und ließest dich dort behandeln. Auch das Krankenhaus würde dich nicht in der Kälte der Nacht erfrieren lassen – genauso wenig wie deine Familie, deine Freunde, deine Arbeitskollegen, deine guten Bekannten und so weiter.

Unsere Gesellschaft bietet so viele Möglichkeiten, mit denen wir im Ernstfall überleben könnten, dass wir uns um dieses Grundmotiv keine ernsthaften Gedanken machen müssen.

Ich will hier natürlich niemanden motivieren, zum Penner zu werden! Es geht einfach darum, sich klar zu machen, dass es möglich *wäre*, auch unter solchen Umständen zu überleben und

Verbundenheit zu spüren. Durch diese Erkenntnis wird die Wahrscheinlichkeit, dass es *tatsächlich* zu solch einer Situation kommt, eher kleiner als größer – denn für alle Dinge im Leben gilt, dass wir sie weit besser in die gewünschte Richtung lenken können, wenn wir keine Angst davor haben!

Wir brauchen keine Angst mehr vor einem harten Winter zu haben. Das ist noch nicht sehr lange so. Früher sind die Menschen in einem solchen Winter tatsächlich verhungert oder erfroren. Heute gehen wir einfach in den Supermarkt und kaufen uns ganz selbstverständlich Südfrüchte. Und wenn uns kalt ist, drehen wir halt die Heizung weiter auf. Dafür haben auch Sozialhilfeempfänger genug Geld.

Um dieser Tatsache in unserem Rudelbild Rechnung zu tragen, habe ich meinem Bild folgendes Symbol für diese Überlebenssicherung hinzugefügt: Um meinen inneren Kreis herum sitzen ein paar Sozialbeamte an ihren Schreibtischen. Sie haben die Füße auf dem Tisch und sind ziemlich locker drauf. Wenn wir kein Geld haben, gehen wir zu ihnen. Sie tragen uns dann in eine Liste ein und übergeben uns ein kleines Bündel Geldscheine – nicht so viel, dass wir in Saus und Braus leben könnten, aber so viel, dass unser Überleben gesichert ist.

Natürlich läuft es auf dem Sozialamt nicht genauso ab. Dieses Symbol soll jedoch nicht nur das Sozialamt darstellen, sondern das wirkliche soziale Netz, das aus der gesamten Gesellschaft besteht, inklusive unserer Verwandten und Freunde. Dieses Symbol steht für die Tatsache, dass es ganz leicht ist, in unserer Gesellschaft am Leben zu bleiben, indem wir etwas zu essen und einen warmen Platz zum Schlafen auftreiben können.

Stell dir also dein Rudelbild wieder einmal möglichst plastisch vor! Du hast den inneren Kreis, die vielen Menschen drum herum, die Bodyguards und die Sozialbeamten an ihren Schreibtischen, die die Füße auf den Tisch legen. So ist die Welt! Ach ja, und natürlich die tausend Herzchenträger(innen)!

Das Sicherste ist, wenn wir unsere Lebensumstände so einschätzen, wie sie wirklich sind. Es ist wie gesagt nicht sinnvoll, aus Sicherheitsgründen vor jedem Eichhörnchen davonzurennen. Wir sollten aus Sicherheitsgründen davon ausgehen, dass unsere Bodyguards recht gut auf uns aufpassen und unsere Sozialbeamten immer dafür sorgen, dass wir genug zu essen und einen warmen Schlafplatz haben. Wir sind am sichersten, wenn wir davon ausgehen, dass die Welt tatsächlich so sicher ist, wie sie halt wirklich ist – nicht mehr und nicht weniger.

Wie ist es jetzt, wenn dein Chef dir damit droht, dass er dich rausschmeißt? Ist dein Leben dann zu Ende, weil du ohne das Geld verhungern und erfrieren wirst? Ganz sicher nicht! Deswegen musst du dir keine Sorgen machen.

Muss du dir denn überhaupt noch Sorgen machen? Was ist, wenn deine Bank dir Probleme macht? Sie rückt kein Geld mehr raus – wirst du jetzt sterben?

Das wirst du sicher auch nicht! Du wirst Möglichkeiten finden, wie du irgendwo anders Geld für etwas zu essen auftreiben kannst. Verhungern musst du bestimmt nicht. Das soziale Netz bietet genügend Möglichkeiten, um dein Überleben zu sichern. Ich spreche hier aus Erfahrung!

Musst du dir denn Sorgen machen, dass du zu wenig Geld hast? Das kannst du tun, wenn du willst, aber Sinn hat es keinen. Du kannst dir Sorgen um alles Mögliche machen, aber nicht darüber, ob du jetzt verhungern musst.

Viele Menschen bekommen diese Angst, wenn sie ihre Wohnung oder ihr Haus aufgeben müssen. Unser Überlebenstrieb sieht unsere Wohnung als unsere Höhle an, in der wir Schutz vor dem kalten Winter und vor wilden Tieren finden. Verlieren wir unsere Höhle, müssen wir sterben.

Wirst du sterben, wenn du dein Haus verkaufen musst? Oder musst du wirklich sterben, wenn dein Vermieter dir kündigt?

In solch einer Situation solltest du deinem Überlebenstrieb unbedingt das Bild mit den Sozialbeamten und den Bodyguards zeigen. Es gibt heute keinen Grund mehr, sich Sorgen um seine Überlebensgrundlage zu machen. Sie ist durch unser soziales Netz immer gegeben. Wir können sie nicht verlieren. Hören wir also auf, uns Frühmenschgefühle zu machen!

Wie willst du also zukünftig vorgehen? Baust du deine Überlebenssicherung lieber weiterhin auf dem Weltbild des Frühmenschen auf, oder wirst du dich lieber daran erinnern, wie die Welt heute wirklich ist, und damit erkennen, dass deine Überlebensgrundlage gesichert ist?

Was ist wohl sicherer? Mit welcher Sichtweise bist du glücklicher? Und mit welcher Sichtweise sicherst du am besten deinen Lebensstandard? Ich schlage vor, dass du noch bis zum Ende dieses Buches wartest, bis du dich endgültig entscheidest.

5. Entscheidungsfreiheit

Unser Vergnügungstrieb will unbedingt erreichen, dass wir machen können, was wir wollen. Nur so sieht er die Möglichkeit, das Leben wirklich genießen zu können und Spaß daran zu haben. Unterliegen wir ständig irgendwelchen Zwängen und Verboten, können wir nicht wirklich Spaß haben.

Unser Vergnügungstrieb wehrt sich deswegen ganz massiv gegen Unterordnung, denn das würde bedeuten, dass man uns dazu zwingen könnte, Dinge zu tun, die wir nicht tun wollen. Außerdem könnte man uns verbieten, das zu tun, was uns wichtig ist. Wir würden also unsere Entscheidungsfreiheit verlieren.

Die größten Schwierigkeiten, die wir Menschen miteinander haben, entstammen der Angst, dass wir unsere Entscheidungsfreiheit verlieren könnten. Bedingt durch diese Angst wollen wir so hoch wie möglich in der Hierarchie unseres Rudels aufsteigen. Die Starken haben eine größere Sicherheit vor Zwängen und Verboten.

Bei Tieren ist deutlich zu erkennen, dass die Untersten im Rudel es tatsächlich ziemlich schlecht haben. Sie sind die Letzten, die etwas zu fressen bekommen, dafür aber die Ersten, auf die man verzichten kann, wenn jemand geopfert werden muss. Die Untersten müssen machen, was die anderen wollen. Sie unterliegen vielen Zwängen und Verboten. Sie werden herumgeschubst und als Prügelknaben missbraucht. Ihre eigenen Bedürfnisse müssen sie stark zurückschrauben. Sex werden die Untersten niemals bekommen – was sicherlich das Schlimmste an der ganzen Sache ist. ☺

Wenn wir daran denken, wofür unsere Instinkte geschaffen wurden, dann hat das alles einen Sinn. Der Sinn unserer Instinkte bezieht sich auf das Überleben unserer Rasse. Dafür ist es am besten, wenn der Stärkste an die Macht kommt. Er muss das Rudel anführen und beschützen. Damit er dies kann, ist es wichtig, dass er am meisten zu essen bekommt, damit seine Körperkraft und Gesundheit erhalten bleiben. Weiterhin sollen sich die besten Gene fortpflanzen und damit eine gesunde und starke Nachkommenschaft herangezogen werden. Und so hatte es in der Frühzeit einen Sinn, dass nur die Starken im Rudel ein Weibchen begatten durften.

Es ist daher verständlich, dass unsere Instinkte sich massiv gegen Unterordnung wehren, um unser Überleben und unsere Lebensqualität abzusichern. Wir wehren uns deshalb bereits im Ansatz gegen jeden Zwang und jedes Verbot.

Glücklicherweise hat sich auch hier die Realität seit der Frühzeit stark verändert. Was wäre zum Beispiel, wenn du deinem Chef sagst, dass du heute keine Lust zum Arbeiten hast? Es hätte vermutlich Konsequenzen, oder?

In der Frühzeit wärst du vom Rudelführer vermutlich erschlagen oder verbannt worden. Kann das heute immer noch passieren? Deine Instinkte gehen normalerweise immer noch davon aus. Es sei denn, du zeigst ihnen mit deinem Verstand auf, welche Konsequenzen das heute tatsächlich für dich haben würde.

Welche Konsequenzen könnte es haben? Wäre dein Leben noch in akuter Gefahr, weil du vielleicht erschlagen würdest? Wäre es langfristig in Gefahr, weil du deinen Job verlieren und verhungern könntest? Würdest du aus der Gesellschaft ausgegrenzt? Würdest du einsam? Oder würdest du befördert?

Es hätte Konsequenzen, so viel steht fest. Katastrophal wären sie jedoch nicht. Weder dein Leben noch deine Zugehörigkeit zu anderen Menschen wären gefährdet.

Du könntest also tatsächlich die Entscheidung treffen, deinem Chef zu sagen, dass du keine Lust zum Arbeiten hast. Du kannst es aber auch lassen! Es ist deine Entscheidung. Du hast die Entscheidungsfreiheit. Kein Mensch könnte dich dazu zwingen, etwas zu arbeiten, wenn dir die Konsequenzen egal wären.

Zwingen könnte man dich nur mit körperlicher Gewalt. Dies unterbinden jedoch unsere Gesetze. Und genau darin liegt der Unterschied zur Frühzeit. Damals hatten nicht alle Menschen die gleichen Rechte. Die Starken konnten mehr Rechte und Privilegien für sich beanspruchen. Und genau auf diesem Stand stehen noch heute unsere Instinkte.

Doch heute haben wir Gesetze, die unsere Entscheidungsfreiheit garantieren und jedem das gleiche Recht einräumen. Dies ist eine ganz eindeutige Bestätigung, an der wir erkennen können, dass wir die Freiheit haben, über unser Leben selbst zu bestimmen. Es gibt keine Gefahr mehr, dass wir mit körperlicher Gewalt untergeordnet werden könnten. Es gibt keine Gefahr mehr, dass wir auf einen unteren Rang im Rudel heruntergestuft werden und dann nur noch machen müssen, was die Starken wollen. Diese Zeiten sind längst vorbei.

Diese Erkenntnis ist sehr wichtig für unseren Vergnügungstrieb. Er hat wie alle Instinkte keine eigenen Augen und Ohren. Er ist darauf angewiesen, dass wir ihm eine vernünftige Beurteilung der Welt geben. Diese Beurteilung ist für ihn die absolute Wahrheit. Wie die Welt wirklich ist, kann er nicht selbstständig erkennen.

Wenn wir einen Lebensumstand als Gefahr einer Unterordnung einstufen, was wir bei einem Zwang oder Verbot instinktiv tun, reagiert unser Instinkt mit genau den gleichen Vermeidungsgefühlen wie in der Frühzeit. Er reagiert so, als müssten wir uns gegen einen gewalttätigen Menschen wehren. Dafür kennt er zwei Möglichkeiten: Entweder lässt er uns in den Kampf ziehen oder flüchten. Wir werden also entweder wütend und aggressiv, oder wir spüren Angst und ordnen uns unter. Mit diesen Gefühlen reagiert unser Instinkt immer automatisch auf Zwänge und Verbote. Wollen wir das nicht, liegt es bei uns, ob wir eine Situation als Zwang oder Verbot beurteilen oder nicht.

Wie können wir also diesen Instinkt nutzen, um ihm Belohnungsgefühle zu entlocken? Was könnte uns alles als Bestätigung dienen, um zu erkennen, dass wir die Freiheit haben, über unser Leben selbst zu bestimmen? Wir müssten zum Beispiel erkennen können, dass wir unter mehreren Möglichkeiten auswählen können, was wir tun wollen. So lange wir eine Wahl haben, kann kein Zwang vorliegen. Unser Vergnügungstrieb würde also sofort Belohnungsgefühle erzeugen, wenn wir erkennen, dass wir eine Wahl haben. Haben wir denn eine?

Was ist, wenn unser Partner ein Problem damit hat, dass wir uns mit jemandem treffen wollen, den wir schon lange nicht mehr gesehen haben? Haben wir dabei eine Wahl? Natürlich haben wir eine Wahl! Wir können uns mit diesem Jemand treffen oder es lassen. Beides hat unterschiedliche Konsequenzen, die wir natürlich gegeneinander abwägen können. In dem Moment, wo wir erkennen, dass wir eine Wahl haben, macht unser Vergnügungstrieb uns Freiheitsgefühle. Wir würden möglicherweise erkennen, dass wir sogar noch eine dritte Wahlmöglichkeit haben. Wir könnten uns zum Beispiel zusammen mit unserem Partner mit diesem Jemand treffen. Oder wir könnten mit unserem Partner über sein Problem reden und es aus der Welt schaffen. Auch diese Wahlmöglichkeit hätten wir.

Auf jeden Fall würden wir uns sehr viel besser fühlen und auch viel sinnvoller verhalten, als wenn wir davon ausgingen, wir hätten keine Wahl, weil unser Partner ein Problem mit unserem Vorhaben hat. In diesem Fall würde es einfach nur wieder Stress geben und eskalieren.

Wir haben also in unserer Partnerschaft immer die Wahl, wie wir uns verhalten wollen. Ist uns dies bewusst, erkennen wir sehr schnell, dass wir noch eine Vielzahl an Möglichkeiten haben, die wir bisher noch gar nicht betrachtet hatten. Wir wären auch nie auf die Idee gekommen, dass wir noch weitere Möglichkeiten haben, wenn wir die Situation als Zwang beurteilt hätten und unser Vergnügungstrieb darauf mit Aggressionen und Ängsten reagiert hätte. Diese Aggressionen hätten uns blind für die Wahlmöglichkeiten gemacht.

Die gleiche Freiheit, unter vielen Wahlmöglichkeiten auszusuchen, haben wir auch in unserem Berufsleben. Es gibt keine echten Zwänge mehr in unserem Leben. Es gibt nur noch Situationen, die wir als Zwang beurteilen, womit wir unserem Instinkt eine Fehleinschätzung der Wirklichkeit geben. Das müssen wir nicht mehr tun!

Nimm dir bitte wieder einmal das Bild deines unbegrenzten Rudels. Du hast den inneren Kreis, die vielen lächelnden Menschen drum herum, die dich mit offenen Armen empfangen, die tausend Herzchenträger(innen), die Bodyguards, die darauf achten, dass du deine Rechte leben kannst, und die Sozialbeamten, die dir Geld geben, wenn es notwendig ist.

Wir können jetzt noch ein weiteres Symbol hinzufügen, um unsere Selbstbestimmung mit in dieses Bild aufzunehmen. Es gibt keine niederen Ränge mehr in unserem Rudel! Die Zeiten sind längst vorbei. Unsere Gesetze geben uns allen die gleichen Rechte und Freiheiten. Wir sind alle gleichgestellt.

Für unseren Vergnügungstrieb ist diese Wahrheit extrem wichtig. Nur durch die Gleichgestelltheit kann er aufhören, sich gegen Unterordnung zu wehren, und uns stattdessen Freiheitsgefühle machen. Wir brauchen also ein weiteres Symbol!

Ich habe in meinem Rudelbild jedem Menschen ein Rangabzeichen gegeben. So wie es bei der Polizei oder beim Militär verschiedene Schulterklappen für die verschiedenen Ränge gibt, so haben in meinem Rudelbild alle Menschen das gleiche Abzeichen. Daran sehe ich sofort, dass alle gleichgestellt sind.

Ich stehe ja voll auf Science-Fiction. Bei „Raumschiff Enterprise“ haben sie so schöne Rangabzeichen am Kragen. In meinem Rudelbild tragen alle das Abzeichen des Captains – alle durch die Bank! Wozu sollte ich mich da gegen Unterordnung wehren?! Geht doch gar nicht! Wenn es nur einen einzigen Rang gibt, dann kann man mich ja gar nicht unterordnen. Und so ist die Wirklichkeit!

Wenn dir ein anderes Symbol einfällt, kannst du das natürlich gerne benutzen. Ersetze meine Symbolbeschreibung in deinem Rudelbild dann einfach durch deine eigenen Symbole.

Stell dir also dein Neuzeitrudel noch einmal bildhaft vor. Denk an alle Symbole. Du hast den inneren und äußeren Kreis, die vielen lächelnden Menschen, die dich mit offenen Armen empfangen, die Herzchenträger(innen), die Bodyguards, die Sozialbeamten, und alle tragen das gleiche Rangabzeichen. Lass diese Vorstellung eine Weile auf dich wirken!

Schauen wir uns jetzt einmal gemeinsam an, welche Konsequenzen es hätte, wenn du auf deine Entscheidungsfreiheit achten würdest.

Versetz dich einmal in die Position deines Partners oder eines guten Freundes! Wie würdest du dich fühlen, wenn dieser Freund oder dein Partner keinen Sinn mehr darin sieht, mit dir einen Machtkampf zu veranstalten, um seine Entscheidungsfreiheit zu schützen? Würde das deine Gefühle zu ihm verbessern oder verschlechtern? Würde es eure Partnerschaft oder eure Freundschaft sichern oder gefährden?

Ich denke, die Antwort fällt leicht! Die beste Maßnahme, die Beziehung zu anderen Menschen zu verbessern, besteht darin, die anderen so sein zu lassen, wie sie sind. Du musst nicht um deine Entscheidungsfreiheit kämpfen, weil du sie sowieso unverlierbar hast.

Ich kann in Worten gar nicht ausdrücken, was mir diese Erkenntnis in meinem Leben bedeutet. Früher versuchte ich, ohne es zu merken, andere unterzuordnen. Ich wurde aggressiv gegen andere Menschen, ohne dies überhaupt zu verstehen. Ich griff sie an und fühlte mich von ihnen angegriffen. Dabei mochte ich die meisten Menschen, gegen die ich diesen Kampf austrug. Es waren Menschen aus meinem engsten Bekanntenkreis, wie zum Beispiel aus meiner Beziehung oder meiner Familie. Es gab kaum eine Beziehung, wo dieser Machtkampf nicht unterschwellig zu spüren war.

Von diesem Machtkampf und seinen Problemen konnte ich mich befreien, indem ich meinem Vergnügungstrieb das Bild meines unbegrenzten Rudels als Wirklichkeit zeigte und auf Bestätigungen für meine Entscheidungsfreiheit achtete. Seitdem habe ich keinen Grund mehr, gegen andere Menschen zu kämpfen!

Es macht mir nichts mehr aus, wenn mich andere kritisieren oder mir gegenüber Schuldzuweisungen machen. Ich habe auch hier die Wahl, ob ich ihre Kritik annehme oder nicht. Ich habe also die Entscheidungsfreiheit. Aufgrund dieser Erkenntnis konnte ich in Kritik sehr oft sehr wertvolle Hinweise erkennen.

Oder wie siehst du das? Sind wir gezwungen, uns so zu verhalten, wie die anderen das wollen, weil sie meinen, dass wir etwas falsch machen? Ist es wirklich wahr, dass dies ein Zwang ist? Ist es wirklich noch wahr, dass wir ausgegrenzt und einsam werden, wenn wir etwas falsch machen? Egal, wo sie uns hingrenzen würden, es gäbe auch dort Menschen, zu denen wir passen und bei denen wir erwünscht wären. Abgesehen davon wollen sie uns in Wirklichkeit ja gar nicht ausgrenzen.

Ist es also unsere Entscheidung, ob wir tun, was die anderen wollen, oder ist es deren Entscheidung? Ist es also wirklich wahr, dass wir uns gegen Kritik wehren müssen, oder haben wir die Wahl?

Schauen wir uns unsere Wahlfreiheit noch einmal an, wenn wir kritisiert werden. Wir haben zwei Möglichkeiten zur Auswahl: Wir können einen sinnlosen Kampf führen, oder wir können versuchen, das Beste aus der Situation zu machen und das Schönste für uns herauszuziehen. Schauen wir uns einmal die Konsequenzen dieser Möglichkeiten an.

Wenn wir um unsere Entscheidungsfreiheit kämpfen, die ohnehin gesichert ist, werden wir damit nicht wirklich glücklich sein können. Dieser Kampf bringt neben vielen schlechten Gefühlen auch noch eine Menge an Folgeproblemen in der Beziehung zu dem betroffenen Menschen mit sich.

Achten wir auf Bestätigungen, dass unsere Entscheidungsfreiheit gesichert ist, können wir die Kritik plötzlich von einer ganz anderen Seite sehen. Kritik kann nämlich eine sehr wertvolle Anregung sein, mit der wir uns verbessern können. Das ist zwar nicht immer der Fall, aber oft genug.

Und genau diese Chancen zur Verbesserung will ich nicht verpassen, weil ich damit beschäftigt bin, mich nicht unterordnen zu lassen und deshalb nur nach Argumenten suche, die beweisen sollen, dass der andere keine Ahnung hat. Ich habe erlebt, wie diese Entscheidung mein Leben grundlegend verändert hat. Anstatt mich bei einer Kritik schlecht zu fühlen, bekomme ich jetzt Glücksgefühle. Ich muss mich nicht mehr wehren. Ich muss die Kritik nicht mit einer Gegenkritik abwehren. Ich kann mit meinem Kritiker darüber reden und während dieser Zeit mit ihm Zusammengehörigkeit fühlen. Und plötzlich macht es Spaß, kritisiert zu werden! Diese Erfahrung war unglaublich schön!

Wie sieht es mit dir aus? Willst du weiterhin deine Entscheidungsfreiheit verteidigen, indem du jede Kritik abwehrst? Oder willst du im Fall einer Kritik daran denken, dass du trotzdem weiterhin das machen kannst, was du willst und dich deshalb gar nicht wehren musst? Willst du also lieber in den Kampf ziehen oder auch hier versuchen, das Beste aus der Situation herauszuziehen? Ich würde dir Letzteres empfehlen.

Es kann uns niemand unterordnen. Unsere Bodyguards sorgen dafür, dass wir genau die gleichen Rechte und Privilegien haben wie alle anderen. Wir stehen damit schon unwiderruflich im höchsten Rang unseres Rudels. Wir dürfen als Erste essen, wir dürfen Sex haben und so weiter. Es ist also alles in bester Ordnung, ob wir nun kritisiert werden oder nicht.

Und wie sieht es mit Schuldzuweisungen aus? Ist es wirklich wahr, dass wir tun müssen, was die anderen wollen, weil sonst eine Schuldzuweisung an uns kleben bleibt? Werden wir erschlagen, wenn wir es nicht tun? Werden uns alle Menschen dieser Welt ausschließen, wenn wir nicht tun, was sie für richtig halten? Sind wir wirklich gezwungen, die angebliche Schuld wieder gutzumachen, oder ist es unsere freie Entscheidung, ob wir das tun?

Natürlich ist es unsere Entscheidung und kein Zwang. Wir können tun, was wir wollen. Es hat nichts so gravierende negative Konsequenzen, dass uns unsere Entscheidung tatsächlich unglücklich machen könnte – nicht, wenn wir wissen, wie sicher unsere Zusammengehörigkeit, unser Überleben und unser Vergnügen tatsächlich sind.

Ist es also nicht auch hier besser, anstatt sich wehren zu wollen, lieber das Schöne aus der Situation herauszuziehen? Es kann richtig Spaß machen, wenn man eine Schuldzuweisung bekommt und dabei das Motiv verfolgt, Zusammengehörigkeit mit seinem „Feind" zu fühlen. Schnell erkennt man, dass dieser scheinbare Feind ganz leicht ein Freund sein kann. Diese Entscheidung macht sehr viel glücklicher und löst darüber hinaus auch den Konflikt sehr viel schneller und besser.

Wie sieht es aus, wenn sich jemand Sorgen um uns macht? Bei manchen Menschen findet man das toll. Bei anderen erkennt unser Instinkt eine Unterordnung darin. Was erlaubt sich der andere? Er setzt sich über uns, indem er so tut, als wüssten wir nicht, was wir tun.

Ist es wirklich wahr, dass wir untergeordnet werden, wenn sich jemand um uns Sorgen macht? In Wirklichkeit können wir uns nur selbst unterordnen! Müssen wir das tun? Oder wäre es unsere freie Entscheidung? Und hätte es überhaupt noch negative Konsequenzen, wenn wir uns tatsächlich unterordnen würden? Würde unsere Lebensqualität darunter leiden? Würden wir weniger zu essen bekommen? Würden wir auf Sex verzichten müssen? Würden wir irgendwelchen tatsächlichen Zwängen oder Verboten unterliegen? All das wäre überhaupt kein Problem mehr in unserer heutigen Zeit. Es gibt keine niederen Ränge mehr im Rudel!

Müssen wir uns also wirklich noch Stress damit machen, wenn irgendjemand etwas tut, was wir als Unterordnung deuten könnten? Können wir nicht darüber stehen? Was soll der ganze Quatsch?!

Wir sind erwachsene Menschen. Kinder tragen diesen Rudelkampf noch mit körperlicher Gewalt aus. Bei uns Erwachsenen unterbinden das die Bodyguards. Wir bilden uns nur noch ein, dass es Zwänge und Verbote gibt. In Wirklichkeit sichern unsere Gesetze unseren freien Willen. Egal, was geschieht, es ist immer unsere freie Entscheidung, ob wir etwas tun oder nicht.

Wir müssen nicht mehr nach Möglichkeiten suchen, wie wir die Basis der Macht eines anderen Menschen erschüttern können. Wir haben es nicht mehr nötig, Intrigen zu spinnen und zu versuchen, den Widersacher ins offene Messer laufen zu lassen. Kurz: Wir brauchen all die Dinge nicht mehr zu tun, die das Leben in unserer Gesellschaft schwierig und unangenehm machen.

Müssen wir noch Angst haben, dass andere das mit uns machen? Was könnten sie uns antun? Ist es wirklich so gefährlich? Können sie uns damit wirklich zu etwas zwingen oder uns verletzen? Ist dies überhaupt noch möglich?

Einen Menschen, der weiß, wie die Welt in unserer heutigen Zeit funktioniert, kann man nicht mehr verletzen. Emotionale Verletzungen sind nur möglich, wenn man uns Angst machen kann, aus unserem Rudel ausgeschlossen oder umgebracht zu werden. Was wir bisher als emotionale Verletzungen deuteten, waren nichts anderes als die Vermeidungsgefühle, die uns unser Herdentrieb und unser Überlebenstrieb machten, um zu vermeiden, dass wir ausgestoßen oder umgebracht werden. Wissen wir, dass uns das gar nicht passieren kann, bekommen wir auch nicht mehr diese Vermeidungsgefühle und sind infolgedessen auch nicht mehr verletzbar. Ist geil, was?!

Es kann uns niemand wirklich unterordnen. Er kann nur drohen und uns damit auffordern, uns selbst unterzuordnen. Tun wir dies trotz dieser Aufforderung nicht, passiert auch nichts. Wir stehen nicht ständig einem Psychopathen gegenüber, dem es egal ist, ob er lebenslänglich eingesperrt wird. Sollte dies trotzdem einmal passieren, dann tun wir diesem Psychopathen einfach den Gefallen und tun so, als würden wir uns unterordnen. Danach gehen wir zur Polizei und sorgen dafür, dass dieser Psychopath unser Leben nie wieder bedroht.

Glücklicherweise gibt es nicht sehr viele von diesen Psychopathen. Die meisten Menschen begegnen ihr gesamtes Leben lang niemals einem solchen Menschen.

Der normale Mensch verhält sich nicht mehr wie ein wildes Tier, das einen anderen umbringen würde, wenn der sich nicht unterordnet. Die Gesetze, die unsere Gesellschaft erlassen hat, sind so abschreckend, dass niemand das Risiko eingeht, lebenslänglich hinter Gittern zu landen, nur weil wir uns nicht unterordnen wollten. Das Leben ist wie ein Schachspiel – niemand opfert seine Dame für einen Bauern!

Es wird uns also niemand körperlich angreifen und nach unserem Leben trachten, sollten wir uns nicht unterordnen. Es kann also niemand wirklich Zwang auf uns ausüben. Und es kann uns niemand etwas verbieten. Man kann uns nur mit negativen Konsequenzen drohen. Trotzdem haben wir die Wahl, ob wir lieber so weitermachen wie bisher und die Konsequenzen tragen wollen, oder ob wir unser Verhalten ändern. Die Entscheidung liegt bei uns. Wenn wir entscheiden können, liegt logischerweise kein wirklicher Zwang vor. Wir tun manchmal nur gerne so, als wäre solch ein Verhalten eines anderen Menschen ein Zwang, weil dies für uns einfacher ist. Würden wir einsehen, dass es unsere eigene Entscheidung ist, hätten wir ja die Verantwortung für unser Verhalten und damit auch die Schuld, wenn es schief läuft. Wir wollen jedoch nicht schuld sein und schieben sie damit lieber ab.

Wie sieht es mit dir aus? Willst du lieber verantwortlich sein für dein Leben oder lieber nicht? Willst du lieber die Entscheidungsgewalt für dein Leben?

Das ist gar keine Frage! Du hast die Entscheidungsgewalt! So lange wir in dieser Gesellschaft leben, gelten für uns Gesetze, die uns die Verantwortung für uns selbst zusprechen. Wir müssen uns also nicht auch noch darum kümmern, über uns selbst entscheiden zu dürfen. Wir haben alles, was wir brauchen.

Wenn uns das bewusst ist, dann erkennen wir auch, dass es tatsächlich keine Unterdrückung im Leben mehr geben kann. Es ist immer unsere freie Entscheidung, ob wir den Forderungen unserer Eltern, Lebenspartner, Freunde, Chefs oder Kollegen nachkommen oder nicht. Es hat natürlich Konsequenzen, wenn wir das nicht tun. Doch es ist unsere freie Entscheidung, ob wir die Konsequenzen tragen wollen oder nicht. So ist es unsere freie Entscheidung, wenn wir machen, was der Chef uns aufträgt. Wir müssen das nicht tun. Wir könnten auch einfach gehen und ihn mit blödem Gesicht sitzen lassen. Wir würden dann vermutlich unseren Job verlieren. Doch das wäre unsere freie Entscheidung. Kein Chef kann uns etwas verbieten oder uns zu etwas zwingen. Wir könnten uns auch einen anderen Job suchen. Wenn es jedoch einfacher ist, kurz mal den miesen Job zu machen, den unser Chef von uns verlangt, als einen neuen Job zu suchen, dann entscheiden wir uns, zu machen, was er will. Kommt das zu häufig vor, suchen wir uns einen anderen Job.

Lange Rede, gar kein Sinn: Es gibt keine Notwendigkeit mehr, sich gegen Unterordnung zu wehren. Es gibt keine unteren Ränge mehr! Wir können alle unsere Entscheidungen als freie Menschen treffen. Wir sollten nur mit den eventuellen Konsequenzen einverstanden sein. Die gilt es jedes Mal neu zu durchdenken und abzuwägen.

Damit steht jetzt eine wichtige Entscheidung in deinem Leben an. Willst du weiterhin die scheinbaren Zwänge und Verbote in deinem Leben als Unterordnung beurteilen und dagegen ankämpfen? Oder willst du dir lieber jedes Mal klar machen, dass deine Entscheidungsfreiheit gesichert ist und du das Beste aus der Situation herausholen willst? Es gibt immer etwas Gutes in jeder Situation!

Womit vermeidest du die Gefahr einer Unterordnung besser? Wenn du so tust, als gäbe es noch tatsächliche Zwänge und Verbote, oder wenn du weißt, dass deine Entscheidungsfreiheit gesichert ist und du dich mit dem Schönen in der Situation beschäftigst? Kann man einen Menschen überhaupt noch unterordnen, der penetrant jede Unterordnungsmaßnahme ignoriert und stattdessen immer nur das Schöne wahrnimmt? Solch einen Menschen kann man gar nicht mehr unterordnen! Man kann ihn einfach nur mögen. Alles andere kriegt er ja gar nicht mit! ☺

Wie also wirst du dich entscheiden? Aber warte noch damit! Entscheide jetzt noch nichts! Tu mir den Gefallen und warte bis zum Ende dieses Buches! Ich wünsche dir viel Spaß dabei!

6. Macht

Die meisten Menschen setzen das Wort Macht mit Machtmissbrauch gleich. Das ist mit diesem Grundmotiv nicht gemeint. Unseren Instinkten geht es bei diesem Grundmotiv vielmehr darum, dass wir uns mit unseren Ideen und unseren Fähigkeiten zum Wohl der Gemeinschaft einbringen sollen.

Wie du weißt, sind alle unsere Grundmotive dazu bestimmt, unser Überleben und das unseres Rudels zu sichern.

Stell dir einmal zwei verschiedene Menschenrudel in der Frühzeit vor. In dem einen Rudel hat niemand das Motiv, sich einbringen zu wollen. Niemand überlegt, was er zum Wohl der Gemeinschaft tun könnte. Niemand überlegt, wie er die anderen Menschen aus seinem Rudel am besten überzeugen könnte, damit seine Ideen auch wirklich umgesetzt werden. Niemand hat also ein Machtmotiv.

In dem anderen Rudel hat jeder den instinktiven Drang, seine Ideen einzubringen. Jeder will hier die anderen überzeugen, dass seine Ideen für alle gut sind. Dadurch wird mitunter auch heftig diskutiert. Dabei werden alle Ideen kritisch und damit sorgfältig überprüft. Denn die Menschen hier haben auch dann den Drang, sich einbringen zu wollen, wenn es darum geht, die Idee eines anderen zu kritisieren.

Was meinst du? Welches Rudel findet in einem harten Winter, in dem die Gemeinschaft zu verhungern droht, eher eine gute Lösung? Das, bei dem sich niemand mit seinen Ideen und Fähigkeiten einbringen will, oder das, in dem das jeder versucht? Was meinst du, welches Rudel in der Frühzeit also die größere Überlebenschance gehabt hätte?

Ich denke, das ist keine Frage! Ein Menschenrudel, bei dem das Grundmotiv nach Macht gefehlt hätte, hätte in der Frühzeit nicht überlebt.

In unserer heutigen Zeit geht es längst nicht mehr um die reine Überlebensfrage. Das Machtmotiv ist heute maßgeblich für den großen Entwicklungsfortschritt des Menschen verantwortlich. Wir verdanken ihm sowohl die Sicherheit in unserem Leben als auch unseren Lebensstandard.

Wie alle Grundmotive ist auch der Wunsch, sich einbringen zu wollen, jedem Menschen fest einprogrammiert. Wir alle haben sofort ein Problem damit, wenn wir das nicht können. Wir fühlen uns machtlos oder unterdrückt.

Unseren Instinkten ist fest einprogrammiert, dass wir darum kämpfen, uns gut einbringen zu können. Dazu wollen wir auch einen möglichst hohen Rang im Rudel erringen. Denn je höher man im Ansehen der anderen Rudelangehörigen steht, desto besser kann man seine Ideen und Fähigkeiten einbringen. So hat die Natur uns gewollt, und so hat sie uns geschaffen!

Dagegen lässt sich nicht wirklich etwas tun. Grundmotive lassen sich nicht ausschalten oder verändern. Sie können nur befriedigt werden. Sie funktionieren wie starre Computerprogramme und geben erst Ruhe, wenn sie ihre Aufgabe erfüllt haben. Wir sollten sie also befriedigen.

Wichtig bei der ganzen Sache ist, dass jeder Mensch diese Motive verfolgt. Es gibt da keine Ausnahme. Wir selbst im Ella-Kensington-Team haben uns vor einiger Zeit sehr intensiv mit den Grundmotiven des Vergnügungstriebes beschäftigt. Wir wollten ein Team ohne Rudelkampf. Das war eine heftige Aufgabe, das kann ich dir sagen!

Wir alle glaubten damals noch, wir selbst würden keinen Rudelkampf um höhere Ränge ausfechten. Natürlich haben wir gekämpft. Und wie wir gekämpft haben!

Unseren Rudelkampf konnten wir nur dadurch auf ein zivilisiertes Maß bringen, indem wir uns erst einmal eingestanden haben, dass wir auch Menschen sind. Und Menschen haben menschliche Instinkte. Alle machen Rudelkampf. Wir waren also keine Ausnahme – obwohl wir doch ein Vorzeigeteam sein wollten!

Wir müssen uns also nicht verurteilen, wenn wir erkennen, dass wir einen möglichst hohen Rang erringen wollen. Wir sind Menschen, und diese Absicht ist menschlich. Es hat keinen Sinn, dieses Motiv zu bekämpfen. Wir sollten es wie gesagt lieber sinnvoll befriedigen!

Bisher war uns nicht bewusst, dass es in unserer heutigen Zeit keine Rangordnung mehr im Rudel gibt. Uns war es daher sehr wichtig, welches Ansehen wir in unserem Rudel genossen.

Diese Unbewusstheit veranlasst damit sowohl unser Freiheitsmotiv als auch unser Machtmotiv dazu, um einen hohen Rang im Rudel zu kämpfen.

Diese Unbewusstheit sorgt demnach für den Machtkampf, der alle unsere Beziehungen zu unseren Partnern, Freunden, Kollegen und unserer Familie so sehr belastet.

Damit können wir jetzt Schluss machen!

Um uns in unserem Freundeskreis, unserer Familie oder unserer Beziehung einbringen zu können, haben wir heute ganz andere Möglichkeiten als in der Frühzeit des Menschen.

Wir müssen keinen hohen Rang mehr erkämpfen! Wir finden normalerweise in unserem Umfeld genug Gehör, wenn wir eine gute Idee haben und diese überzeugend vortragen.

Wir müssen niemand mehr zwingen, das zu tun, was für die Gemeinschaft wichtig ist, wie es in der Frühzeit möglicherweise noch notwendig gewesen wäre. Heute sind die Menschen mit ihrem Verstand so weit entwickelt, dass unsere Mitmenschen unsere Argumente nachvollziehen können, wenn wir sie ihnen erklären. Oder sie erkennen in unseren Ausführungen einen Denkfehler, was natürlich ebenfalls in Ordnung wäre, denn gemeinsam finden wir die besten Lösungen.

Um dies deutlich zu machen, habe ich meinem Rudelbild noch ein weiteres Symbol hinzugefügt. Die Menschen in meinem Umfeld bieten mir wie gesagt die Möglichkeit, mich mit meinen Ideen und Fähigkeiten einbringen zu können. Ich muss ihnen diese nur anbieten. Das genügt schon!

In meinem Rudelbild tragen daher alle, die sich gerade mit einer guten Idee oder mit ihren Fähigkeiten einbringen wollen, ein kleines Schild, auf dem „Gute Idee!“ oder „Fähigkeit“ steht, je nachdem, was sie gerade anbieten wollen und was sie zur Diskussion stellen.

Ich muss also keinen hohen Rang in meinem Rudel erkämpfen, damit ich mich einbringen kann. Das geht heute viel einfacher.

Denk bitte noch einmal an dein Rudelbild mit all seinen Symbolen, und mach dir bewusst, dass dies kein dummes Spielchen, sondern tatsächlich die Wirklichkeit ist!

Du hast den inneren Kreis, der beschützt wird von den Bodyguards, und um den inneren Kreis herum eine Unzahl an Menschen, die alle gut in unseren inneren Kreis passen würden – darunter auch tausend potenzielle Partner(innen)! Alle tragen sie das Symbol der Gleichgestelltheit und einige tragen ein Schild mit der Aufschrift „Idee“ oder „Fähigkeiten“. Wir werden überall mit offenen Armen und einem Lächeln empfangen. Unser Überleben sichern die Sozialbeamten. Das Leben ist schön!

Vor einiger Zeit habe ich einmal über meine Grundmotive nachgedacht und stellte fest, dass ich tatsächlich hinter jedes einen Haken machen konnte. Das Passen und das Erwünschtsein hatte ich wunderbar geregelt. Auch fühlte ich mich beschützt vor Gewalt und empfand mein Überleben als gesichert. Gegen Unterordnung hatte ich mich früher gewehrt, um meine Freiheit zu schützen. Doch das brauchte ich schon lange nicht mehr. Dahinter konnte ich auch einen Haken machen. Doch wie sah es damit aus, einen hohen Rang erreichen zu wollen, um mich möglichst gut einbringen zu können? Wie stark verfolgte ich dieses Motiv insgeheim doch noch?

Ich habe mich seitdem sehr intensiv mit diesem Thema beschäftigt und sehr viele Situationen gefunden, wo ich noch um meinen Rang kämpfte! Ich traf daraufhin jedes Mal die gleiche wichtige Entscheidung:

Will ich lieber um meinen Rang kämpfen, so wie es in der Frühzeit angemessen gewesen wäre? Oder will ich lieber die Möglichkeiten nutzen, mit denen ich mich in der heutigen modernen Zivilisation am besten einbringen kann?

Wieso sollte ich noch darum kämpfen, einen hohen Rang erreichen zu wollen? Was sollte ich mit diesem Rang anfangen? Würde ich andere Menschen mit meiner Macht dazu zwingen wollen, dass sie machen, was ich will? Sicherlich nicht! Also wozu kämpfen?

Möglicherweise könnte ein hoher Rang mir dabei helfen, bei anderen Menschen Gehör zu finden. Doch finde ich das nicht sowieso schon? Hören meine Freunde, meine Arbeitskollegen, meine Chefs oder meine Familie und mein Partner nicht sowieso zu, wenn ich mich einbringen will? Hören sie nicht jedem zu, der das auf eine zivilisierte Art und Weise versucht?

Wie reagieren sie jedoch auf einen Menschen, der sie zu etwas zwingen will? Machen sie dann, was er will, oder bekämpfen sie ihn? Wohl eher Letzteres – und das womöglich noch mit vereinten Kräften!

Was ist also besser? Ist es besser, um seine Rangordnung zu kämpfen, um andere besser zu etwas zwingen zu können? Oder ist es besser, seine Ideen und Fähigkeiten anzubieten, um gemeinsam einen Weg zu finden, wie wir alle unsere Grundmotive besser erfüllen und ein schönes Leben haben können?

Genau diese Frage stellte ich mir jedes Mal, wenn ich spürte, dass ich um einen hohen Rang im Rudel kämpfte.

Mir wurde dabei jedes Mal bewusst, dass die Ideen und Fähigkeiten anderer Menschen eine gigantische Bereicherung für mich sein können – genauso wie meine Ideen und Fähigkeiten für sie. Diese Erkenntnis war genial! Mir wurde klar, dass 1+1 unter Umständen nicht 2, sondern 3 sein kann. Jeder von uns kann mehr Glück erleben, wenn wir alle nach Ideen suchen, wie wir unser Glück gemeinsam vervielfältigen können. Jeder kann sich hier mit seinen Fähigkeiten zum Wohl aller einbringen. Wir alle haben die Macht, unseren Verstand, unsere Intuition und unser Wissen einzusetzen, um Möglichkeiten zu finden, von denen jeder profitieren kann. Wir wissen, wie wir selbst und unsere Mitmenschen funktionieren. Wir wissen, was wir zum Glücklichsein brauchen. In diesem Wissen liegt ein immenses Machtpotenzial, das wir positiv einsetzen können.

Seit mir das klar ist, habe ich das Gefühl, dass ich doppelt so glücklich bin wie zuvor. Ich hätte es mir zwar nicht vorstellen können, aber genauso ging es mir. Das fühlte sich echt mächtig gut an. Ich kann es nur empfehlen!

Wenn ich in eine Situation komme, in der ich eine Rudelkampfabsicht bei mir feststelle, sage ich mir immer: „Es hat keinen Sinn, um einen hohen Rang zu kämpfen. Ich kann mich auf zivilisierte Art und Weise viel besser einbringen und meine Ideen und Fähigkeiten einfach anbieten."

Früher arbeitete ich zum Beispiel oft gegen andere anstatt mit ihnen. Ich musste ihnen irgendwie zeigen, dass ich der Bessere war. Dabei ließ ich keine Gelegenheit aus, um ihnen ihre Schwächen bewusst zu machen und mich selbst als Könner in den Vordergrund zu stellen.

Ich denke, es versteht sich von selbst, dass solch ein Verhalten unendlich viele zwischenmenschliche Probleme nach sich zieht – und das nur, weil ich glaubte, einen hohen Rang erringen zu müssen.

Seit mir bewusst ist, dass es viel besser ist, meine Ideen und Fähigkeiten einfach anzubieten, erlebe ich mit meinen Mitmenschen ein unendlich viel herzlicheres Verhältnis. Meine Partnerschaft und meine freundschaftlichen Beziehungen haben sich erheblich verbessert. Selbst mit fremden Menschen fühle ich mich sehr viel wohler als früher. Offensichtlich musste ich früher sogar bei fremden Menschen unentwegt zeigen, dass ich der Beste war, um einen hohen Rang zu erreichen.

Durch diesen Rudelkampf wurden meine herzlichen Gefühle für andere Menschen sehr stark beeinträchtigt. Dabei sind diese Gefühle die schönsten, die es überhaupt gibt! Ich wollte keinen Tag, noch nicht mal eine Minute darauf verzichten, nur weil mein Instinkt nicht wusste, dass es in der heutigen Zeit viel bessere Möglichkeiten gibt, sich einbringen zu können. Lieber wollte ich mir Tag und Nacht bewusst machen, dass ich meine Ideen und Fähigkeiten nur anzubieten brauche.

Doch so schwierig war es gar nicht. Eigentlich war es sogar ganz leicht. Ich traf jedes Mal, wenn ich eine Kampfabsicht bei mir feststellte, die Entscheidung, dass es viel besser ist, meine Ideen und Fähigkeiten einfach anzubieten, und die Sache war erledigt. Nach kurzer Zeit hatte ich diese Entscheidung verinnerlicht. Sobald ich in eine Situation kam, in der ich spürte, dass ich kämpfen wollte, sagte ein nettes Stimmchen in mir: „Willst du jetzt wirklich schon wieder kämpfen? Ist es nicht viel besser, deine Ideen und Fähigkeiten einfach anzubieten?"

In mir antwortete dann eine sehr deutliche und glückliche Stimme: „Ja, das ist viel besser!"

Diese Entscheidung macht Schluss mit Anerkennungs- oder Selbstwertproblemen. Auch erlebt man kein Mangelgefühl mehr, wenn es um den Respekt anderer Menschen geht. Diese Probleme waren das Resultat des Rudelkampfmotivs. Wer glaubt, hoch in der Rangordnung stehen zu müssen, muss viel Anerkennung, Respekt und Wertschätzung bekommen, denn daran erkennt er, dass er sein Ziel erreicht hat. Viele Menschen empfinden in diesem Punkt ein permanentes Mangelgefühl.

Sollte dir dieses Mangelgefühl bekannt sein, dann kannst du hier und jetzt Schluss damit machen. Entscheide dich einfach dazu, dir jedes Mal die Frage zu stellen, ob du lieber kämpfen willst oder ob du einfach deine Ideen und Fähigkeiten anbietest. Was ist wohl besser?

Kannst du dir vorstellen, wie positiv sich die Beziehung zu deinem Partner, deinen Freunden, deiner Familie oder deinen Arbeitskollegen verändern kann, wenn du diese Entscheidung triffst? Ich kann dir aus Erfahrung sagen, es ist gigantisch!

Wie sieht es jetzt bei dir aus? Wie entscheidest du dich? Entscheide dich am besten am Ende dieses Buches!

7. Sex

Als drittes Grundmotiv neben der Entscheidungsfreiheit und der Macht versucht unser Vergnügungstrieb, sein Bedürfnis nach sexueller Befriedigung auszuleben.

Natürlich erfüllt Sex nicht nur unseren Vergnügungstrieb. Wir erleben beim Sex auch sehr viel Liebe und Zusammengehörigkeit. Unser Herdentrieb ist also beim Sex mit von der Partie.

Wir wollen uns jedoch jetzt einmal ausschließlich mit dem Grundmotiv nach sexueller Befriedigung beschäftigen. Für unseren Herdentrieb ist Sex eine von vielen Möglichkeiten, Zusammengehörigkeit auszuleben. Wir haben noch viele andere Möglichkeiten, uns geliebt zu fühlen. Dafür bräuchten wir keinen Sex. Dennoch gibt unser Sextrieb keine Ruhe, nur weil wir uns geliebt fühlen. Er will trotzdem befriedigt werden.

Unserem Sextrieb ist es generell egal, wie wir ihn befriedigen. Wir können Sex an und für sich praktizieren oder mit einem Partner. Wichtig sind uns dabei die erregenden Gefühle.

Letztendlich stellt die Erfüllung dieses Grundmotivs keine allzu hohen Herausforderungen an uns. Dass wir damit trotzdem mehr als ein Problem haben, liegt nicht am Sextrieb selbst. Vielmehr werden durch verschiedene nachteilige Betrachtungsweisen Probleme mit anderen Grundmotiven aufgeworfen.

So fühlen sich zum Beispiel viele Menschen nicht mehr geliebt, wenn der Partner mal kein Interesse an Sex hat. Sex wird dann unter Umständen als der einzige Beweis fürs Erwünschtsein gesehen – was natürlich Unsinn ist!

Oder man steigert sich in das Gefühl hinein, dass der Partner nicht mehr richtig zu einem passt, wenn er nicht genauso viel Sex will wie man selbst. In aller Regel macht man das unbewusst, aber gezielt, weil man ein bisschen Druck auf den Partner ausüben will. Gemäß unserem sechsten Grundmotiv wollen wir den Partner dazu bringen, sich so zu verhalten, wie wir das für richtig halten. Tut er das nicht, werden Kampfmaßnahmen ausgepackt. Lieblingsmaßnahme dabei ist, dem Partner die Liebe zu entziehen, indem man auf Anzeichen dafür achtet, dass er nicht passt.

Aber auch unser Freiheitsmotiv kann einen wesentlichen Beitrag dazu liefern, dass wir uns das Thema Sexualität verkomplizieren. Hat unser Partner zum Beispiel sehr viel weniger Lust auf Sex als wir, werden wir vermutlich immer dann Sex haben, wenn er will. Man weiß ja nie, wann er das nächste Mal will. Also nutzt man jede Gelegenheit.

Das bedeutet, dass der Partner entscheidet, wann es Sex gibt. Durch diese Brille betrachtet, sieht es so aus, als wären wir fremdbestimmt. Der Partner bestimmt, wann es Sex gibt.

Die Argumentation ist in solch einer Situation echt sehenswert. Wir müssen unsere Entscheidungsfreiheit verteidigen, weil wir immer Lust auf Sex haben, wenn der Partner will. Er kriegt also immer Sex, wenn er will. Und wir sind in unserer Entscheidungsfreiheit eingeschränkt. Dagegen muss man sich doch wehren! Wir beginnen also einen Krieg in unserer Beziehung, um diese Ungerechtigkeit aus der Welt zu schaffen. Das Ergebnis ist natürlich, dass wir dann bald gar keinen Sex mehr haben werden!

Schauen wir uns einmal an, ob wir die Situation nicht auch anders betrachten könnten. Haben wir hier die Entscheidungsfreiheit? Sind wir gezwungen, mit unserem Partner zusammen zu sein, oder könnten wir uns auch einen anderen suchen? Natürlich haben wir diese Wahl!

Bleiben wir bei unserem Partner, hat das zur Konsequenz, dass wir mit ihm zusammen nicht so oft Sex haben, wie wir wollen. Das heißt nicht, dass wir nicht so viel Sex haben können, wie wir wollen. Wir brauchen keinen Partner, um dieses Grundmotiv zu befriedigen. Wir sind sicherlich nicht nur wegen der sexuellen Befriedigung mit ihm zusammen. Es gibt viel mehr, was wir Schönes miteinander teilen können.

Machen wir uns also bewusst, dass wir die Wahl haben, ihn zu verlassen oder bei ihm zu bleiben. Wenn uns dies bewusst ist, wird es auf jeden Fall schon einmal keinen Krieg in der Beziehung geben, wenn der Partner ein weniger starkes Verlangen nach Sex hat. Wir könnten unsere Liebe zu unserem Partner ungehindert ausleben. Und unseren Sextrieb könnten wir ebenfalls ungehindert ausleben, ob mit oder ohne ihn!

Wie gesagt entstammen unsere Probleme beim Sex selten unserem Bedürfnis nach sexueller Befriedigung. Achten wir bei diesem Thema auf Bestätigungen, dass die ersten sechs Grundmotive erfüllt sind, werden wir immer Möglichkeiten finden, wie wir unserem Sextrieb ein paar nette Belohnungsgefühle entlocken können.

Er kann zum Beispiel wunderschöne erregende Gefühle machen. Da diese Gefühle in erster Linie unserer Phantasie entspringen, liegt es ganz allein bei uns, wie stark wir diese Gefühle werden lassen.

Es gibt viele Möglichkeiten, das Grundmotiv der sexuellen Befriedigung auszuleben. Ich wünsche dir viel Spaß dabei!

1.VII. Es gibt keine echten Probleme!

Wir leben in einer Welt, in der alle unsere Grundmotive permanent erfüllt sind. Wir haben immer Menschen, die zu uns passen und bei denen wir erwünscht sind. Unser Überleben ist gesichert. Wir sind beschützt und versorgt. Weiterhin können wir tun, was wir wollen, und wir können uns einbringen.

Alles in unserem Leben ist in Wirklichkeit in bester Ordnung. Was wir bisher in unserem Leben als Probleme beurteilt hatten, waren Auswirkungen von Denkfehlern.

War unser Chef beispielsweise unzufrieden mit uns, bekamen wir schlechte Gefühle. Und warum? Weil unsere Instinkte Angst bekamen, er könnte uns rausschmeißen. Dann hätten wir kein Geld mehr, würden unsere Höhle verlieren und unter einer Brücke schlafen. Wir würden damit unweigerlich verhungern und noch zusätzlich im Winter erfrieren! ☺

Unser Leben war also sofort in Gefahr, wenn der Chef mit uns unzufrieden war. Aus dieser Sichtweise hatten wir tatsächlich ein Problem!

Doch wie sieht die Wirklichkeit aus? Hatten wir wirklich ein Problem? War unser Überleben tatsächlich gefährdet, weil der Chef mit uns unzufrieden war? Wenn das wahr wäre, würde in unserem Land sicherlich niemand mehr leben. Sie wären alle unter der Brücke verhungert!

Unser Leben war in keinem einzigen Augenblick tatsächlich in Gefahr. Es gab damit kein wirkliches Problem. Was wir fühlten, war die Konsequenz eines Denkfehlers – ein Fehler, den wir jetzt korrigiert haben.

Und genauso sieht es für alle unsere Probleme aus.

Probleme haben wir immer nur dann, wenn wir glauben, ein Ziel unbedingt erreichen zu müssen, uns aber dabei machtlos fühlen. Diese Ziele sind die wahren Ursachen all unserer Probleme!

Doch all diese Ziele sind daraus entstanden, dass wir unsere Grundmotive erfüllen wollten. Wir wollten zum Beispiel Geld, weil wir dachten, dass wir dadurch machen können, was wir wollen. Stell dir mal vor, du wärst allmächtig. Du könntest dir alles erschaffen, was du willst. Wozu solltest du jetzt dieses überflüssige Papier mit herumschleppen, auf dem die Geldscheine gedruckt sind?

Wir wollen in Wirklichkeit nicht die Scheine, wir wollen die Freiheit, damit machen zu können, was wir wollen. Das ist unser wirkliches Ziel.

Wenn wir uns unser Leben und alle unsere Ziele im Leben anschauen, dann erkennen wir, dass wir letztendlich tatsächlich nur sieben wirkliche Ziele haben – unsere Grundmotive, mit denen wir bereits geboren wurden. Alles andere sind erlernte, scheinbare Notwendigkeiten, mit denen wir glaubten, unsere sieben wirklichen Ziele erfüllen zu müssen. Wann immer diese scheinbaren Notwendigkeiten mit dem Gefühl der Machtlosigkeit zusammentrafen, hatten wir ein Problem. In Wirklichkeit gibt es jedoch keine Notwendigkeiten, da unsere wirklichen Ziele, unsere Grundmotive, ja allesamt erfüllt sind. Und wenn es keine Notwendigkeiten gibt, gibt es auch keine Machtlosigkeit und damit auch keine Probleme mehr.

Möglicherweise hängen wir emotional noch eine Weile an diesen Notwendigkeiten fest. Es dauert manchmal ein Weilchen, bis sich unsere Gefühle ändern, doch letztendlich setzt sich die Wahrheit durch.

Unsere Gefühle darüber, was wahr ist, entstammen unseren alten Beurteilungen darüber, was wir früher für wahr gehalten haben. Erkennen wir, dass eine Wahrheit heute keine mehr ist, löst sich das Gefühl über kurz oder lang einfach auf.

Die neue Erkenntnis über die Wahrheit wird stattdessen nach und nach Einzug in unsere Gefühle halten.

Kannst du schon erahnen, was ich damit sagen will?

Wir haben keine wirklichen Probleme mehr! Das ist die Wahrheit, die sich in unserem Gefühl ausbreiten wird. Wir haben keine Probleme mehr!

Das fühlt sich gut an, oder? Komm, sag's auch mal! „Ich habe keine wirklichen Probleme! Alles ist in bester Ordnung!"

Geil, was? Es fühlt sich nicht nur gut an, es ist auch noch wahr! So unglaublich das auch für die meisten Menschen klingen mag: Wir haben keine echten Probleme mehr! Alles ist in bester Ordnung!

1.VIII. Die Entscheidung

Was wollen wir jetzt mit dieser ungeheuerlichen Wahrheit anfangen? Wir hätten mit unserem neuen Wissen die optimale Waffe an der Hand, um all unsere Probleme zu lösen. Wollen wir sie nutzen, um damit jetzt endlich problemfrei zu werden? Das sind wir doch sowieso schon! Wir haben lediglich noch ein paar alte Gefühlsrelikte aus alten Denkweisen, die sich mit der Zeit von selbst verlieren.

Welche Konsequenzen hätte es, wenn wir diese alten Gefühlsrelikte jetzt alle schnell loswerden wollten? Worum würde sich unser Unterbewusstsein den lieben langen Tag lang kümmern? Würde es sich auf Bestätigungen für das Erfülltsein unserer Grundmotive konzentrieren und das Leben genießen? Sicherlich nicht! Es würde sich auf alles „Wichtige“ konzentrieren. Wichtig wäre es uns, unsere alten Gefühlsrelikte loszuwerden. Wir würden uns also auf unsere scheinbaren Probleme konzentrieren. Zwar könnten wir sie durch unser neues Wissen sehr schnell auflösen, doch das würde uns nicht wirklich glücklich machen. Wir würden sofort das nächste Problem suchen. Wir wollen ja alle Gefühlsrelikte loswerden. Da gibt es noch eine Menge zu tun!

Glaubst du, dass dieser Weg wirklich zu einem glücklichen Leben führt? Ist es wirklich sinnvoll, permanent nach alten Problemen zu suchen? Es gibt eine Gesetzmäßigkeit, die uns in diesem Sachverhalt entgegenkommt:

Wir brauchen Probleme nicht zu suchen. Sie kommen ganz von allein!

Wenn ein Problem kommt, ist es sinnvoll, so richtig fett in seinen Bestätigungsgefühlen drinzustecken und mächtig gute Gefühle zu haben. Dann zieht uns so schnell nichts mehr runter. Mit diesen Gefühlen im Bauch erkennen wir auf der einen Seite sehr schnell, dass unser angebliches Problem kein wirkliches Problem ist, weil unsere Grundmotive trotzdem alle erfüllt sind. Auf der anderen Seite sind wir mit den guten Gefühlen im Bauch sehr leistungsfähig und kreativ, wenn es um Lösungen geht.

Es hat sehr viel Sinn, den Glücksgefühlen einen Vorsprung zu geben, bevor wir uns mit einem Problem beschäftigen. Wenn man erst einmal in einem Problemgefühl versumpft ist, ist es schwer, wieder einen Ausweg zu finden. Wir sollten also schlechte Gefühle vermeiden. Doch wie macht man das am besten?

Welche Gefühle machen unsere Instinkte, wenn wir etwas vermeiden wollen? Sie machen Vermeidungsgefühle – und wenn es uns wichtig ist, sogar starke Vermeidungsgefühle!

Welche Gefühle machen sie, wenn es uns ganz wichtig ist, Vermeidungsgefühle zu vermeiden? Logisch: Sie machen starke Vermeidungsgefühle, um damit die Vermeidungsgefühle zu vermeiden! Fällt dir etwas auf?

Das kann nicht funktionieren!

Erschwerend kommt noch hinzu, dass die Natur dem Vermeidungsmotiv in unseren Instinkten eine höhere Priorität gegeben hat als dem Motiv, etwas erreichen zu wollen. Das hängt mit unserem biologischen Ursprung als Fluchttiere zusammen, die immer erst alle Gefahren ausschließen wollen, bevor sie es wagen, das Leben zu genießen. Wir sehen also das Vermeiden von schlechten Gefühlen von Natur aus als wichtiger an als das Erreichen von guten Gefühlen.

Dadurch würden wir uns immer um das Wichtigste zuerst kümmern. Wir würden uns also um das Vermeiden der schlechten Gefühle kümmern, was unsere schlechten Gefühle noch schlechter machen würde.

Hast du schon einmal versucht, zu vermeiden, dich emotional von einem anderen Menschen runterziehen zu lassen? Und? Ist es dir gelungen? Es kann gar nicht gelingen!

Was meinst du? Wie viele Stunden des Tages würdest du mit schlechten Gefühlen verbringen, wenn es dir wichtiger als alles andere wäre, schlechte Gefühle zu vermeiden?

Wären es 23 Stunden und 50 Minuten? Oder wären es 23 Stunden und 55 Minuten? Eine andere Wahl hättest du leider nicht! Ich denke, wir sollten uns einen besseren Weg überlegen! Und den gibt es glücklicherweise!

Wenn man weiß, wie die neurologische Struktur unserer Gefühle aufgebaut ist, gibt es nur einen vernünftigen Weg, schlechte Gefühle zu vermeiden:

Mach dir stattdessen gute Gefühle!

Unser Gehirn ist so aufgebaut, dass gute Gefühle automatisch die schlechten blockieren. Wir können also tatsächlich etwas tun, um unsere schlechten Gefühle loszuwerden: Wir können uns stattdessen gute machen!

Du weißt jetzt, wie man sich gute Gefühle macht. Es ist ganz einfach: Gib deinen Instinkten einen Grund, dir Belohnungsgefühle zu machen! Und den hast du jeden Tag tausendfach! Alle deine Grundmotive sind erfüllt. Du brauchst in deinem Alltag nur nach Bestätigungen dafür zu schauen.

Du kannst zum Beispiel jeden Tag hundert Mal wahrnehmen, dass du erwünscht bist. Es gibt unendlich viele Kleinigkeiten, an denen du das erkennen kannst. Menschen lächeln dich zum Beispiel an. Das ist ein ganz einfaches Signal fürs Erwünschtsein. Andere Menschen sind nett zu dir. Freunde warten auf dich, wenn du dir beim Spazierengehen einen Schnürsenkel zubinden musst. Dein Partner hat sich entschieden, mit dir zusammenzuleben. Und das entscheidet er stillschweigend jeden Tag aufs Neue, sonst würde er ja ausziehen! Es gibt unendlich viele Kleinigkeiten, an denen du erkennen kannst, dass du erwünscht bist. Du brauchst nur hinzuschauen.

Genauso sieht es mit allen anderen Grundmotiven aus. Du brauchst nur hinzuschauen! Ich möchte dir vorschlagen, daraus eine Übungswoche zu machen. Stell dabei jeden Tag unter ein anderes Grundmotivmotto.

Montag ist Passenstag!

Ordne einmal alle Menschen, die du kennst, in die Kategorien ein, in die sie für dich hineinpassen. Es gibt Menschen, die passen in die Kategorie „beste Freunde“. Dann gibt es vielleicht eine Kategorie mit „normalen Freunden“. Weiterhin könntest du eine Kategorie „gute Bekannte“ einrichten. Sicherlich könntest du auch ein paar Leute in die Kategorie „Arbeitskollegen“ einordnen. Dann gäbe es noch Leute, die den gleichen Sport mögen wie du. Sie gehören also in die Kategorie „Trainingspartner“. Solltest du keinen Sport mögen, dann findest du Menschen, die ebenfalls keinen Sport mögen. Es gibt Leute, die sich für die gleichen Dinge interessieren wie du. Mit ihnen könntest du dich sicherlich gut unterhalten. Du könntest sie also in die Kategorie „gute Gesprächspartner“ einordnen. Es gibt welche, die ähnlich denken wie du. Es gibt Menschen, die den gleichen Geschmack haben, und so weiter und so weiter. Für all diese Menschen könntest du eine passende Kategorie finden. Nicht zu vergessen ist natürlich die überaus wichtige Kategorie „abschreckende Beispiele". Auch die muss es geben. Sie bilden eine echte Bereicherung für dein Leben!

Dienstag ist Erwünschtseinstag!

Achte auf alle Bestätigungen, an denen du erkennen kannst, dass du erwünscht bist. Es gibt jeden Tag Hunderte davon. Das ist nicht übertrieben! Ich habe diesen Tag auch gemacht und stellte fest, dass ich alle paar Minuten einen kleinen oder großen Hinweis aufs Erwünschtsein bekommen habe. Das war echt ein genialer Tag. Das könnte ich eigentlich auch mal wieder machen! ☺

Mittwoch ist Beschütztseinstag!

Achte an diesem Tag auf jeden Schutz, den unsere Gesellschaft vor wilden Tieren und vor Gewalt aufgebaut hat. Wir haben Gesetze, die uns schützen, und die Polizei, welche die Einhaltung dieser Gesetze kontrolliert. Denk doch einfach einmal daran, wenn du die Polizei siehst!

Wir haben Menschen um uns herum, mit denen wir verbündet sind. Würde uns jemand angreifen, bekäme er es mit der ganzen Sippschaft zu tun! Wir haben unsere Häuser und Wohnungen, die wir abschließen können. Wir haben überall Menschen, die eine Gewalttat bezeugen könnten und allein dadurch schon einen gewissen Schutz bieten.

Donnerstag ist Überlebenssicherungstag!

Beachte an diesem Tag alle Möglichkeiten deiner Überlebenssicherung. Wodurch ist gesichert, dass du etwas zu essen und zu trinken hast? Die Sicherheit, die unsere Gesellschaft in diesem Punkt bietet, ist unglaublich groß! Achte an diesem Tag auf all diese Sicherheiten.

Ebenso bietet unsere Gesellschaft einen sehr hohen Schutz vor Kälte. Beachte alle Möglichkeiten, wie du im Winter einen warmen Schlafplatz finden könntest und so weiter.

Deine Instinkte werden diesen Tag lieben!

Freitag ist Freiheitstag!

Mach dir an diesem Tag immer wieder bewusst, dass alles, was du tust, deiner freien Entscheidung entspringt! Erkenne auch, dass alles, was andere Menschen als Zwang oder Verbot beurteilen, in Wirklichkeit nur Konsequenzen ihrer freien Entscheidung sind. Natürlich solltest du dies bei dir selbst auch wahrnehmen. Erkenne also an diesem Tag, dass du tatsächlich immer eine Wahl hast. Das bringt Belohnungsgefühle ohne Ende!

Samstag ist Machttag!

Mach dir an diesem Tag bewusst, dass es ganz einfach ist, dich bei deinen Freunden und Bekannten, deinem Partner, deiner Familie oder deinen Arbeitskollegen mit deinen Ideen und Fähigkeiten einzubringen. Du brauchst sie nur auf eine nette und zivilisierte Art und Weise anzubieten. Mehr ist nicht zu tun.

Achte auf alle Situationen, in denen das deutlich wird! Wann immer du einen Rangordnungskampf bei dir oder einem anderen Menschen bemerkst, macht dir bewusst, dass dies überhaupt nicht notwendig ist.

Sonntag ist Erfüllungstag!

Achte an diesem Tag auf alle sieben Grundmotive auf einmal! Bemerke die vielen Möglichkeiten, mit denen du dir Belohnungsgefühle reinziehen kannst! Es sind jeden Tag unglaublich viele – so viele, dass du sie unmöglich alle bewusst wahrnehmen kannst. Du lebst in einer schier unendlichen Fülle an Grundmotiverfüllungen. Damit kannst du dir so viele Glücksgefühle reinpfeifen, wie du willst!

Wichtig ist, dass die Grundmotive immer wieder mal wechseln. Das menschliche Nervensystem braucht diesen Wechsel, damit es Gefühle erzeugen kann. Unsere Gefühle bauen immer auf Relativerfahrungen auf. Viele Menschen meinen deshalb, dass man Glück nur empfinden könne, wenn man zuvor Unglück empfunden hat. Das ist nur halb richtig.

Unser Nervensystem braucht einen Wechsel in unserem Gefühlsleben. Es ist ihm jedoch egal, ob dieser Wechsel zwischen schlechten und guten Gefühlen stattfindet oder zwischen verschiedenen guten Gefühlen. So empfindest du auch dann einen starken Wechsel, wenn du zuvor Lust empfunden hast und jetzt Zufriedenheit. Diese beiden Gefühle sind so grundverschieden, dass es für unser Nervensystem völlig ausreichend ist – genauso wie der Wechsel zwischen Liebe und Freude oder Genussgefühlen und Begeisterung.

Es gibt eine unendlich große Anzahl an Möglichkeiten, in denen deine Gefühle im Bereich des Glücklichen wechseln können. Ein Wechsel zwischen unglücklich und glücklich ist daher nicht nötig.

Wenn du dich also an diesem Tag immer wieder mal fragst, welches deiner Grundmotive gerade am deutlichsten erfüllt ist, und an die entsprechenden Bestätigungen denkst, wirst du damit sehr häufig verschiedene Glückszustände auslösen. Dein Tag wird von vielen verschiedenen Glücksgefühlen erfüllt sein. Es ist ja auch Erfüllungstag!

Ich wünsche dir eine superschöne Woche! Nach dieser Woche wirst du wissen, dass es nichts Einfacheres gibt, als sich Glücksgefühle zu machen. Dazu brauchst du dich nur zu fragen, welches deiner Grundmotive gerade am deutlichsten erfüllt ist! Wie also willst du dich entscheiden? Nein, warte! Entscheide erst am Ende dieses Buches!

Sag mal – hast du jetzt tatsächlich jedes Mal deine Entscheidung bis zum Ende des Buches aufgeschoben, nur weil ich es gesagt habe? Wenn ja, dann lass mich dir eine wichtige Frage stellen:

Wann lernst du endlich, deine eigenen Entscheidungen zu treffen?

Scherz beiseite: Viele Menschen tun sich mit dieser Entscheidung tatsächlich schwer. Sie sind das gesamte Leben dazu erzogen worden, ihre Probleme als sehr wichtig anzusehen.

Wie du weißt, wollen wir unser Unterbewusstsein dazu bringen, die Welt neuzeitlich zu sehen. Es tut dies sofort, wenn es davon überzeugt ist, dass dies wirklich der sicherste und effektivste Weg ist. Helfen wir unserem Unterbewusstsein dabei, dies zu überprüfen.

Schauen wir uns also noch ein paar Konsequenzen an, um dir diese Entscheidung zu erleichtern. Was würde es tatsächlich für dein Leben bedeuten, wenn du immer daran denken würdest, wie die Welt von heute wirklich ist? Was für ein Mensch wärst du dann?

Du würdest alle Menschen in deinem Leben als passend ansehen. Je nach Kategorie, in die du sie eingeordnet hättest, würdest du ihnen Sympathie und Zuneigung entgegenbringen. Du würdest dich im Gegenzug von ihnen erwünscht fühlen. Du würdest immer spüren, dass du beschützt bist und für dein leibliches Wohl gesorgt ist. Da du weißt, dass du dich überall sehr leicht einbringen und immer frei entscheiden kannst, was du tust, würdest du mit anderen Menschen keinen Rudelkampf ausfechten. Du würdest sie so sein lassen, wie sie sind, und sie genau so mögen.

Stell dir einmal vor, du hättest solch einen Menschen in deinem Freundeskreis! Wäre es nicht einfach nur genial schön, mit diesem Menschen Zeit zu verbringen? Du kannst sein, wie du willst, er mag dich immer, fühlt sich nie verletzt, hat eine Menge Spaß und genießt das Leben in vollen Zügen. Kurz: Dieser Mensch wäre ein Vorzeigemensch! Jeder würde ihn zum Freund haben wollen!

Wie interessant ist ein Mensch für dich, der etwas erreicht hat, was du auch unbedingt erreichen willst? Er ist sicherlich sehr interessant. Wie interessant ist ein Mensch, der alles erreicht hat, was jeder Mensch auf diesem Globus als höchstes Ziel erreichen will? Er wäre vermutlich mehr als interessant!

Alle Menschen auf diesem Globus wollen ihre sieben Grundmotive erfüllen. Das sind ihre wirklichen Ziele. Es gibt kein einziges Ziel, das nicht diesen sieben Grundmotiven entspringt und diese letztendlich erfüllen soll. Wenn du die Erfüllung deiner sieben Grundmotive lebst, hast du geschafft, was alle Menschen auf dieser Welt und alle, die jemals auf dieser Welt gelebt haben, schaffen wollten. Du verkörperst das, was jeder will. Und genau so ein Mensch kannst du jetzt sein! Du musst es einfach nur tun! Du musst dir einfach nur vor Augen halten, wie die Welt von heute wirklich ist, und du kannst der glücklichste Mensch auf dieser Welt sein!

Was meinst du? Könnte da irgendjemand etwas dagegen haben? Deine Eltern vielleicht? Würde es sie stören, wenn du glücklich wärst? Oder würde dein Partner nicht wollen, dass du glücklich bist? Hätte der liebe Gott vielleicht etwas dagegen, dass du so ein feiner Mensch wirst? Ja, genau! Schauen wir uns einmal den lieben Gott an. Was will der wohl von uns? Will er, dass wir unseren Instinkten vorgaukeln, wir müssten um unsere Entscheidungsfreiheit kämpfen und Angst vor Einsamkeit haben? Oder will er, dass wir auf Bestätigungen für das Erfülltsein unserer Grundmotive achten?

Ich bin kein sehr religiöser Mensch, aber eines ist mir klar: Was in den verschiedenen Religionen von den Menschen verlangt wird, stimmt ziemlich genau damit überein, wie ein Mensch wäre, wenn er die Welt mit neuzeitlichen Augen sieht! Ich denke, der liebe Gott hätte sicherlich absolut nichts dagegen, dass du ein Vorzeigemensch wirst. Er wäre sicherlich stolz auf dich!

Aber vielleicht könnte ja noch jemand anderes ein Problem damit haben, dass du die Welt realistisch siehst und weißt, dass deine Grundmotive alle erfüllt sind?

Schauen wir uns einmal ein alltägliches Beispiel an: Bist du schon einmal von einem anderen Menschen verletzt worden? Das willst du sicherlich nicht noch einmal erleben, oder? Wie kannst du das jetzt am besten vermeiden?

Normalerweise gehen Menschen in dieser Hinsicht alle den gleichen Weg. Sie fahren ihre Zuneigungsgefühle zu anderen Menschen etwas herunter, indem sie auf Anzeichen achten, dass der andere nicht hundertprozentig zu ihnen passt. Wer nicht so ganz passt, kann einen auch nicht so stark verletzen. Leider verbessert es nicht gerade die Beziehung, wenn man seine Gefühle zu dem anderen herunterfährt. Möglicherweise wird man sogar gerade deswegen von dem anderen verletzt!

Wie groß wäre der Verletzungsschutz jedoch, wenn du weißt, dass deine Grundmotive in Wirklichkeit alle erfüllt sind? Was ist denn eigentlich überhaupt solch eine Verletzung? Ist es nicht einfach nur ein schreckliches Gefühl? Oder wäre es auch eine Verletzung, wenn du dich dabei weiterhin gut fühlen würdest? Nein? Es wäre keine Verletzung ohne ein schlechtes Gefühl?

Wer macht denn deine Gefühle? Ist es ein anderer Mensch oder sind es deine Instinkte, die auf deine eigene Beurteilung der Situation reagieren? Was dich verletzt, ist also gar nicht der andere Mensch. Was dich verletzt, sind deine falschen Beurteilungen der Situation. Du beurteilst die Situation beispielsweise als Gefahr für Ausgrenzung. Das tust du zum Beispiel, wenn jemand etwas Schlechtes über dich gesagt hat. Was er gesagt hat, kann dich nicht verletzen. Es ist deine eigene Angst, dass man dich ausgrenzen könnte, was dir die Verletzung zufügt. Was passiert jedoch, wenn du weißt, dass du gar nicht ausgegrenzt werden kannst? Bist du dann noch verletzbar? Sicherlich nicht!

Und wie würde dein Umfeld die Situation betrachten? Jemand meint, dass du nichts taugst, und du stehst souverän darüber. Du musst den Angreifer ja noch nicht einmal angreifen. Du bleibst einfach gelassen und genießt weiterhin dein Leben. Wer macht sich in dieser Situation lächerlich? Du bestimmt nicht!

Wie aber sähe es aus, wenn du wegen solch einer Aussage tödlich beleidigt wärst und zurückschlagen würdest? Wer würde sich jetzt lächerlich machen? Unter Umständen wärst du dieses Mal der Dumme!

Die weitaus beste Maßnahme, dich gegen eine Verletzung durch einen anderen Menschen zu wehren, besteht also darin, gnadenlos auf Bestätigungen zu achten, dass deine Grundmotive erfüllt sind. Tust du das sogar mit deinem Angreifer, wird er sich sehr bald sehr dumm vorkommen mit seinen Aktionen. Auf diese Weise würdest du gewinnen. Aber du würdest nicht *gegen* den anderen gewinnen! Du würdest *mit* ihm gewinnen!

Anders sähe es aus, wenn du dich auf einen gegenseitigen Verletzungskampf einlassen würdest. In diesem Fall würden beide verlieren.

Wir sind im Ella-Kensington-Team im Laufe der letzten Monate unzählige Situationen durchgegangen, in denen wir die Maßnahme „Bestätigung des Erfülltseins aller Grundmotive" mit den „handelsüblichen" Maßnahmen verglichen haben. Es sah überall genau gleich aus. Es gibt keine effektivere Maßnahme, als auf Bestätigungen zu achten – egal, um welches Ziel oder Problem es geht. Wenn man normale Maßnahmen mit unserer neuen vergleicht, bekommt man das Gefühl, dass man eine Kindergartenliga mit der Profiliga vergleicht. Und es ist überaus leicht, ein Profi zu werden. Du musst es einfach nur tun!

Mach dir in allen Situationen, in denen du es gebrauchen kannst, klar, dass alle deine Grundmotive erfüllt sind. Solltest du das in einer Situation einmal nicht vollständig bejahen können, dann geh ein paar Hinweise durch, die es deinen Instinkten bestätigen.

Wenn du erkennst, dass dies die sicherste Lebensweise darstellt, wirst du es sehr bald völlig automatisch und unbewusst tun. Du übernimmst unbewusst alles, was du bewusst eine Weile eintrainierst. Das Ergebnis ist, dass du automatisch in allen

Situationen, in denen du es gebrauchen kannst, an das Erfülltsein deiner Grundmotive denkst.

Wie also sieht deine Entscheidung aus? Willst du in die Profiliga? Ich würde mich sehr darüber freuen! Willst du diese Entscheidung jetzt verinnerlichen? Willst du, dass sie so richtig in Fleisch und Blut übergeht?

Es gibt eine einfache Gesetzmäßigkeit, wie wir unser Wissen ins Gefühl bringen können. Der erste Teil dieser Gesetzmäßigkeit besteht darin, dass wir den Gedanken, den wir verinnerlichen wollen, als Wahrheit empfinden müssen. Wir können uns nichts einreden, wovon wir wissen, dass es Unsinn ist. Unser Verstand muss also zuerst einmal erkennen, dass es wahr ist. Nur dann ist unser Unterbewusstsein gewillt, diesen Gedanken anzunehmen und ihn in unser Gefühl einfließen zu lassen. Es ist also wichtig, das Wissen darüber, wie unsere Welt in Wirklichkeit aufgebaut ist, und dass alle Grundmotive in Wirklichkeit immer erfüllt sind, als wahr zu empfinden.

Der zweite Schritt in diesem Prozess ist sehr einfach. Unser Unterbewusstsein hat einen kleinen Sicherheitsmechanismus eingebaut: Es übernimmt erst dann einen Gedanken, den wir vom Verstand her als wahr erkennen, wenn er wiederholt gedacht wird. Zu oft haben wir schon etwas als wahr empfunden, was sich dann kurze Zeit später als falsch erwiesen hat. Daher übernimmt unser Unterbewusstsein nur wahre Informationen, die wir ihm wiederholt aufzeigen.

Das ist der Grund dafür, warum sich in diesem Buch alles mehrfach wiederholt hat.

Du hast es damit nicht einfach nur gelesen, du hast es ins Gefühl gebracht!

Die Wiederholungen in diesem Buch sollten dazu geführt haben, dass deine Entscheidung zur Profiliga ins Gefühl gerutscht ist. Sollte dies noch nicht geschehen sein, empfehle ich dir, dieses Kapitel noch einmal zu lesen.

Es gibt aber noch einen anderen kleinen Trick, wie du diese Entscheidung besser ins Gefühl bringen kannst. Ich nenne ihn Klo-Anker! Denk doch einmal ab sofort eine Woche lang jedes Mal an deine neue Wahrheit, wenn du dich auf die Schüssel setzt!

Denk darüber nach, wie die Welt heute wirklich ist. Stell dir dazu dein Rudelbild mit all seinen Symbolen vor. Danach mach dir bewusst, dass alle deine Grundmotive ständig erfüllt sind.

Was, glaubst du, passiert, wenn du das eine Woche lang getan hast? Ganz genau! Du wirst danach automatisch sofort daran denken müssen, wenn du dich zukünftig aufs Klo setzt. Übrigens: Sitzpinkler haben es hier eindeutig besser als Stehpinkler! (Die Frauenwelt möge mir diese Bemerkung danken!)

Stell dir einmal vor, wie ein Streit in einer Partnerschaft ablaufen würde, wenn beide dieses Buch gelesen haben. Wenn es Stress gibt, dann nur, weil einer von beiden vergessen hat, wie die Welt von heute in Wirklichkeit funktioniert. Der andere könnte ihn dann einfach nur bitten, wieder einmal aufs Klo zu gehen! Schon wäre der Streit beendet! ☺

(Nur zur Sicherheit: Das war ein Scherz! Ich glaube nicht, dass dein Partner positiv reagiert, wenn du ihn bei einem Streit aufs Klo schickst!)

Das Beispiel mit dem Klo stellt natürlich nur eine von vielen Möglichkeiten dar. Ich möchte dir empfehlen, dir eine Vielzahl solcher Situationen zu schaffen, durch die du an deine neue Wahrheit erinnert wirst. Du kannst zum Beispiel auch jedes Mal an dein Rudelbild denken, wenn du den Kühlschrank aufmachst oder wenn du unter der Dusche stehst.

Welche Situationen wären also für deine Erinnerungsanker geeignet? Denk bitte einen Augenblick darüber nach und such dir zehn solcher Situationen aus. Nach deiner Übungswoche werden dich diese zehn Situationen, die möglichst in deinem Alltag jeden Tag vorkommen sollten, immer wieder an dein Rudelbild und damit an die Wirklichkeit von heute erinnern.

Probleme, die auf der falschen Sichtweise der Welt aufbauen, haben damit keine Chance mehr, wirklich Besitz von dir zu ergreifen.

Neben diesen Ankern möchte ich dir empfehlen, jedes Mal an die Wirklichkeit von heute zu denken, wenn du ein Problem zu lösen hast oder ein Ziel erreichen möchtest – also immer dann, wenn du das Wissen über die Welt von heute gebrauchen kannst. Gewöhne es dir an, in all diesen Momenten an dein Rudelbild zu denken. Du wirst sehen, das Leben kann ganz einfach sein!

Ich möchte dir noch eine weitere Möglichkeit vorschlagen, mit der du dein neues Wissen stärker ins Gefühl bringen kannst. Es geht um Einschlafsuggestion.

Einschlafsuggestionen bringen deine neue Wahrheit direkt ins Unterbewusstsein. Die Vorgehensweise ist ganz einfach: Wiederhole vor dem Einschlafen immer wieder folgende Aussage, bis du eingeschlafen bist:

Die Welt von heute bietet mir alles,
was ich brauche, um glücklich zu sein.

Diese Suggestion solltest du dir mit einer inneren Stimme sagen, die voller Freude ist. Stell dir dabei vor, wie sich Freude anfühlt. Das hat einen sehr großen positiven Effekt. Weiterhin sollte dir bewusst sein, dass diese Aussage tatsächlich wahr ist. Es ist keine Wunschvorstellung!

Mach diese Einschlafsuggestion mindestens drei Wochen lang jeden Abend direkt vor dem Einschlafen. Du wirst nach spätestens einer Woche feststellen, dass du tatsächlich immer glücklicher wirst.

Je mehr du dich mit deiner Entscheidung beschäftigst, das Verständnis der Welt von heute zur Basis deines Denkens zu machen, desto schneller wird dieses Verständnis Einzug in dein Gefühl und dein gesamtes Leben halten. Wichtig ist dabei, dass du dir deine neue Wahrheit jedes Mal wieder bestätigst, solltest du sie in einer bestimmten Situation anzweifeln. In solch einem Fall brauchst du nur an Anzeichen zu denken, die deinen Instinkten bestätigen, dass alle deine Grundmotive erfüllt sind.

Das Wichtigste ist allerdings die Erfahrung im täglichen Leben. Was wird jetzt passieren, nachdem du die Annahme getroffen hast, dass es tatsächlich immer das Beste sein könnte, dein Leben auf dem Verständnis der heutigen Welt aufzubauen? Wirst du es ausprobieren? Ich bin sicher, dass du das tun wirst. Du hast nämlich ein instinktives Sicherheitsmotiv. Wenn du etwas erreichen willst, gehst du automatisch den sichersten Weg, den du kennst.

Stell dir einmal vor, du willst einen Fluss überqueren. Es gibt dafür zwei Wege: eine morsche Holzbrücke, die aussieht, als würde sie jeden Augenblick zusammenkrachen, und eine stabile Brücke aus Stahlbeton, über die ständig Menschen laufen und sogar Lastwagen sicher hinüberfahren können.

Welche Brücke nimmst du? Ich denke, die Antwort versteht sich von selbst. Du nimmst die sichere Brücke! Musst du dich lange dazu überreden, den sicheren Weg zu wählen? Garantiert nicht. Du würdest instinktiv den sicheren Weg gehen – selbst dann, wenn du verliebt oder sonst irgendwie geistig eingeschränkt wärst. ☺

Deine Instinkte würden nicht zulassen, dass du die gefährliche Brücke wählst. Darauf kannst du dich verlassen.

Was wird passieren, nachdem du auf die Idee gekommen bist, dass das Erinnern an deine neue Wahrheit einen sichereren Weg darstellt als der Weg, den du bisher gegangen bist? Kannst du diese Chance wirklich ungenutzt lassen? Garantiert nicht!

Was aber wird passieren, wenn du es ausprobierst? Stell dir vor, es gibt wider Erwarten Beziehungsstress. Du denkst auch an deine neue Wahrheit, aber deine Gefühle bleiben schlecht. Jetzt achtest du auf alle Bestätigungen, die dir zeigen, dass du trotzdem erwünscht bist und dass dein Partner trotzdem zu dir passt. Du zeigst deinen Instinkten weiterhin, dass du die Entscheidungsfreiheit hast, zu tun, was du willst, und dass du dich bei deinem Partner ganz leicht auf eine zivilisierte Art und Weise einbringen kannst. Sicherlich wirst du erleben, dass du dieses Beziehungsproblem sehr viel besser lösen kannst als früher. Das bedeutet, dass deine Annahme, es könnte gut sein, diese Brücke zu nehmen, bestätigt wird.

Was wird durch diese Bestätigung in deinem Gefühl geschehen? Das Gefühl wird sich verstärken, dass es gut ist, dein Leben auf dem Verständnis der Welt von heute aufzubauen. Bedingt durch diese Bestätigung wirst du in der nächsten Beziehungskrise sofort auf Nummer Sicher gehen und schnell auf alle Anzeichen für das Erfülltsein deiner Grundmotive achten. Und sicherlich wird sich auch dieses Mal bestätigen, dass es die beste und sicherste Maßnahme ist. Deine Sicherheit wird so mit jedem Erlebnis steigen.

Nachdem du zehn Mal erlebt hast, dass es jedes Mal sicherer und effektiver war, diese Brücke zu nehmen, können dich keine zehn Pferde mehr davon abbringen, es zu tun. Du wirst auf Nummer Sicher gehen und dein Leben auf der Wirklichkeit von heute aufbauen.

Genau diese Entwicklung steht dir jetzt bevor. Du wirst es sicherlich ausprobieren. Und du wirst damit immer mehr Bestätigung bekommen, dass es tatsächlich funktioniert. Du wirst damit unweigerlich in die Profiliga der glücklichen und erfolgreichen Menschen aufsteigen. Das ist mittlerweile schon so sicher wie das Amen in der Kirche! Herzlichen Glücksstrumpf zu diesem Erfolg! Und herzlich willkommen in der Profiliga! Es freut mich sehr, dass du die Welt um einen glücklichen Menschen bereichert hast. Möglicherweise werden es noch viel mehr Menschen werden, die du in die Profiliga mitziehst. Ich würde mich freuen, dich dabei unterstützen zu dürfen.

Du kannst dein Glück noch mehr steigern, wenn du deinem Umfeld hilfst, ihren Lebensweg ebenfalls dem Glück zuzuwenden. Gemeinsam glücklich zu sein, ist noch schöner, als allein glücklich unter „normal glücklichen" Menschen herumzulaufen. Es lohnt sich also, all deinen Freunden und Bekannten auf den Weg zu helfen.

Das Einzige, was sie letztendlich dazu brauchen, ist die Inspiration, die Welt so zu sehen wie ein Neuzeitmensch. Sie sollten erkennen können, wie die Welt von heute in Wirklichkeit ist. Ich bin sicher, dass du ihnen das sehr leicht vermitteln kannst.

Weiterhin solltest du sie verstehen lassen, dass ihre Instinkte gelegentlich eine Bestätigung brauchen, dass ihre Grundmotive tatsächlich erfüllt sind. Erkläre ihnen, was alles Anzeichen für das Erfülltsein der einzelnen Grundmotive sein können.

Wenn du es dann noch schaffst, dass deine Freunde sich ein paar Erinnerungsanker eintrainieren, hast du es geschafft. Sie werden ihren Weg zum Glück gehen. Sie werden ebenfalls zu einem Profi in Sachen Glück und Erfolg werden.

Der nachfolgende zweite Teil dieses Buches ist dieser Zielsetzung gewidmet. Ich möchte dir damit Maßnahmen aufzeigen, wie du deine Freunde kompetent und schnell in Sachen Glück und Erfolg beraten kannst. Ich wünsche dir sehr viel Spaß dabei!

Teil 2: Die Glücksberatung

Wenn du anderen Menschen helfen willst, glücklich und erfolgreich zu werden, solltest du eine realistische Vorstellung von deinen Möglichkeiten haben. Realistisch ist, dass du deine Freunde und Bekannten inspirieren kannst, die Welt von ihrer wirklichen Seite zu sehen und die Bestätigungen für das Erfülltsein ihrer Grundmotive zu erkennen. Diese Inspiration genügt, um deine Freunde auf den Weg zu ihrem persönlichen Glück zu führen.

Unrealistisch ist, dass du andere Menschen glücklich machen kannst. Das kann niemand! Du kannst ihnen nur den Weg zeigen. Gehen müssen sie ihn selbst.

Versuche also nicht, andere Menschen zwangszubeglücken! Lass ihnen die Freiheit, zu entscheiden, ob sie deinen Weg selbst einmal ausprobieren wollen. Du kannst ohnehin glücklich sein, egal, ob dein Umfeld dabei den gleichen Weg geht oder nicht. Das solltest du nie vergessen!

Deine Freunde werden früher oder später merken, wie glücklich und erfolgreich du bist. Du lebst vor, was alle Menschen auf diesem Globus erreichen wollen. Das wird alle interessieren. Darauf kannst du dich verlassen!

Es ist also nicht nötig, irgendjemanden überzeugen zu wollen. Das tust du schon allein dadurch, dass du unser Glückskonzept selbst lebst. Lass also Taten sprechen!

Weiterhin ist es unrealistisch, dass du alle Probleme deiner Mitmenschen lösen kannst. Das solltest du nicht zu deiner Aufgabe machen! Es würde deine eigene Umsetzung völlig zunichte machen!

Du hast bereits erkannt, dass es keinen Sinn hat, alle seine alten Gefühlsrelikte auflösen zu wollen, um dadurch glücklich zu werden. Dieser Weg ist der größte Irrweg der Menschheit! Ebenso unglücklich würde es dich machen, wenn du die Probleme deiner Freunde lösen wolltest. Du würdest sie als wichtig ansehen und damit sehr schnell wieder in dein altes Fahrwasser hineinkommen.

Konzentriere dich lieber darauf, deine Freunde in den sichersten und effektivsten emotionalen Zustand zu bringen, aus dem heraus sie ihr Problem mit völlig neuen Augen sehen und sehr schnell eine eigene Lösung finden können. Das ist ein realistisches und gutes Ziel!

Wenn du so vorgehst, wirst du zweifellos dazu beitragen, dass unsere Welt ein Stückchen glücklicher wird. Das ist doch ein schönes Gefühl, oder? Lass es uns gemeinsam angehen!

2.I. Ziele der Glücksberatung

- Der ressourcenreichste Zustand
- Auswahl des sichersten Weges
- Generalisierung der Entscheidung

1. Der ressourcenreichste Zustand

Unser erstes Ziel in der Beratung besteht darin, unseren Gesprächspartner in den sichersten und ressourcenreichsten Zustand zu bringen, der menschenmöglich ist.

Mit Ressourcen sind in diesem Zusammenhang alle Eigenschaften, Fähigkeiten, Stärken, Talente und Erfahrungen gemeint, die für die jeweilige Zielsetzung nützlich sind.

Wir wollen unseren Freunden helfen, in einen emotionalen Zustand zu kommen, in dem sie vollen Zugang zu allen ihren Ressourcen haben. Das ist unser erstes Ziel, wenn wir anderen Menschen zu mehr Glück und Erfolg verhelfen wollen.

Oft fragen uns Freunde dann um einen Rat, wenn sie ein Problem haben. Anstatt uns jetzt mit unserem Gesprächspartner in dem Problem zu verstricken, nutzen wir es lieber als willkommenen Anlass, unser Gegenüber auf den Weg zum Glück zu bringen!

Ich möchte nachfolgend einmal die Vorteile dieser Vorgehensweise gegenüber einer konventionellen Problemlösung schildern.

Ein Problem besteht wie gesagt darin, dass man glaubt, ein bestimmtes Ziel unbedingt erreichen zu müssen, sich aber dazu machtlos fühlt. Will man dieses Problem lösen, fragt man nicht danach, ob es überhaupt notwendig ist, dieses Ziel zu erreichen. Man sucht stattdessen unentwegt nach irgendwelchen Möglichkeiten und Schlupflöchern, wie man sein Ziel doch noch irgendwie erreichen kann. Man gibt diesem Ziel oberste Priorität und setzt alles daran, es zu erreichen. Dabei kann es sehr schnell passieren, dass man andere wichtige Dinge des Lebens aus den Augen verliert und dadurch neue Probleme entstehen.

Beispiel: Jemand glaubt, erfolgreich sein zu müssen, damit man ihn als wertvoll ansehen kann und er infolgedessen gemocht und geliebt wird. Dieser Jemand würde möglicherweise in seinem Job ackern wie ein Verrückter. Dabei könnte seine Beziehung sehr schnell auf der Strecke bleiben. Er bekommt Probleme mit seiner Partnerin, weil der Job wichtiger geworden ist als die Beziehung. Da es ihm jedoch letztendlich bei all seinen Bemühungen darum geht, gemocht und geliebt zu werden, wird er in der Zwickmühle stecken. Er will weder seine Beziehung verlieren noch seinen Erfolg aufgeben. Beides würde bedeuten, dass er nicht gemocht oder geliebt wird. Er würde unentwegt nach einer Lösung für diesen Konflikt suchen, für den es keine wirklich befriedigende Lösung gibt. Diese Tatsache würde ihn sehr belasten – eine Belastung, die sich sowohl auf seine Leistungen im Beruf als auch auf seine Beziehung negativ auswirken könnte.

Weiterhin würden vermutlich all seine freundschaftlichen Beziehungen zu anderen Menschen in Mitleidenschaft gezogen. Nach einigem Hin und Her bekäme dieser Mensch dann Probleme auf allen Ebenen. Vermutlich würde dies unseren Mann über kurz oder lang sogar krank machen. Wirkliches Glücklichsein wäre unter diesen Umständen jedenfalls unmöglich.

Natürlich fragt solch ein Mensch uns um Rat, weil er eine Lösung für seinen Konflikt finden will. Doch kann es für solch eine Problemstellung keine Lösung geben. Er hat sich ein scheinbar unlösbares Problem geschaffen. Alles, was er für seine Beziehung tun würde, bringt Nachteile für den beruflichen Erfolg und bedeutet damit, dass er nicht wertvoll wäre und damit auch langfristig nicht sicher sein kann, gemocht und geliebt zu werden. Und alles, was er für seinen beruflichen Erfolg tut, birgt die Gefahr in sich, dass er seiner Partnerin zu wenig Zeit und Aufmerksamkeit widmet und deshalb ihre Liebe verliert. Es ist also egal, was er tut – es besteht immer die Gefahr, dass er nicht mehr gemocht oder geliebt wird.

Wir könnten unseren Gesprächspartner also beraten, bis ihm das Blut aus den Ohren läuft, er wäre mit unseren Vorschlägen niemals zufrieden!

Es würde uns jedoch nicht schwer fallen, ihn erkennen zu lassen, dass alle seine Grundmotive erfüllt sind. Alle seine Probleme bauen letztendlich darauf auf, dass er seine Grundmotive erfüllen will. Er hat in seiner Vergangenheit fälschlicherweise unbewusst gelernt, dass er gewisse Ziele erreichen müsse, um seine Grundmotive zu erfüllen. Wenn er jetzt spürt, dass seine Grundmotive ohnehin erfüllt sind, erkennt er auf unbewusster Ebene, dass er sich mit seinem Ziel gar keinen Stress machen muss. Sein Problem entpuppt sich als Denkfehler und löst sich einfach auf!

Er würde in unserem Beispiel spüren, dass sein Wert als Mensch nicht allein davon abhängt, ob er seinen Job richtig macht. Die meisten Menschen aus seinem Freundeskreis interessiert das überhaupt nicht. Sie mögen ihn aus ganz anderen Gründen.

Er würde in diesem ressourcenreichen Zustand erkennen, dass er aus undenkbar vielen Gründen heraus gemocht und geliebt wird. In Wirklichkeit kann er gerade einmal tun, was er will, es gäbe immer Menschen, die ihn trotzdem noch mögen. Und es gäbe immer Menschen, die ihn genau dafür mögen.

Wir würden ihm dabei helfen, Bestätigungen dafür zu finden, dass er immer gemocht wird. In dem Moment, wo er das richtig fühlen kann, bezeichnet er seinen angeblich unlösbaren Konflikt nicht mehr als Problem. Ein Problem wäre es ja nur, wenn er dann nicht mehr gemocht oder geliebt würde. Das ist jedoch gar nicht der Fall.

Es bestünde jetzt nicht mehr der Zwang, dieses Problem lösen zu müssen. Es wäre jetzt für ihn ein positives Ziel, eine gute Lösung zu finden. Dabei wäre ihm jedoch immer klar, worum es ihm in Wirklichkeit geht. Er könnte ganz klare Prioritäten setzen und somit sehr schnell eine für ihn befriedigende Entscheidung treffen. Diese Entscheidung würde somit keine faulen Kompromisse beinhalten. Vor allem würde die Entscheidung nicht mehr die Gefahr beinhalten, dadurch nicht mehr gemocht oder geliebt zu werden. Er würde die beste Möglichkeit auswählen, welche die Welt ihm hinsichtlich des Gemocht- und Geliebtwerdens bieten könnte. Und damit würde er sich auch richtig glücklich fühlen.

Unsere Aufgabe bei der Beratung unserer Freunde ist es also nicht, Schlupflöcher und Geheimtüren für scheinbar unlösbare, vordergründige Probleme zu suchen. Unsere Aufgabe besteht darin, mit unseren Freunden an die Basis der menschlichen Bedürfnisse zu gehen und sie dort erkennen zu lassen, dass alle ihre wirklichen Ziele bereits erfüllt sind.

2. Auswahl des sichersten Weges

Unser Gesprächspartner hat also erlebt, dass sein Problem kein wirkliches Problem, sondern lediglich ein Ziel darstellt, das er immer noch gerne erreichen möchte. Er hat außerdem erlebt, dass er in diesem Zustand die besten Lösungen findet. Sicherlich wird er diesen Zustand öfter nutzen wollen. Helfen wir ihm dabei!

Jedes Mal bewusst in diesen ressourcenreichen Zustand zu gehen, wäre mühsam. Wir wollen daher das Unterbewusstsein unseres Gesprächspartners dazu bringen, selbstständig an das Rudelbild zu denken und dadurch zu erkennen, dass in der Welt von heute alle sieben Grundmotive permanent erfüllt sind. Mehr ist nicht zu tun, um in diesen ressourcenreichen Zustand zu kommen.

Das Unterbewusstsein eines Menschen will immer den sichersten Weg gehen. Um dem Unterbewusstsein die Entscheidung zu erleichtern, lassen wir unseren Gesprächspartner überprüfen, ob die Erinnerung an sein Rudelbild und daran, dass alle Grundmotive erfüllt sind, wirklich den sichersten aller Wege darstellt. Schnell hat das Unterbewusstsein sich davon überzeugt und geht von nun an auf Nummer Sicher. Sobald es ein Problem gibt, erinnert sich unser Gesprächspartner automatisch an sein Rudelbild, denn dies ist die sicherste Maßnahme, um in den Vollbesitz seiner geistigen und körperlichen Kräfte zu kommen und die bestmögliche Wirkung auf seine Mitmenschen zu haben.

Unser Freund muss sich nicht mehr bewusst darum kümmern, dass er an seine neue Wahrheit denkt. Diesen Job erledigt dann sein Unterbewusstsein.

3. Generalisierung der Entscheidung

Die meisten Menschen haben in ihrem Leben sehr viel Zeit damit zugebracht, Lösungen für ihre Probleme zu suchen. Vor allem haben sie diesbezüglich eine sehr starke Motivation aufgebaut. Geben wir ihnen jetzt eine effektive Methode an die Hand, wie sie ihre Problemgefühle hinter sich lassen können, werden sie diese natürlich nutzen wollen, um sich von all ihren schlechten Gefühlen zu befreien. Sie machen damit ihre schlechten Gefühle und ihre Probleme immens wichtig. Was wichtig ist, fesselt die Aufmerksamkeit. Auf diese Weise könnten unsere Freunde unmöglich glücklich werden. Sie würden sich Tag und Nacht mit ihren schlechten Gefühlen beschäftigen. Das wäre nicht im Sinne des Erfinders!

Wir sollten ihnen diesen Zusammenhang auf jeden Fall klar machen, damit sie nach unserer Beratung nicht noch unglücklicher sind als zuvor!

Weiterhin sollten wir unseren Freunden helfen, eine sehr wichtige Entscheidung für ihr Leben zu treffen. Bisher haben sie verstanden, dass es bei einem Problem immer besser ist, in den ressourcenreichsten Zustand zu gehen, der menschenmöglich ist. Lassen wir sie weiterhin erkennen, dass dies generell der beste Weg ist, glücklich und erfolgreich durchs Leben zu gehen. Das gilt auch, wenn sie gerade einmal keine Probleme haben. Sie sollten ihr Leben immer und überall auf der realen Welt von heute aufbauen.

Am leichtesten kann sich ihr Unterbewusstsein dazu entscheiden, wenn es erkennt, dass es noch sicherer ist, bereits im ressourcenreichsten Zustand zu sein, bevor ein Problem überhaupt aufkommt.

Damit könnte sie nichts mehr aus der Bahn werfen. Sie wären vorbereitet und dadurch immer im Vollbesitz ihrer geistigen und körperlichen Kräfte und würden die beste Wirkung auf ihr Umfeld haben, die ein Mensch haben kann.

Damit ihr Unterbewusstsein sich dazu entscheiden kann, diesen Job zu übernehmen, sollten wir mit unseren Gesprächspartnern einen ausführlichen Entscheidungsprozess durchlaufen.

Als erstes sollten wir ihnen bewusst machen, dass sie ohnehin permanent unbewusst ihre aktuellen Lebensumstände beurteilen. Ihre Instinkte fragen andauernd den aktuellen Status ab. Ob sie nun glücklich sind oder nicht, hängt davon ab, welches Bild der Welt sie ihren Instinkten unbewusst in diesen Momenten aufzeigen. Beurteilen sie ihre Welt wie ein Frühmensch, werden ihre Instinkte dementsprechend reagieren. Beurteilen sie die Welt so, wie sie heute wirklich ist, werden ihre Instinkte jedes Mal erkennen, dass alle Grundmotive erfüllt sind. Sie schütten daraufhin Glückshormone aus.

Es ist also für das Unterbewusstsein keine Mehrarbeit, wenn es den Instinkten bei ihrer ständigen Abfrage des aktuellen Status die Welt von heute zeigt anstatt die Welt des Frühmenschen.

Damit sich das Unterbewusstsein unserer Gesprächspartner dazu entscheiden kann, den Instinkten die neue Wahrheit bei ihrer ständigen Abfrage zu präsentieren, sollten wir mit ihnen alle denkbaren Probleme und Zielsetzungen durchgehen, an denen sie überprüfen können, ob die neue Wahrheit wirklich effektiver und sicherer ist als ihre alte.

Wichtig ist dabei, dass unsere Gesprächspartner wirklich in die Gefühle hineingehen. Das Unterbewusstsein lässt sich nicht von bloßer Theorie überzeugen!

Nachdem unsere Gesprächspartner oft genug gefühlt haben, dass es tatsächlich immer besser ist, den Weg der neuen Wahrheit zu gehen, ist für ihr Unterbewusstsein die Entscheidung gefallen. Sie werden es auf jeden Fall ausprobieren wollen. Die Ereignisse werden ihnen bestätigen, dass sie sich richtig entschieden haben, und so werden sie systematisch immer wieder den Weg der größten Sicherheit beschreiten.

Auf diese Weise hat das Unterbewusstsein unserer Gesprächspartner schnell die Entscheidung getroffen, dass unser Weg tatsächlich der sicherste und effektivste ist, will man glücklich und erfolgreich durchs Leben gehen.

2.II. Die Beratungsschritte

Wenn wir uns etwas zum Ziel setzen, suchen wir unbewusst sofort nach Möglichkeiten, wie wir dieses Ziel erreichen können. Das ist ein automatischer Prozess, der sich in unserem Unterbewusstsein abspielt.

Beispiel: Du hast das Ziel, deinem Besuch das Gefühl zu geben, dass er bei dir willkommen ist. Hierbei musst du nicht erst bewusst überlegen, wie du das anstellen sollst. Du wirst deinen Besuch mit einem Lächeln begrüßen, du wirst ihm etwas zu trinken anbieten, du wirst deine Freude über den Besuch verbal ausdrücken und so weiter. Das alles sind Maßnahmen, die du automatisch anwendest, wenn du das Ziel verfolgst, deinem Besuch das Gefühl zu geben, dass er bei dir willkommen ist. Du zeigst ihm automatisch Bestätigungen für das Erwünschtsein auf, die sein Instinkt versteht.

Für die Zielsetzungen der nachfolgenden Beratungsschritte bringst du ebenfalls bereits ein reichhaltiges Repertoire an Maßnahmen mit, die du unbewusst automatisch anwendest, sobald du das entsprechende Beratungsziel anstrebst.

Für die professionelle Nutzung unseres Beratungskonzeptes haben wir einige neue, effektive Maßnahmen hinzugefügt, die dein Repertoire erweitern sollen.

Beratungsschritt 1: Motivation für unser Glückskonzept

Es gibt mehrere Gründe, warum deine Freunde auf dich zukommen könnten, um mehr über deine Lebensweise zu erfahren. Möglicherweise ist ihnen aufgefallen, wie gut es dir geht, und sie wollen nun wissen, wie du das angestellt hast. Oder sie kommen auf dich zu, weil sie ein Problem haben und dich um Rat fragen. Das kommt auch sehr häufig vor.

Es ist nicht wichtig, aus welchem Anlass heraus andere Menschen auf dich zukommen. Du musst ihr Problem ja nicht zu deinem machen. Deine Aufgabe besteht nicht darin, ihr Problem zu lösen. Das Problem eines Freundes ist nichts weiter als ein willkommener Anlass, ihm unser Glückskonzept näher bringen zu dürfen. Hat er ein Problem, interessiert er sich im Allgemeinen noch mehr dafür als sonst.

Damit er unser Glückskonzept ebenfalls leben will, sollte er verstehen, warum es sinnvoller ist als der Weg, den er bisher gegangen ist. Erkläre ihm also, dass es verschiedene emotionale Zustände gibt, in denen das Gehirn unterschiedlich gut funktioniert. Mach ihm bewusst, dass er erst einmal in einen emotionalen Zustand kommen sollte, in dem er sein vollständiges Potenzial nutzen kann, bevor er anfangen will, ein Problem zu lösen.

Das Ziel dieses ersten Beratungsschrittes besteht also darin, bei deinem Gesprächspartner Motivation dafür zu schaffen, unser Glückskonzept ausprobieren zu wollen. Ohne diese Motivation geht gar nichts.

Das ist der wichtigste Schritt, wenn du einem Menschen helfen willst, ohne ihm deine Hilfe aufzudrängen. Ob das Gespräch erfolgreich und für beide Seiten angenehm und leicht verläuft, hängt ganz entscheidend davon ab, ob dein Gesprächspartner wirklich motiviert ist, deinen Weg kennen zu lernen. Ist er es nicht, würde er das Gefühl haben, dass du ihm etwas aufdrängen willst.

Das Wichtigste bei diesem ersten Schritt ist deine innere Einstellung. Warum willst du eigentlich deine Freunde beraten? Deine eigene Motivation hat einen entscheidenden Einfluss darauf, wie du auf deine Freunde wirkst.

Was meinst du, welche Wirkung du hast, wenn du ihnen helfen willst, weil du dir ihr Elend nicht mehr länger mit ansehen kannst? Würde dieses Gespräch gut laufen?

Ganz sicher nicht. Jeder würde unbewusst spüren, dass er sein Problem lösen soll, damit es *dir* gut geht. Sie sollen also ihr Problem für dich lösen. Ihr Freiheitsmotiv würde sich sofort dagegen wehren.

Wie wäre deine Wirkung, wenn du das Gefühl hast, dass du nicht glücklich sein kannst, wenn deine Freunde und dein Partner nicht glücklich sind?

Deine Wirkung wäre noch viel schlimmer als im vorherigen Fall. Sie wäre eine Katastrophe! Mit dieser Motivation im Hintergrund würdest du keinen einzigen Menschen mit deinem neuen Wissen beglücken können.

Behalte also immer im Hinterkopf, dass deine Grundmotive auf jeden Fall alle erfüllt sind. Auch jetzt schon! Wenn du Freunden hilfst, dann nur, weil du dabei die Erfüllung deiner Grundmotive richtig schön ausleben kannst. Du kannst dich mit deinen Freunden in diesem Gespräch verbunden fühlen, weil sie gut zu dir passen und weil du bei ihnen erwünscht bist. Durch euer Gespräch wird diese Verbundenheit sogar noch stärker werden. Genieße es!

Weiterhin kannst du im Beratungsgespräch natürlich deine Entscheidungsfreiheit fühlen. Und du wirst erkennen, dass du dich mit deinen Ideen und Fähigkeiten sehr gut einbringen kannst.

Du berätst also deine Freunde, weil es eine schöne Möglichkeit ist, deine Grundmotive auszuleben. Es ist einfach extrem schön, wenn du einen glücklichen Ausdruck in die Augen deiner Freunde zaubern kannst. Ich wollte, ich könnte dabei sein, wenn du das tust! Dieses Strahlen in den Augen ist ein unglaublicher Genuss. ☺

Im vierten Teil dieses Buches wirst du mehr darüber finden, wie du deine Wirkung auf dein Umfeld optimieren kannst. Bevor du jedoch dorthin blätterst, solltest du mehr darüber erfahren, was du eigentlich genau machen kannst.

Nachdem du deinen Gesprächspartner richtig schön motiviert hast, unser Glückskonzept ausprobieren zu wollen, geht es weiter in den nächsten Beratungsschritt.

Beratungsschritt 2: Von der Problemphysiologie in die Zielphysiologie

Auf diesen Beratungsschritt solltest du immer dann sehr viel Wert legen, wenn dein Gesprächspartner dich wegen eines Problems anspricht – vor allem dann, wenn er so richtig drinhängt in seinem Problem.

Wenn er gerade gut drauf ist und dich aus einer positiven Motivation anspricht, genügt es, ihm die nachfolgenden Inhalte kurz zu erklären. Wissen sollte er es auf jeden Fall, sonst hängt er spätestens dann in den Seilen, wenn er doch einmal ein Problem bekommt.

Das menschliche Gehirn ist nicht vergleichbar mit einem Computer, der systematisch und stupide beim gleichen Eingangsimpuls den gleichen Verarbeitungsprozess startet. Im Gegensatz zu einem emotionslosen Computer ist die Art der Informationsverarbeitung in unserem Gehirn von unserem emotionalen Bewusstseinszustand abhängig.

Machen wir dazu ein Beispiel: Vielleicht hast du schon einmal eine mündliche Prüfung absolvieren müssen. Viele Menschen gehen in dieser Lebenssituation in einen emotionalen Bewusstseinszustand, der davon geprägt ist, die Prüfung schaffen zu müssen. Ihre Instinkte können nicht verstehen, warum sie die Prüfung schaffen müssen. Instinkte sind nicht dazu gemacht, dass sie etwas verstehen. Sie sollen funktionieren!

Die menschlichen Instinkte stehen noch auf dem gleichen Entwicklungsstand wie vor 100 000 Jahren. Für sie gibt es nur einen Grund, warum man etwas als Zwang beurteilen könnte: Das Leben ist in Gefahr, wenn man keinen Erfolg hat!

Auf diese (eingebildete) Lebensgefahr reagieren die Instinkte in der Prüfungssituation. Sie bringen unseren Prüfling damit in eine emotionale Verfassung, welche dieser Lebensgefahr angemessen ist. Eine angemessene emotionale Verfassung für Lebensgefahr ist Angst. Die Angst ist dafür vorgesehen, wegzulaufen und sich in Sicherheit bringen zu wollen. Damit man nicht noch stundenlang überlegt, was nun zu tun ist, schaltet die Angst alle verstandesorientierten Ressourcen herunter.

Wenn der Säbelzahntiger vor dir steht, hast du keine Zeit mehr, die Situation stundenlang zu analysieren und eine Lösung zu suchen. Du musst weglaufen!

Und genauso fühlen sich die meisten Menschen in einer mündlichen Prüfung. Sie haben den überaus starken Impuls, weglaufen zu wollen. Dabei werden ihre Verstandesressourcen manchmal so weit heruntergeschaltet, dass sie nicht einmal mehr wissen, wie sie heißen.

Dieser Zustand ist nicht gerade der Beste, wenn es darum geht, eine Lösung für ein Problem (zum Beispiel eine Prüfungsfrage) zu finden!

Wir haben alle emotionalen Bewusstseinszustände, die eine solch lähmende Wirkung auf unsere Ressourcen haben, in dem Begriff Problemphysiologie zusammengefasst. Wann immer unser Gesprächspartner die typischen Symptome dieser Problemphysiologie zeigt, holen wir ihn wieder dort heraus.

Wir bringen ihn in eine sehr konstruktive und leistungsfähige neurologische Verfassung, die wir Zielphysiologie nennen. In die Zielphysiologie gehen Menschen immer dann, wenn sie ein Ziel definieren.

Unser Gehirn spezialisiert sich immer mit dem jeweiligen emotionalen Bewusstseinszustand auf die Aufgabe, die gerade angesagt ist.

Sind wir in einer Gefahrensituation, brauchen wir Wachsamkeit und Kraft zum Flüchten oder zum Kämpfen. Wollen wir gerade etwas erreichen, brauchen wir die Fähigkeit, Ziele definieren zu können. Haben wir ein Ziel definiert, brauchen wir wiederum die Möglichkeit, auf das Repertoire unserer Fähigkeiten zuzugreifen, die wir für die Umsetzung unserer Ziele nutzen können.

Im Kapitel 2.III. werden vier emotionale Physiologien behandeln, die für die Beratung deiner Freunde von Bedeutung sind. Ebenfalls findest du dort Übungen, durch die du lernen kannst, diese Physiologien bei anderen Menschen wahrzunehmen.

Doch kommen wir zurück zu diesem zweiten Beratungsschritt. Gelegentlich kommen deine Freunde auf dich zu und suchen einen Rat für eines ihrer Probleme. Wenn sie dabei in der Problemphysiologie versumpft sind, solltest du sie als Erstes einmal dort herausholen und in die Zielphysiologie bringen. Dafür bietet sich ein breit gefächerter Maßnahmenkatalog an. Du bringst auch für diesen Beratungsschritt bereits dein eigenes Repertoire an Maßnahmen mit.

Das Wichtigste dabei ist deine eigene innere Einstellung zu der ganzen Sache. Wenn du deinen Gesprächspartner in die Zielphysiologie bringen und dort halten willst, dann gelingt dies natürlich nicht, wenn du selbst problemorientiert denkst.

Du weißt, dass die Ursache jedes Problems in einem Ziel liegt, dessen Erreichung man für notwendig hält, sich aber dazu machtlos fühlt. Das Problem ist also nicht wirklich wichtig. Das

Ziel ist wichtig, um das es geht. Und genau das solltest du als Erstes mit deinem Gesprächspartner definieren.

Das ist ein überaus wichtiger Punkt, der in deinem eigenen Gefühl gemacht werden muss. Es nützt dir nichts, wenn du lediglich die richtigen Worte verwendest. Du solltest die richtige Einstellung haben, da 80 Prozent deiner Kommunikation nonverbal abläuft. Du solltest also wirklich nach einem Ziel suchen und nicht nach einem Problem!

Wenn du das einwöchige Glückstraining zur Zielorientierung noch nicht absolviert hast, das ich im Kapitel 1.III. „Hin-Zu und Weg-Von" beschrieben habe, dann wäre es sehr sinnvoll, das jetzt nachzuholen. Ohne eine gute Zielorientierung ist dieser Beratungsschritt nicht möglich.

Du solltest also deinen Gesprächspartner in eine stabile Zielphysiologie bringen. Das gelingt nur, wenn er sein Problem wirklich in ein Ziel umformuliert. Er darf gar nicht mehr daran denken, dass er ein Problem hat. Er denkt stattdessen über sein Ziel nach. Erst wenn du das erreicht hast, ist dein Gesprächspartner zielorientiert.

Es genügt also nicht, dein Gegenüber kurz einmal abzulenken und auf andere Gedanken zu bringen, damit er aus der Problemphysiologie herausgeht. Du solltest ihn in eine stabile Zielphysiologie bringen und dort halten.

Wenn du selbst zielorientiert denkst, wird dieser Beratungsschritt keine allzu hohen Anforderungen an dich stellen. Du hast bereits einige Maßnahmen in deinem Repertoire, mit denen du das Ziel dieses Beratungsschrittes erfüllen kannst.

Nachfolgend werden wir einige Maßnahmen behandeln, die für eine professionelle Anwendung dieses Beratungsschrittes geeignet sind. Sie sind leicht anzuwenden. Die meisten dieser Maßnahmen beherrschst du sicherlich schon. Wenn du Lust dazu hast, neue Maßnahmen mit Freunden einmal auszuprobieren, wünsche ich dir viel Spaß dabei.

a.) Gemeinsam sind wir stark!

Eine der Möglichkeiten, einen Menschen aus der Problemphysiologie herauszuholen, besteht darin, ihm das Gefühl zu geben, gemeinsam mit uns das Problem lösen zu können. Aufgrund des Vertrauens, das er in unsere Kompetenz setzt, verschwindet bei ihm das Gefühl der Machtlosigkeit, das ihn in seiner Problemphysiologie gefangen hielt. Er fühlt sich also mit uns gemeinsam dem Problem gewachsen und ist bereit, sein Problem als Ziel umzudefinieren. Zwar weiß er noch nicht, wie wir das Ziel erreichen werden, aber er glaubt daran, dass wir es schaffen. Diese Zuversicht hält ihn dann stabil in der Zielphysiologie.

b.) Dem anderen seine eigenen Fähigkeiten bewusst machen

Eine artverwandte Möglichkeit besteht darin, unserem Gesprächspartner seine eigenen Fähigkeiten wieder stärker bewusst zu machen. Die meisten Menschen vergessen in der Problemphysiologie, dass sie in Wirklichkeit sehr viele Fähigkeiten haben.

Eine Möglichkeit, dies zu erreichen, besteht darin, unseren Gesprächspartner nach Bereichen in seinem Leben zu fragen, in denen er erfolgreich war oder ist. Von diesen Erfolgen auf seine Fähigkeiten zu schließen, ist ein kleiner Schritt. Fühlt er sich dann wieder fähig, ist er bereit, sein Ziel zu definieren und in eine stabile Zielphysiologie zu wechseln.

c.) Probleme als Ziele umdefinieren

Eine sehr einfache Möglichkeit, jemanden aus der Problemphysiologie herauszuholen und in die Zielphysiologie zu bringen, besteht darin, alle seine Probleme immer sofort als Ziele umzudefinieren, wie du es in deiner Trainingswoche zur Zielorientierung auch gemacht hast.

Beispiele: Jemand sagt, dass er sich wertlos fühlt. Wir bestätigen, dass wir ihn verstanden haben, indem wir ihn fragen, ob er also wertvoll sein möchte.

Oder unser Gesprächspartner meint, dass er Angst hat, ohne Job und Geld auf der Straße zu landen. Wir spiegeln diese Aussage, indem wir zusammenfassen, dass er also seine Existenz sichern möchte.

Jemand könnte Angst haben, dass er von seinem Lebenspartner verlassen wird. Wir würden darauf reagieren, indem wir ihm bewusst machen, dass er seine Beziehung erhalten und sichern will.

Nachdem unser Gesprächspartner sein Ziel definiert hat, sollten wir ihn durch unsere Fragen dazu bringen, zu überlegen, was er für die Erreichung seines Ziels bräuchte. Du kennst das aus dem einwöchigen Training zur Zielorientierung.

Wenn wir das konsequent tun, beginnt unser Gesprächspartner über kurz oder lang, diese Denkweise zu übernehmen. Er hört auf, nach den Ursachen für seine Machtlosigkeit zu suchen und sucht stattdessen nach den Fähigkeiten, die er zur Erreichung seines Zieles bräuchte.

Natürlich müssen wir bei dieser Intervention darauf achten, wie unser Gesprächspartner diese Maßnahme annimmt. Manche Menschen fühlen sich einfach nur unverstanden und genervt, wenn man ihre Probleme nicht anerkennt und sie immer nur als

Ziel umdefiniert. In solch einem Fall sollte man diesem Menschen den Sinn dieser Maßnahme erklären.

d.) Erklären, warum die Zielphysiologie für eine Problemlösung notwendig ist

Für viele Menschen kann es wichtig sein, dass wir ihnen erklären, worin die Ursache von Problemen tatsächlich besteht.

Unser Gesprächspartner will natürlich die Ursache seiner Probleme ergründen, um eine Lösung zu finden. Dabei sucht er jedoch in aller Regel an der falschen Stelle. Er sucht ein Problem als Ursache seines Problems. Er will alle problematischen Zusammenhänge verstehen und glaubt, nur so eine Lösung finden zu können. Bedingt durch diesen Fehlglauben wehrt er sich unter Umständen sogar dagegen, in die Zielphysiologie zu gehen. Er will lieber in seinen Problemen herumwühlen.

Wenn wir unserem Gesprächspartner jedoch erklären, dass die Ursache jedes Problems ein Ziel ist, dessen Erreichung er für notwendig hält, sich aber dazu machtlos fühlt, wird er anfangen, nach der wirklichen Ursache seiner Probleme zu suchen. Er sucht also nach dem entsprechenden Ziel. Damit geht er aus seiner eigenen Motivation heraus in die Zielphysiologie.

e.) Optimismus ausstrahlen

Eine überaus wichtige Maßnahme liegt in unserer Ausstrahlung. Wir sollten in einer Beratung zielorientiert bleiben und dies auch ausstrahlen. Wir sollten unsere Gesprächspartner nicht in ihrem Leid bestätigen. Wir können natürlich schon Verständnis für die Lage unseres Gegenübers zeigen. Wir sollten das Problem jedoch nicht selbst als Problem empfinden.

Unsere Gesprächspartner nehmen unbewusst wahr, was wir fühlen. Empfinden wir etwas als Problem, empfinden sie es auch als Problem. Empfinden wir etwas als Ziel, schließen sie sich auch dieser Empfindung an und werden optimistisch.

Unsere Beratung wird also erst dann wirklich erfolgreich sein, wenn wir selbst zielorientiert denken und fühlen und dadurch daran glauben können, dass wir unserem Gesprächspartner helfen können. Bedingt durch dieses Selbstvertrauen strahlen wir emotional Optimismus aus. Unser Optimismus wirkt ansteckend und hilft unserem Gegenüber, seine Problemphysiologie zu verlassen und in die Zielorientierung zu wechseln.

Die genannten Maßnahmen sind natürlich nur notwendig, wenn dein Gesprächspartner in der Problemphysiologie war, als er dich angesprochen hat. Ist er gut drauf und interessiert sich einfach nur für deine offensichtlich positive Lebensweise, genügt es wie gesagt, die Vorteile der Zielorientierung kurz zu erklären.

Beratungsschritt 3: Die Welt von heute

Nachdem unser Gesprächspartner zielorientiert und motiviert ist, erklären wir ihm, dass unser Erfolg und unser Glück sehr stark davon abhängig sind, wie wir mit unseren Instinkten umgehen. Die Instinkte machen unsere Gefühle!

Wenn dein Gesprächspartner sehr interessiert ist, kannst du ihm das Prinzip der Belohnungs- und Vermeidungsgefühle erklären. Es ist aber nicht unbedingt notwendig.

Er sollte jedoch wissen, dass die menschlichen Instinkte immer noch auf dem Stand eines Frühzeitmenschen stehen und es dadurch sehr viele Probleme gibt, die es gar nicht geben müsste. Erkläre ihm, dass alle Probleme, die wir Menschen haben, darauf aufgebaut sind, dass wir glauben, bestimmte Ziele unbedingt erreichen zu müssen. Der Grund für diese Annahme liegt in dem Lernprozess, den wir alle seit unserer Kindheit durchlaufen haben. Diesen Zielen zugrunde liegen immer die sieben Grundmotive unserer Instinkte.

Der Gag ist, dass diese sieben Grundmotive in unserer heutigen Zeit in Wirklichkeit immer erfüllt sind. Der Grund, warum es uns so gut geht, besteht darin, dass wir dies sehr genau überprüft haben und nun wissen, dass alles in unserem Leben in bester Ordnung ist. Es ist sogar mehr als in Ordnung. Unsere Welt ist genial!

Wenn du willst, dass der Begeisterungsfunke auf deinen Gesprächspartner überspringt, dann solltest du dir in diesem Moment bewusst machen, was du mit unserem Glückskonzept tatsächlich erreicht hast. Du bist ein Mensch geworden, der das erreicht hat, was alle Menschen auf diesem Globus erreichen wollen. Dafür kann man sich sicherlich begeistern!

Sobald der Funke überspringt, kannst du dich auf ein supertolles Gespräch freuen. Es wird ein reiner Genuss, bei dem ihr gemeinsam eine Menge Spaß haben werdet.

Du kannst an dieser Stelle deinen Gesprächspartner fragen, ob er mit dir gemeinsam einmal überprüfen will, wie er die Welt bisher gesehen hat und wie sie in Wirklichkeit ist.

Erkläre ihm, dass unsere Instinkte maßgeblich dafür verantwortlich sind, wie wir unsere Welt sehen. Unser Herdentrieb geht zum Beispiel davon aus, dass unser Rudel genauso klein und begrenzt ist wie in der Frühzeit der Menschheit. Wir haben eine bildhafte Vorstellung als Definition unseres Rudels im Kopf. Dieses Bild ist angelehnt an die Lebensweise des Frühmenschen. Es zeigt ein sehr begrenztes Rudel. Oft ist dies nur die eigene Partnerschaft.

Wird man vom Partner verlassen, leitet unser Herdentrieb aus diesem Bild sofort Einsamkeit ab. In diesem Bild gibt es ja außer unserem Lebenspartner und uns keine anderen Menschen mehr. Geht unser Partner, stehen wir allein da.

Die Wirklichkeit ist natürlich völlig anders. Die Zeiten haben sich geändert. Werden wir von unserem Partner verlassen, sind wir schlicht und ergreifend wieder Single. Wir sind nicht einsam, wir sind nur Single! Wir haben immer noch eine Menge Menschen, zu denen wir gehören. Und schon bald gibt es wieder eine neue Partnerschaft, wenn wir das wollen.

Wir leben heute in einem gigantisch großen Rudel. In der Frühzeit des Menschen war das anders. Die Anzahl der Rudelmitglieder war stark begrenzt. Es kamen nicht ständig neue Menschen in unseren Bekanntenkreis hinzu. Die Frühmenschen lebten in weit über das Land verstreuten Sippschaften. Es gab keinen nennenswerten Austausch zwischen den einzelnen Rudeln.

Ging also jemand weg, war er wirklich weg! Wurde man damals aus dem Rudel ausgeschlossen, war man wirklich einsam (und in ernsthafter Lebensgefahr)!

Wenn uns so etwas heute noch passiert, gehen wir halt woanders hin. Irgendwo finden wir immer Menschen, die zu uns passen und bei denen wir erwünscht sind.

Eine sehr effektive Variante dieses Beratungsschrittes besteht im Aufbau des Neuzeitrudelbildes, wie ich ihn im ersten Teil dieses Buches beschrieben habe. Ein Bild sagt mehr als tausend Worte. Durch die Vorstellung dieses Bildes mit all seinen Symbolen hat unser Gesprächspartner sofort ein Gefühl für die Wirklichkeit. Er muss nicht lange nachdenken. Er kann sein Leben sofort aufgrund dieser Weltanschauung beurteilen und damit erkennen, dass sein wirkliches Ziel, nämlich die Erfüllung all seiner Grundmotive, bereits erreicht ist. Er erkennt, dass er alles hat, was er zum Glücklichsein braucht.

Der erste Schritt beim Aufbau des Neuzeitrudelbildes besteht darin, unserem Gesprächspartner dies bewusst zu machen und ihn sich das Bild unseres riesigen Rudels vorstellen zu lassen. Er visualisiert also den inneren und den äußeren Kreis, in dem es eine unendliche Anzahl an Menschen gibt.

Dabei sollten wir darauf achten, dass er diese Vorstellung auch als Wirklichkeit empfindet. Sieht er es nur als schöne Phantasie an, machen wir ihm bewusst, dass dies die Wirklichkeit ist und seine alte Vorstellung seines Frühzeitrudels die eigentliche Phantasie ist.

Schauen wir uns also noch einmal die einzelnen Grundmotive mit ihren Symbolen für unser Rudelbild an.

1. Passen

Da unser Rudel in der Frühzeit in seiner Mitgliederzahl stark begrenzt war, mussten wir versuchen, mit diesen Menschen zu überleben. Je besser wir in dieses Rudel oder das Rudel zu uns passte, desto sicherer war unser Überleben.

Wir haben dadurch ein sehr starkes Bedürfnis danach, Menschen zu finden, die hundertprozentig zu uns passen. Dieses Interesse wird umso größer, je kleiner unser Rudel ist. Wenn unser Rudel mit einigen wenigen Menschen stark genug sein soll, damit wir in der Frühzeit überleben können, dann müssen wir perfekt miteinander harmonieren. Haben wir jedoch ein sehr großes Rudel und leben in einer sicheren Welt, kann diese Anforderung an die Perfektion heruntergeschraubt werden. Wir teilen stattdessen die Menschen in unserem Umfeld in verschiedene Kategorien ein, in die sie hineinpassen.

Unser Herdentrieb legt die Messlatte fürs Zusammenpassen also selbstständig umso niedriger, je größer und sicherer unser Rudel ist. Liegt die Messlatte niedrig, gibt es auch keine Probleme. Wir empfinden jeden in der jeweiligen Kategorie als passend.

Meistens haben unsere Freunde und Bekannten jedoch ihr Rudel sehr klein definiert. Sie wollen daher, dass alle Facetten eines Menschen genau mit ihren eigenen Persönlichkeitsfacetten übereinstimmen. Es soll alles passen – die Charaktereigenschaften, die Interessen, die Meinung, die Ziele, die Fähigkeiten und so weiter.

Wir machen ihnen in der Beratung bewusst, dass ihr Rudel in Wirklichkeit gigantisch groß ist. Damit setzt ihr Herdentrieb die Anforderungen an andere Menschen herunter.

Sie hören dadurch sowohl auf, sich auf eine übertriebene Art und Weise anderen anzupassen und sich dabei selbst aufzugeben, als auch damit, andere Menschen an sich selbst anpassen zu wollen.

Viele Menschen machen sich einen unglaublichen Beziehungsstress, weil sie sich von diesem Instinkt dazu getrieben fühlen, ihren Partner so zu erziehen, dass er mit allen Facetten ihrer eigenen Persönlichkeit harmoniert. Für jedes Detail, das nicht übereinstimmt, spüren sie Ablehnung.

Wir werden unseren Gesprächspartner in der Beratung erkennen lassen, dass weder sein Leben noch sein Glück davon abhängt, ob der andere in allen Facetten seiner Persönlichkeit zu ihm passt. Wir machen ihm dazu bewusst, dass er in einem gigantischen, unbegrenzten Rudel lebt, indem er immer Menschen findet, bei denen bestimmte Facetten ihrer Persönlichkeit gut mit seinen eigenen harmonieren und er damit alles bekommen kann, was er für sein Glück braucht.

Wir machen unserem Gesprächspartner an dieser Stelle bewusst, dass es im äußeren Kreis seines Neuzeitrudels sehr viele Menschen gibt, die für eine freundschaftliche Beziehung oder sogar für eine Partnerschaft in Frage kämen. Wenn jeder Hundertste für eine Freundschaft in Frage kommt, dann hat er eine Million Menschen in seinem äußeren Kreis, wenn er nur allein den deutschsprachigen Raum betrachtet. Und wenn jeder Einhunderttausendste als Beziehungspartner in Frage käme, dann wären es immerhin noch eintausend Herzchenträger(innen) im äußeren Kreis! Welch eine Fülle!

Durch unser unbegrenztes Neuzeitrudel können wir uns alle den Luxus leisten, mit bestimmten Menschen immer nur bestimmte Facetten ihrer Persönlichkeit auszuleben. Damit müssen wir niemanden verändern. Wir teilen einfach unsere Interessen, unsere Ziele, unsere Meinungen und so weiter mit den Menschen, bei denen genau diese Facetten mit unseren übereinstimmen.

Kann unser Gesprächspartner diesen Ausführungen zustimmen, lassen wir ihn sein Neuzeitrudelbild ausgiebig betrachten und sorgen mit ihm im Gespräch dafür, dass er dieses Bild als die Wirklichkeit erkennen und fühlen kann. Erst wenn er es als Wirklichkeit anerkennt, wenden wir uns dem nächsten Grundmotiv zu.

2. Erwünschtsein

Bedingt durch das begrenzte Bild unseres Rudels, das wir in unserem Unterbewusstsein abgespeichert haben, haben wir große Angst davor, ausgeschlossen oder verlassen zu werden. Wir machen uns Sorgen darüber, ob wir wirklich gemocht oder geliebt werden. Wir glauben, dass wir in allen Facetten unserer Persönlichkeit zu den anderen passen müssen, damit sie uns mögen. Das ist, wie bereits erwähnt, nicht notwendig.

Unsere Persönlichkeit besteht aus vielen Facetten – genau wie die anderer Menschen. Wann immer wir einen Menschen treffen, bei dem bestimmte Facetten mit unseren zusammenpassen, werden wir uns für ihn interessieren und ihn mögen. Ebenfalls wird dieser Mensch sich für uns interessieren und uns mögen. Dafür sorgt unser aller Herdentrieb.

Je größer unser Rudel ist, desto weniger Persönlichkeitsfacetten müssen für diese Zuneigung übereinstimmen.

Unsere Instinkte haben, wie mehrfach erwähnt, keine eigenen Augen und Ohren. Sie müssen die Vorstellung der Welt, die wir in unserem Unterbewusstsein haben, als Wirklichkeit ansehen. Machen wir uns in unserem Unterbewusstsein ein sehr kleines

Bild von unserem Rudel, stellt es für unseren Herdentrieb tatsächlich eine Katastrophe dar, wenn uns jemand aus diesem Rudel nicht mag – und das nur, weil eine unserer Facetten mit einer Facette dieser Person nicht zusammenpasst.

Wird unser Rudel tatsächlich als sehr klein gesehen, kann es sogar passieren, dass wir Angst bekommen, dieser Jemand, der uns nicht mag, könnte alle anderen in unserem Rudel mit seiner negativen Meinung über uns anstecken. Die Folge wäre, dass das Rudel uns ausgrenzt: Wir wären einsam.

Doch wie sieht die Welt wirklich aus? Wir haben unseren inneren Kreis und die Millionen Menschen um uns herum. Wir haben unsere Familie, unsere Arbeitskollegen, unsere Freunde und eine Menge Bekannte, die unter Umständen auch zu Freunden werden könnten, im inneren Kreis. Im äußeren Kreis haben wir eine praktisch unendlich große Auswahl an Menschen, mit denen wir unser Leben verbringen könnten. Viele Facetten unserer Persönlichkeit passen mit denen anderer Menschen so gut zusammen, dass wir uns über das Passen keine Sorgen machen müssen.

Es muss ja nicht jeder alle Facetten seiner Persönlichkeit mit uns ausleben wollen, damit wir uns wirklich erwünscht fühlen können. Wir sind mit allen Facetten erwünscht, die zusammenpassen. Was nicht passt, wird meistens akzeptiert und toleriert. Abgelehnt werden wir in aller Regel nur von Menschen, die ihr Rudel zu klein definiert haben. Diese Menschen lehnen uns jedoch nicht vollständig ab. Sie lehnen immer nur einzelne Facetten von uns ab. Sorgen müssen wir uns deshalb sicherlich keine machen.

Wenn wir tatsächlich einmal irgendwo vollständig abgelehnt werden sollten, was selten genug vorkommt, dann ist das auch keine Katastrophe. Wir haben so viele Menschen zur Auswahl, dass wir immer irgendwo erwünscht sind. Wenn wir unser Rudel als Gesamtheit betrachten, dann sind wir dort immer mit allen Facetten unserer Persönlichkeit erwünscht. Es haben immer nur vereinzelt Menschen mit einzelnen Facetten unserer Persönlichkeit Probleme. Die meisten schätzen an uns so viele Eigenschaften, dass wir bei ihnen immer gerne gesehen sind.

Und genauso ist es auch bei allen unseren Freunden. Ein paar haben tatsächlich wenige Freunde – nicht, weil sie keine finden könnten, zu denen sie passen und bei denen sie erwünscht wären, sondern weil sie es erst gar nicht versuchen und lieber zu Hause im stillen Kämmerlein bleiben. Sie geben niemandem eine Chance, sie zu mögen.

Wir helfen in der Glücksberatung unseren Freunden und Bekannten, ein neues Bild ihres tatsächlichen Rudels aufzubauen und die Situation daraufhin neu zu beurteilen. Wir lassen sie damit erkennen und fühlen, dass sie auch jetzt schon erwünscht sind und sie darüber hinaus immer Menschen haben werden, zu denen sie passen und von denen sie gemocht oder geliebt werden. Vor allem lassen wir sie erkennen, dass sie nicht in allen Facetten ihrer Persönlichkeit von allen Menschen gemocht werden müssen. Es genügt, wenn einige dieser Facetten übereinstimmen.

Die meisten Menschen haben die Probleme mit dem Erwünschtsein in ihrer Partnerschaft. Wir lassen sie einmal genau hinschauen, ob ihre Angst, dass der Partner sie nicht mehr will, tatsächlich immer berechtigt ist. Da sie keine Angst mehr vor Einsamkeit haben müssen, ist ihr Herdentrieb auch nicht mehr so kritisch. Sie beharren nicht mehr so stark auf der Angst, dass sie es aber doch nicht ausschließen können, dass der Partner sie nicht mehr will. Sie können sehr viel realistischer hinschauen und bemerken in aller Regel, dass sie sehr wohl noch von ihrem Partner gewollt werden. Sie erkennen, dass auch hier nur einzelne Facetten ihrer Persönlichkeit abgelehnt werden, die in Wirklichkeit gar nicht unbedingt zusammenpassen müssen.

So ist es nicht erforderlich, dass beide Partner gerne den gleichen Sport betreiben wollen. Es ist generell nicht notwendig, dass sie in allen ihren Interessen übereinstimmen. Es gibt in aller Regel mehr als genug Facetten ihrer Persönlichkeiten, die zusammenpassen, und damit eine glückliche Beziehung möglich machen.

Wenn unser Gesprächspartner seine Messlatte fürs Erwünschtsein also nicht auf hundert Prozent legt, kann er sehr leicht erkennen, dass sein wirkliches Ziel bereits erfüllt ist und auch niemals ernsthaft in Gefahr gerät. Das sollten wir unseren Gesprächspartner deutlich spüren lassen. Am leichtesten spürt er dies, wenn er sein Rudelbild um das Symbol des Erwünschtseins bereichert. Er hat den inneren und den äußeren Kreis. In beiden Kreisen gibt es nur Menschen, zu denen er relativ gut passt und bei denen er infolgedessen auch erwünscht ist. Diese Tatsache wird symbolisiert durch lächelnde Gesichter und ausgebreitete Arme, die unseren Gesprächspartner willkommen heißen. Erst wenn er dies als die Wirklichkeit akzeptieren kann, gehen wir zum nächsten Grundmotiv über.

3. Schutz

Wir leben in einer Gesellschaft, in der Gewalt durch unsere Gesetze sehr hart bestraft wird. Diese Abschreckungsmaßnahme vermeidet Gewalttaten sicherer, als das jemals zuvor in der Menschheitsgeschichte möglich war. Zwar kann man Gewalt als

Gefahr in unserer Gesellschaft nicht generell völlig ausschließen, doch in vielen Situationen, in denen unsere Instinkte uns Probleme deshalb machen, ist Gewalt mehr als unwahrscheinlich.

Beispiel: Wir werden zu unserem Chef zitiert, weil wir etwas so richtig verbockt haben. Uns geht der Arsch auf Grundeis! Unser Überlebenstrieb deutet die Situation als Lebensgefahr. Doch wird unser Chef uns wirklich gleich umbringen? Besteht tatsächlich eine Gefahr, dass er uns erschlägt?

Unserem Gesprächspartner mag es vielleicht als etwas weit hergeholt erscheinen, dass die Angst vor dem Chef auf der Angst vor dem Erschlagenwerden aufbaut. Es ist jedoch vielfach tatsächlich so. Unsere Instinkte stehen noch auf dem Stand des Frühmenschen. Wenn damals jemand etwas richtig verbockt und damit das Überleben des gesamten Rudels gefährdet hatte, wurde er entweder verbannt oder erschlagen. Und davor haben unsere Instinkte auch heute noch Angst.

Wir (das Ella-Kensington-Team) üben den Beruf des Glückstrainers jetzt seit vielen Jahren aus. Während dieser Zeit haben wir unzählige Male erlebt, dass die Angst vor dem Chef bei unseren Klienten tatsächlich vielfach auf der Angst vor dem Erschlagenwerden basierte. Die Probleme unserer Klienten verschwanden sofort, nachdem ihnen bewusst wurde, dass sie von ihrem Chef nicht umgebracht werden konnten.

Die Strafen für eine Gewalttat sind in unserer Gesellschaft so hoch, dass niemand in unserem gewöhnlichen Lebensalltag auf die Idee kommt, Gewalt als Maßnahme ernsthaft in Betracht zu ziehen.

Die meisten Menschen wollen trotzdem eine Gewalttat hundertprozentig ausschließen können. Sie wollen also hundertprozentige Sicherheit. Solange sie die nicht haben, wollen sie von der Beurteilung nicht loslassen, dass die Welt gefährlich ist.

Es hat an dieser Stelle keinen Sinn, darüber zu diskutieren, wie sicher die Welt ist, wenn unser Gesprächspartner die hundertprozentige Sicherheit haben will. Egal was wir sagen, es wird ihm nie sicher genug sein.

Wir sollten daher nicht mit ihm diskutieren, wie sicher die Welt generell ist. Es geht uns vielmehr um die alltäglichen Situationen, in denen seine Instinkte eine Gewalttat befürchten, wo sie mehr als unwahrscheinlich ist.

Machen wir ihm also bewusst, dass es sinnvoll ist, in der jeweiligen Situation zu überprüfen, ob sie wirklich gefährlich ist oder nicht. Es hat keinen Sinn, aus Sicherheitsgründen vor jedem Eichhörnchen davonzurennen und dabei vor den Bus zu laufen! Das sollte unser Gesprächspartner nachvollziehen können.

Er muss also seine Angst nicht aufgeben! Das kann er sowieso nicht. Seine Instinkte erkennen jede noch so kleine Gefahr bereits im Ansatz. Daran ändert sich auch nichts, wenn wir glücklich sind. Unsere Instinkte sind so programmiert.

Die Frage ist, wie wir unsere Instinkte reagieren lassen, wenn diese Gefahr gar nicht wirklich existiert. Wollen wir, dass wir in Panik verfallen, oder zeigen wir unseren Instinkten die Welt, wie sie wirklich ist? Was ist wohl sicherer?

Lassen wir unseren Gesprächspartner also erkennen, dass es sinnvoll ist, die angebliche Gefahr immer erst einmal kurz zu überprüfen, bevor er in Panik verfällt! Er sollte die Welt auf jeden Fall realistisch betrachten, denn das bietet ihm die größte Sicherheit vor Gewalt.

Um dem realistischen Schutz vor Gewalt in unserem Neuzeitweltbild Ausdruck zu verleihen, lassen wir unseren Gesprächspartner die Bodyguards als Symbol für Schutz in sein Rudelbild integrieren.

Wenn unser Gesprächspartner fühlen kann, dass er heute in einer sehr viel sichereren Welt lebt als in der Frühzeit, geht es weiter zum nächsten Grundmotiv.

4. Überlebenssicherung

Unser Überlebenstrieb hat seit Jahrmillionen schon Angst, dass wir verhungern oder erfrieren könnten. Daran hat sich bis heute nichts geändert. Doch wie sieht die Realität heute wirklich aus? Wie groß ist die Gefahr tatsächlich für unsere Freunde und Bekannten, dass sie verhungern oder erfrieren müssten?

Die meisten Menschen brauchen eine Weile, bis sie sich diesen Punkt realistisch anschauen können. Ihre instinktive Angst ist so stark, dass sie auch hier jede noch so kleinste Gefahr ausschließen wollen.

Das Problem ist, dass wir niemals etwas hundertprozentig ausschließen können. Und trotzdem fahren wir Auto, obwohl wir nicht ausschließen können, dass wir einen Unfall haben. Trotzdem trauen wir uns auf die Straße, obwohl uns jemand überfallen könnte. Und trotzdem gehen wir Treppen hinauf und hinunter, obwohl wir stolpern und herunterfallen könnten.

Wir haben eine gewisse Gefahr in unserem Leben als vertretbares Risiko akzeptiert. Doch in vielen Situationen tun wir dies nicht. Wir machen uns dann mächtig Stress, weil wir eine Gefahr nicht hundertprozentig ausschließen können. Für diese Situationen gilt es, das Risiko neu zu bewerten. Ist es vertretbar oder nicht?

Beispiel: Wir haben bei unserem Chef nicht nur Angst, dass er uns erschlägt, sondern auch, dass er uns vor die Tür setzt. Dann hätten wir kein Geld mehr und könnten uns nichts mehr zu essen kaufen. Wir könnten die Miete nicht mehr zahlen und würden auf der Straße landen. Dort würden wir verhungern und, wie bereits erwähnt, im Winter dann noch zusätzlich erfrieren! ☺

Genau solche Horrorszenarien spielen sich – bewusst oder unbewusst – in den Köpfen der meisten Menschen ab. Natürlich können sie nicht hundertprozentig ausschließen, dass es genau so läuft. Doch wie groß ist das Risiko dafür wirklich? Wie groß ist das Risiko, dass unsere Freunde tatsächlich verhungern müssen, nur weil der Chef sie entlässt? Es ist sicherlich nicht so groß wie das Risiko, das wir jedes Mal eingehen, wenn wir die Straße überqueren. In unserer Gesellschaft verhungern sicherlich sehr viel weniger Menschen als auf unseren Straßen überfahren werden.

Es ist normalerweise keine große Schwierigkeit, diese Lebensgefahren mit unseren Gesprächspartnern zu relativieren und sie dazu zu bewegen, das Risiko zu akzeptieren. Unser Leben ist heutzutage sehr sicher geworden. Und genau das sollten wir unsere Freunde und Bekannten auch spüren lassen.

Lassen wir sie ihr Neuzeitrudelbild um ein Symbol der Überlebenssicherung erweitern. Bei mir sind es die Sozialbeamten, die das soziale Netz unserer Gesellschaft symbolisieren. Dieses Netz ist nicht perfekt, aber es sichert unser Leben so sehr, dass es wahrscheinlicher ist, auf dem Klo vom Blitz erschlagen zu werden, als zu verhungern.

Wenn unser Gesprächspartner das bejahen und fühlen kann, kommen wir zum nächsten Grundmotiv.

5. Entscheidungsfreiheit

Auch beim Vergnügungstrieb gilt, dass unsere Instinkte keine eigenen Augen und Ohren haben. Sie sind auf unsere Vorstellung von der Welt angewiesen. Dabei ist es von entscheidender Bedeutung, wie wir eine Situation beurteilen. Beurteilen wir etwas als Zwang, kennt unser Instinkt dafür nur eine Ursache:

Jemand will uns unterordnen und zwingen, etwas zu tun, was wir nicht wollen.

Sofort fährt unser Vergnügungstrieb Aggressionen hoch, mit denen wir uns gegen diese Unterordnung wehren sollen.

Diese Maßnahme ist nicht wirklich sinnvoll, wenn wir zum Beispiel die Situation, morgen wieder zur Arbeit gehen zu müssen, als einen Zwang beurteilen. Natürlich gibt es hier keine Person aus unserem Rudel, die uns mit diesem Zwang unterordnen will. Doch das kann unser Instinkt leider nicht wissen. Er fährt genau die Gefühle hoch, die uns dazu bringen, uns gegen diese vermeintliche Unterordnungsmaßnahme zu wehren. Wir spüren also Unlust, Widerwillen, Aggressionen oder sogar Wut.

In diesem Beratungsschritt schauen wir uns die Wirklichkeit unseres Gesprächspartners wieder einmal genau an. Sind die Zwänge, gegen die er sich normalerweise innerlich wehrt, tatsächlich Unterordnungsmaßnahmen? Oder sind es nur falsche Beurteilungen, die lediglich daher rühren, dass es wahrscheinlich unangenehme Konsequenzen hätte, würde unser Gesprächspartner nicht tun, was scheinbar von ihm verlangt wird?

Nehmen wir das Beispiel von eben noch einmal. Hat unser Gesprächspartner die freie Entscheidung darüber, ob er arbeiten geht oder nicht? Entscheidet jemand anders für ihn, und er muss gehorchen? Oder sieht er nur keine bessere Möglichkeit, um zu dem zu kommen, was er haben will – nämlich dem Geld, das er für seine Arbeit bekommt?

Nur weil er keine andere Möglichkeit sieht, heißt das jedoch nicht, dass es nicht seine Entscheidung ist, das Geld haben zu wollen und dafür arbeiten zu gehen. Wenn niemand für ihn entscheidet und ihn mit körperlicher Gewalt dazu zwingt, zu tun, was er nicht will, liegt auch kein echter Zwang und schon gar keine Unterordnungsmaßnahme vor. In Wirklichkeit lebt unser Gesprächspartner seine Willensfreiheit. Er tut nur so, als hätte er keine Wahl, weil er für sich keine akzeptable Alternative sieht. Alle anderen Möglichkeiten sind so schlecht, dass er sie gar nicht in Betracht zieht. Und schon sieht es für seinen Instinkt so aus, als wäre er dazu gezwungen, die eine Alternative zu wählen, die einigermaßen annehmbar ist.

Es gibt oft heftige Widerstände gegen die Eigenverantwortung der Entscheidungsfreiheit. Viele Menschen wollen nicht einsehen, dass sie die Verantwortung für ihr Handeln tragen.

In der Beratung werden wir unserem Gesprächspartner helfen, die Situation neu zu beurteilen. Wir lassen ihn überprüfen, ob eine tatsächliche Gefahr einer Unterordnung vorliegt. Schnell wird er erkennen, dass es diese Gefahr in unserer heutigen Gesellschaft nicht mehr gibt. Für eine echte Unterordnung müsste Gewalt ausgeübt werden. Das verhindern jedoch unsere Gesetze. Alle Handlungen, die uns unserer Willensfreiheit berauben, werden durch unseren Gesetzgeber sehr hart bestraft.

Wir müssen uns also nicht mehr gegen eine Unterordnung wehren, da sie überhaupt nicht mehr stattfinden kann. Das jedoch haben unsere Instinkte noch nicht mitbekommen. Sie wissen nichts von unseren Gesetzen und sind voll und ganz von unserer Beurteilung abhängig.

In der Beratung helfen wir unserem Gesprächspartner zu erkennen, dass ihm nichts passieren kann, sollte er sich nicht unterordnen. Weiterhin helfen wir ihm zu erkennen, dass die meisten Zwänge, die er bisher als solche interpretiert hat, überhaupt keine Unterordnungsmaßnahmen sind, sondern freie Entscheidungen, die er aufgrund der Konsequenzen seiner Entscheidung auswählt.

Unser Gesprächspartner erkennt also, dass er die Entscheidungsfreiheit, die er so aggressiv schützen will, überhaupt nicht verlieren kann. Sie wird ihm vom Gesetzgeber garantiert. Solange er sich dazu entscheidet, innerhalb dieser Gesellschaft zu leben, schützen ihn diese Gesetze vor Unterordnung. Er muss sich also keine Sorgen darüber machen.

Um dieser Tatsache emotionale Bedeutung zu verleihen, lassen wir unseren Gesprächspartner sein Neuzeitrudelbild um die Symbole der Gleichgestelltheit erweitern. Alle Menschen in seinem inneren und äußeren Kreis tragen das gleiche Rangabzeichen. Es ist also nicht nötig, irgendeinen Rang zu verteidigen. Es gibt nur noch den höchsten Rang. Jeder ist für sich selbst der Captain, der bestimmt, wo es lang geht.

Erst wenn er dies als Wahrheit fühlen kann, geht es weiter zum nächsten Grundmotiv.

6. Macht

Aufgrund der alten Programmierung unseres Vergnügungstriebes wollen wir einen hohen Rang in unserem Rudel erreichen, um unsere Ideen und Fähigkeiten einbringen zu können. Um das zu erreichen, versucht unser Instinkt unter Umständen, andere unterzuordnen. Das war die wichtigste Maßnahme in der Frühzeit des Menschen.

Sobald wir das merken, können wir uns bewusst machen, dass diese Maßnahme heute nicht mehr geeignet ist. Sie ruft nur Kampf und Widerstand hervor. Sehr viel sinnvoller ist es, seine Ideen und Fähigkeiten einfach auf nette und überzeugende Art und Weise anzubieten.

Unser Gesprächspartner sollte eindeutig spüren, dass es viel besser ist, seine Ideen und Fähigkeiten anzubieten, anstatt andere unterordnen zu wollen, damit diese machen, was er will. Es sollte ihm bewusst werden, dass seine wirkliche Macht in seinem Verstand, seiner Intuition und seinem Wissen liegt. Er kann anderen Menschen Vorschläge zur Erweiterung des gemeinsamen Glückspotenzials machen. Darin liegt eine immense Macht, die jedem zu Gute kommen kann.

Seinem Neuzeitrudelbild kann er an dieser Stelle das letzte Symbol hinzufügen – die kleinen Schilder, auf denen „gute Idee" oder „Fähigkeit" steht.

7. Sex

Unser Sextrieb fordert sexuelle Befriedigung. Das bedeutet jedoch nicht, dass wir dazu einen anderen Menschen brauchen – nur zur Befriedigung sicherlich nicht! Das sollten wir unserem Gesprächspartner bewusst machen.

Ebenfalls sollten wir ihn verstehen lassen, dass die Probleme, die wir Menschen mit dem Sex haben, nicht aus dem Wunsch nach sexueller Befriedigung stammen, sondern aus den ersten sechs Grundmotiven.

Dieses Verständnis ist wichtig, da viele Menschen ihren Trieb dafür verantwortlich machen, dass sie sexuelle Probleme haben. Sie fühlen sich damit ihrem Trieb ausgeliefert.

In Wirklichkeit macht der Sextrieb jedoch keine Probleme. Er produziert lediglich das Gefühl von Lust und Erregung, was man nicht wirklich als Problem bezeichnen kann.

Ist der Sexualtrieb zwischen zwei Partnern unterschiedlich stark, muss daraus kein Problem entstehen, wenn beide Partner ihre ersten sechs Grundmotive im Griff haben.

Vorgehensweise beim Aufbau des Rudelbildes

Natürlich ist es nicht erforderlich, alle soeben im Text genannten Bestätigungen für die Richtigkeit des Neuzeitrudelbildes mit jedem Menschen vollständig durchzusprechen. Diese Fakten habe ich nur deshalb vollständig aufgeführt, damit du im Bedarfsfall eine breite Diskussionsgrundlage hast. Viele deiner Freunde und Bekannten werden sofort zustimmen, wenn du ihnen das Rudelbild als Wirklichkeit aufzeigst.

Im Allgemeinen genügt es, wenn du ihnen kurz erklärst, dass wir Instinkte haben, die noch aus der Frühzeit des Menschen stammen. Damals galten noch sehr ähnliche Regeln wie in unserer Kindheit. Es gab einen Rudelführer, der genau wie unsere Eltern über uns bestimmen konnte. Unsere Entscheidungsfreiheit war stark eingeschränkt. Wir waren noch unmündig. Genau wie in der Frühzeit hatten wir in der Kindheit nur ein sehr kleines Rudel mit unseren Eltern und gegebenenfalls unseren Geschwistern und den Großeltern. Gewalt war bei Kindern häufig noch an der Tagesordnung.

Die Umstände waren also sehr ähnlich wie in der Frühzeit des Menschen. Heute sind wir jedoch keine Kinder mehr. Die Welt hat sich für uns Erwachsene stark verändert.

Heute können wir selbst entscheiden, wie wir unser Leben führen. Wir können uns unsere Freunde aussuchen.

Unser Rudel ist so groß geworden, dass wir die freie Wahl haben, mit wem wir unser Leben verbringen wollen. Wir finden immer Menschen, die zu uns passen und die uns mögen.

Gewalt ist im Gegensatz zur Kindheit die absolute Ausnahme geworden.

Kurz: Wir sind keine Kinder mehr, und wir leben nicht mehr in der Frühzeit.

Wenn du deinen Freunden die Parallelen der Frühzeit zur Kindheit erklärst und dabei ansprichst, dass sich ihre aktuelle Erwachsenenwelt stark von dieser alten Sichtweise unterscheidet, wirst du vermutlich wenig Widerspruch bekommen.

Aus Zeitgründen solltest du versuchen, die Vorstellung des Rudelbildes so schnell wie möglich aufzubauen. Am effektivsten bist du wahrscheinlich, wenn du deinen Gesprächspartner einfach bittest, das entsprechende Symbol eines Grundmotivs in sein Bild einzufügen, und nur dann mit ihm darüber diskutierst, wenn er es nicht gleich als Wahrheit anerkennt.

Die meisten Menschen werden sofort zustimmen, wenn du ihnen sagst, dass sie im Gegensatz zu ihrer Kindheit heute in einem unbegrenzt großen Rudel leben. Ebenfalls werden sie sehr schnell zustimmen, wenn es darum geht, dass es viele Menschen gibt, die zu ihnen passen. Darüber muss man in aller Regel nicht lange diskutieren.

Schwieriger wird es manchmal mit dem Grundmotiv Entscheidungsfreiheit. Hier wollen viele Menschen nicht einsehen, dass sie selbst die Verantwortung für ihr Handeln haben und frei über ihr Leben bestimmen können.

Der Schutz vor Gewalt und das Motiv der Überlebenssicherung werden ebenfalls häufiger für Diskussionen sorgen, da viele Menschen in diesen Punkten hundertprozentige Sicherheit haben wollen. Für diese beiden Grundmotive genügt es meistens, wenn du deinen Gesprächspartner seine alte und seine neue Vorstellung der Welt gegenüberstellen lässt. Schnell erkennt er, dass die neue Vorstellung ihm mehr Sicherheit bietet.

Beim Aufbau des Neuzeitrudelbildes ist es wichtig, sehr genau auf die Physiologien Zustimmung und Verneinung sowie Glaube und Skepsis zu achten, die im weiteren Verlauf des Buches noch eingehend behandelt werden. Wenn du das tust, braucht dieser Beratungsschritt nicht mehr als zehn Minuten.

In diesem Beratungsschritt ist es von entscheidender Bedeutung, dass dein Gesprächspartner es als wahr anerkennt, dass seine Grundmotive alle erfüllt sind.

Die Maßnahmen, mit denen du deinem Gesprächspartner helfen kannst, diese Wahrheit zu erkennen, sind sehr vielfältig und individuell.

Du bringst für diese Zielsetzung bereits dein eigenes Repertoire mit. Wichtig ist, dass du im Hinterkopf behältst, was du willst. Du willst deinen Gesprächspartner erkennen lassen, dass seine Grundmotive bereits erfüllt sind. Ich wünsche dir viel Spaß dabei!

Beratungsschritt 4: Die Bestätigungen

Wir wollen unserem Gesprächspartner jetzt dabei helfen, sein vollständiges Potenzial einzusetzen und so den effektivsten und sichersten Weg zum Erfolg gehen zu können.

Wichtig für diesen Beratungsschritt ist, dass unser Gegenüber weiß, wie er seinen Instinkten die wirkliche Welt von heute aufzeigen kann. Die Instinkte reagieren nicht auf sein intellektuelles Verständnis der Welt. Sie brauchen reale Bestätigungen.

Wir gehen also mit unserem Gesprächspartner gemeinsam ein paar Anzeichen durch, die ihm bestätigen, dass alle seine Grundmotive erfüllt sind.

Dieser Abschnitt der Beratung macht sehr viel Spaß, weil unser Gegenüber ein Glücksleuchten in den Augen bekommt.

Wir suchen also mit ihm gemeinsam nach Anzeichen, dass er tatsächlich eine Menge Menschen hat, die zu ihm passen, und dass er noch viel mehr Menschen haben könnte, wenn er wollte. Wir schauen also auf alle möglichen Bestätigungen für diese Tatsache.

Danach lassen wir unseren Gesprächspartner nach Anzeichen suchen, die ihm bestätigen, dass er immer Menschen hat, bei denen er erwünscht ist. Er sollte dafür eine Handvoll Bestätigungen finden.

Auf diese Art und Weise gehen wir alle sieben Grundmotive durch und sammeln Bestätigungen. Das Schöne an diesem Beratungsschritt ist, dass all diese Bestätigungen natürlich auch bei uns selbst Glücksgefühle auslösen. Wir steigern uns also gemeinsam mit unserem Gesprächspartner in eine Glücksekstase hinein!

Beratungsschritt 5: Nimm den sichersten Weg!

Wenn unser Gesprächspartner spüren kann, dass alle seine Grundmotive erfüllt sind, machen wir ihm bewusst, dass der sicherste und effektivste Weg zu Glück und Erfolg darin besteht, sein Handeln und Denken auf dieser Tatsache aufzubauen. Um ihm diese Sicherheit zu geben, nutzen wir die Fähigkeit des Menschen, sich in verschiedene Sichtweisen hineinversetzen zu können.

Probiere es selbst einmal aus, damit du nachempfinden kannst, was ich meine. Steh jetzt bitte einmal auf! Ich hoffe, du sitzt jetzt nicht im Zug oder an einem anderen öffentlichen Ort. Es könnte sein, dass die Leute etwas komisch dreinschauen, wenn du das tust, was ich dir jetzt vorschlage. Nicht, dass das schlimm wäre – deine Grundmotive sind ohnehin erfüllt. Aber es könnte dich von dem ablenken, was wir jetzt ausprobieren wollen. Es ist wichtig, dass du dich wirklich in verschiedene Sichtweisen hineinversetzen kannst. Das geht besser, wenn du keine Zuschauer hast.

Steh also bitte jetzt auf! Wir werden nachfolgend drei verschiedene Sichtweisen durchgehen, in die du dich hineinversetzen sollst. Die erste Sichtweise sollst du an dem Platz einnehmen, an dem du gerade stehst. Nennen wir diesen Platz die „neutrale Sichtweise". Wenn du an dieser Stelle stehst, solltest du gefühlsneutral bleiben und dein Leben mit Abstand von außen betrachten.

Jetzt stell dir vor, rechts vor dir ist ein Platz, an dem du nur dann stehst, wenn dir bewusst ist, dass du in der Neuzeit lebst, wo alle deine Grundmotive erfüllt sind. Geh noch nicht dorthin! Bleib erst noch in der neutralen Sichtweise.

Stell dir in Gedanken vor, wie du von außen betrachtet aussehen würdest, wenn du genau weißt, dass es immer Menschen gibt, die gut zu dir passen!

Jetzt geh einmal nach rechts vorne und versetz dich in diesen Menschen hinein! Nimm seine Sichtweise an! Stell dir vor, wie du dich fühlen würdest, wenn dir bewusst ist, dass es immer Menschen gibt, die zu dir passen!

Das fühlt sich gut an, stimmt's?

Jetzt geh wieder aus dieser Sichtweise heraus! Mach wieder einen Schritt zurück in die neutrale Sichtweise! Jetzt machen wir es noch besser.

Stell dir jetzt vor, wie du da vorne rechts aussehen würdest, wenn dir sowohl bewusst ist, dass du immer sehr viele Menschen hast, die zu dir passen, als auch, dass du bei ihnen erwünscht bist! Du würdest sicherlich sehr glücklich aussehen.

Und jetzt geh noch einmal nach vorne rechts in diese Sichtweise und stell dir vor, wie du dich damit fühlen würdest! Wie fühlst du dich, wenn dir bewusst ist, dass du immer Menschen hast, die zu dir passen und bei denen du erwünscht bist? Genieße das Gefühl!

Und jetzt mach noch einmal einen Schritt zurück und geh wieder in die neutrale Sichtweise! Wir machen das Gefühl noch besser!

Stell dir vor, wie du da vorne aussehen würdest, wenn dir zusätzlich noch bewusst würde, dass du immer die volle Entscheidungsfreiheit in deinem Leben hast! Wie würdest du aussehen, wenn dir bewusst ist, dass du immer Menschen hast, die supergut zu dir passen und bei denen du erwünscht bist, und du zusätzlich die absolute Entscheidungsfreiheit über dein Leben spürst?

Mach den Schritt nach vorne rechts und versetz dich in diese Sichtweise hinein! Wie würdest du dich bedingt durch diese Sichtweise fühlen? Daran könnte man sich gewöhnen, stimmt's? Dann geh jetzt wieder heraus aus diesen Gefühlen und mach den Schritt in die neutrale Sichtweise! Wir machen dein Gefühl jetzt noch besser!

Stell dir vor, wie du da vorne aussehen würdest, wenn dir zusätzlich noch bewusst ist, dass du dich mit deinen Fähigkeiten und Ideen überall sehr leicht einbringen kannst.

Und jetzt mach wieder einen Schritt nach vorne rechts und geh in diese Sichtweise hinein! Stell dir vor, wie es sich anfühlt, wenn du die Welt aus dieser Sichtweise siehst! Du hast sehr viele Menschen, die supergut zu dir passen und bei denen du erwünscht bist. Du kannst immer frei entscheiden, was du tun willst, und kannst dich mit deinen Fähigkeiten und Ideen sehr gut einbringen. Kannst du dir vorstellen, wie du dich mit dieser Sichtweise fühlst? Dann genieße es noch einen Augenblick, denn gleich sollst du diese Sichtweise wieder verlassen!

Mach jetzt wieder den Schritt in die neutrale Sichtweise! Stell dir jetzt vor, wie du als dieser glückliche Mensch rechts vor dir aussehen würdest, wenn dir zusätzlich noch bewusst wäre, wie sehr dein Überleben in der heutigen Zeit gesichert ist und dass du einen gigantischen Schutz genießt. Du würdest sicherlich sehr gelassen aussehen – gelassen und glücklich!

Geh jetzt wieder nach vorne rechts und stell dir vor, wie du dich bedingt durch diese Neuzeitsichtweise der Welt fühlen würdest!

Verlass jetzt noch ein letztes Mal diesen Platz und stell dich in die neutrale Sichtweise! Stell dir jetzt vor, wie du aussehen würdest, wenn dir bewusst wäre, dass du deine Sexualität jederzeit befriedigen kannst. Ebenfalls wäre dir da vorne rechts bewusst, dass du dir alle glücklichen Gefühle der Welt selbst machen kannst.

Und jetzt geh in diese Sichtweise wieder hinein. Mach den Schritt nach vorne rechts und genieße deine Gefühle!

Aus dieser Sichtweise heraus würdest du sicherlich ein sehr glückliches Leben führen. Du hättest all das, was jeder Mensch auf dieser Welt haben will. Du wärst ein Neuzeitmensch. Das fühlt sich gut an, stimmt's?

Und jetzt denk einmal an ein Problem! Wie? Du findest keines?! Der Neuzeitmensch hat keine Probleme?!

Wie gehst du jetzt über die Straße? Achtest du noch auf die Autos, die dich überfahren könnten, oder erkennst du als Neuzeitmensch keine Gefahren mehr? Natürlich funktionieren deine Instinkte noch. Und wie sie funktionieren! Du siehst die Gefahren mindestens genauso gut wie als Frühmensch. Du siehst im Gegensatz zum Frühmenschen jedoch nicht nur Gefahren, sondern auch gleich die Lösungen. Du hast einen viel größeren Blickwinkel. Du bist jetzt im Vollbesitz deiner geistigen und körperlichen Kräfte.

Mach jetzt bitte wieder einen Schritt nach hinten und geh in die neutrale Sichtweise! Betrachte dein gesamtes Leben also wieder von außen, als wärst du nur ein Zuschauer!

Such jetzt bitte einmal nach einem „so genannten“ Problem! Hast du eines gefunden? Dann mach jetzt noch einmal einen Schritt nach vorne rechts und nimm die Sichtweise des Neuzeitmenschen an. Du achtest wieder auf alle Bestätigungen, dass du immer Menschen hast, die zu dir passen und die dich mögen und lieben. Du fühlst dich wieder beschützt und versorgt. Ebenfalls fühlst du deine Entscheidungsfreiheit und die Freude darüber, dass alle Menschen das Gleiche wollen wie du.

Wie siehst du jetzt dein Problem, das du soeben gefunden hast? Ist es wirklich ein Problem? Oder ist es eher ein Ziel, das du gerne erreichen möchtest, aber nicht musst? Schön wäre es schon, dieses Ziel zu erreichen, oder?! Wie schätzt du momentan deine Chancen ein, dieses Ziel zu erreichen? Sie sind sicherlich nicht schlecht, wenn du daran denkst, wie viele Fähigkeiten du in diesem Zustand nutzen kannst. Sie werden noch besser dadurch, dass du als Neuzeitmensch eine gigantische Wirkung auf andere Menschen hast. Du verkörperst das, was alle Menschen auf dieser Welt erreichen wollen. Du hast es erreicht! Dafür werden dich alle Menschen bewundern. Sie werden sich mit dir unglaublich wohl fühlen, weil du sie so magst, wie sie sind, und ihnen ihre Freiheit lässt. Du weißt ja, dass sie im Grunde genommen das Gleiche wollen wie du. Gemeinsam lassen sich sicherlich sehr gute Ideen finden.

Wie also schätzt du deine Chancen ein, dein Ziel zu erreichen? Sind sie gut, oder sind sie hervorragend?!

Dann geh jetzt bitte noch einmal einen Schritt zurück in die neutrale Sichtweise. Stell dir danach vor, links vor dir stünde der Mensch, der du früher mit deiner frühzeitlichen Sichtweise der Welt warst. Dieser Mensch glaubt, nur ein sehr kleines Rudel zu haben, bei dem immer die große Gefahr besteht, dass es nicht mehr passt und er nicht mehr erwünscht ist.

Stell dir vor, wie er bei diesem Problem aussehen würde, wenn er Angst davor hat, dass er einsam werden könnte!

Und jetzt nimm all deinen Mut zusammen und geh den Schritt nach links vorne! Versetz dich in diese Sichtweise der Welt hinein! Wie würdest du dich mit deinem Problem fühlen? Es wäre vermutlich ziemlich ätzend, stimmt's?

Dann mach jetzt wieder den Schritt zurück in die neutrale Sichtweise! Stell dir jetzt vor, wie du da vorne links aussehen würdest, wenn du Angst um deine Freiheit hast! Ein Frühmensch hat große Angst um seine Freiheit. Er muss ständig darum kämpfen. Wie würde der Frühmensch da vorne links aussehen, wenn er an sein Problem denkt, während er sich Sorgen darüber macht, dass er seine Freiheit verlieren und zu allem Überfluss noch von allen Menschen ausgegrenzt werden könnte?

Mach den Schritt nach vorne links und stell dir vor, wie er sich fühlen würde! Ganz schön scheußlich, was?

Geh wieder in die neutrale Sichtweise und schau dir den Frühzeitmenschen von außen an. Leider hat er nicht nur Angst, einsam zu werden und seine Freiheit zu verlieren. Er hat auch große Angst vor Gewalt, wenn er nicht macht, was die anderen wollen. Ebenfalls macht er sich unentwegt Sorgen um seine Existenzsicherung. Zu alledem fühlt er sich machtlos. Kannst du dir vorstellen, wie du mit dieser Sichtweise der Welt aussehen würdest, wenn du an dein Problem denkst?

Dann versetzt dich noch ein letztes Mal in diese Sichtweise hinein und denk an dein Problem!

Wie groß ist das Problem jetzt? Glaubst du, dass du es lösen kannst? Ich vermute, dass du deutlich spüren kannst, dass du dein Problem aus dieser Sichtweise heraus nie in den Griff kriegen wirst, oder? Das fühlt sich ziemlich ätzend an, stimmt's?

Dann geh wieder zurück in die neutrale Sichtweise! Mach erst einmal alle Gefühle wieder weg! Denk an etwas Neutrales! Was willst du zum Beispiel heute Abend essen?

Und jetzt schau dir noch einmal die beiden Sichtweisen an, die vor dir liegen! Welche Sichtweise willst du einnehmen, wenn es ein Problem gibt? Willst du nach vorne links oder nach vorne rechts gehen? Welche Sichtweise der Welt ist sicherer?

Geh noch einmal nach vorne rechts und versetz dich in die Sichtweise des Neuzeitmenschen! Achte also auf alle Bestätigungen, die dir zeigen, dass alle deine Grundmotive erfüllt sind. Wie sicher ist dieser Weg?

Und jetzt geh wieder zurück in die neutrale Sichtweise! Mach danach einen Schritt nach vorne links und versetz dich in die Sichtweise des Frühmenschen! Wie sicher ist dieser Weg?

Geh wieder in die neutrale Sichtweise! Schau dir die drei Möglichkeiten an, die du hast. Du hast die neutrale Sichtweise und die beiden vor dir. Mit welcher Sichtweise bist du am sichersten? Die Frühmenschsichtweise ist es sicherlich nicht, oder? Und welche der anderen beiden Sichtweisen ist sicherer? Ist es die neutrale Sichtweise? Hier würdest du wenigstens nicht von deinen schlechten Gefühlen übermannt. Du hättest allerdings auch keine guten mehr. Ist dies also die sicherste Position? Sicherlich nicht. Die sicherste Position ist die des Neuzeitmenschen. Er ist immer im Vollbesitz seiner geistigen und körperlichen Kräfte. Er nutzt sein gesamtes Potenzial und sieht die Welt, wie sie wirklich ist. Er ist im Gegensatz zum Frühmenschen nicht realitätsfremd.

Natürlich kannst du jetzt nicht sofort der Neuzeitmensch sein und alle deine Probleme bereits aufgelöst haben. Darum geht es bei dieser Maßnahme auch nicht. Du sollst dich nicht in den perfekten Menschen hineinversetzen, sondern in den Menschen, der noch genau die gleichen Probleme hat wie du, aber sie anders anpackt. Die Position des Neuzeitmenschen symbolisiert deine Sichtweise der Welt. Sie symbolisiert, dass alle deine Grundmotive permanent erfüllt sind. Um diese Sichtweise geht es, wenn du dich in den Neuzeitmenschen hineinversetzt. Du bist deshalb der Neuzeitmensch, weil du neuzeitlich mit allen Anforderungen des Lebens umgehst.

Die Frühmenschposition hingegen symbolisiert die Sichtweise und Lebensweise des Frühmenschen. Natürlich wirst du nicht wirklich ein Frühmensch, wenn du dich in diese Position versetzt. Du siehst jedoch die Welt so wie er und bekommst durch diese Sichtweise auch von deinen Instinkten Frühmenschgefühle verpasst.

Es geht also bei der Auswahl der Positionen nicht darum, wie du sein willst. Es geht darum, wie du denken und beurteilen willst. Willst du die Welt wie ein Frühmensch oder wie ein Neuzeitmensch sehen? Das ist die Entscheidung, die du mit den drei Positionen herbeiführen kannst.

Wenn du in der Neuzeitmenschposition bleibst, indem du dich häufig daran erinnerst, wie toll die Welt von heute wirklich ist, werden deine guten Gefühle immer einen Vorsprung haben, wenn doch mal ein „so genanntes" Problem auftaucht. So schnell kann dich dann nichts mehr runterziehen. Du bist stabil und nutzt dein vollständiges Potenzial. Deine Instinkte arbeiten perfekt, da sie von der aktuellen Sichtweise der Welt ausgehen und nicht vor jedem Eichhörnchen davonlaufen, weil man ja nicht ausschließen kann, dass es gefährlich sein könnte. Es ist immer sicherer, von der Realität auszugehen als von einer weltfremden Vorstellung von der Welt. In dieser Position ermöglichst du dies deinen

Instinkten. Es ist also auf jeden Fall die sicherste Position. Deine Instinkte arbeiten perfekt, dein Unterbewusstsein kann sein vollständiges Potenzial entfalten und seine Intuition und Kreativität nutzen, dein Verstand arbeitet messerscharf, und zu alledem fühlst du dich glücklich ohne Ende.

Du kannst dich übrigens wieder setzen! Danke, dass du mitgemacht hast. Wie du siehst, hat es sich gelohnt!

Es ist wichtig, dass man diese Positionen wirklich fühlen kann. Wenn man sich nicht wirklich hineinversetzt, betrachtet man alles aus der neutralen Position heraus. Alles bleibt graue Theorie. Dem Unterbewusstsein und den Instinkten ist diese Theorie nicht genug. Sie treffen nur dann eine Entscheidung, wenn sie gefühlt haben, dass es wirklich sicherer ist, die Welt neuzeitlich zu sehen.

Lass also deinen Gesprächspartner in diesem Beratungsschritt fühlen, dass es am sichersten ist, die Welt neuzeitlich zu sehen. Sobald er dies fühlt, wird er es unbewusst und damit vollautomatisch tun. Genau das ist das Ziel dieses und des nachfolgenden Beratungsschrittes.

Erkläre deinem Gesprächspartner also zunächst die drei Sichtweisen und lass ihn sich hineinversetzen. Sinnvoll ist es, wenn du überprüfst, ob er sich tatsächlich in diese Sichtweisen hineinversetzt. Bevor er das nicht wirklich tut, brauchst du kein Problem anzusprechen, um die Sicherheit der Neuzeitsichtweise auszuprobieren.

Lass ihn also in alle drei Sichtweisen hineingehen und schau dir genau an, wie er sich dort fühlt. Wenn er es fühlen kann, dann lass ihn zunächst in der neutralen Sichtweise nach einem Problem suchen.

Wenn er eines gefunden hat, soll er sich in den Neuzeitmenschen hineinversetzen. Wenn du siehst, dass er sich fühlt wie der Neuzeitmensch, dann erinnere ihn an sein Problem. Wie sieht er das Problem aus dem Blickwinkel des Neuzeitmenschen? Wie viel Zuversicht spürt er, dass er das Problem lösen kann?

Dein Gesprächspartner sollte sich bei dem Gedanken an das Problem gut fühlen. Er erkennt, dass es kein Problem, sondern ein Ziel ist, für dessen Erreichung er ein großes Potenzial mitbringt. Wenn er das nicht fühlen kann, hat er sich nicht wirklich in die Sichtweise des Neuzeitmenschen hineinversetzt. Wenn das so ist, dann hilf ihm, es besser fühlen zu können! Geh mit ihm gemeinsam noch einmal ein paar Bestätigungen durch, dass seine Grundmotive alle erfüllt sind. Sobald er dies fühlen kann, erinnere ihn noch einmal an sein Problem.

Lass ihn danach die Sichtweise des Frühmenschen einnehmen und sich emotional richtig dort hineinversetzen. Bevor er dort hineinwechselt, sollte er jedoch in der neutralen Sichtweise gewesen sein. Es ist wichtig, dass er die Gefühle des Neuzeitmenschen nicht in die Frühmenschposition mit hineinnimmt. Die Gefühle würden sich vermischen, und unser Gesprächspartner könnte nicht mehr wirklich überprüfen, welche Vorgehensweise tatsächlich sicherer ist – die des Frühmenschen oder die des Neuzeitmenschen.

Nachdem sich dein Gesprächspartner in der neutralen Sichtweise wieder als Zuschauer fühlt, kannst du ihn in die Frühmenschposition gehen lassen. Hilf ihm dabei, sich wieder wirklich in diese Sichtweise der Welt hineinversetzen zu können.

Wenn er sich fühlt wie der Frühmensch, soll er wieder an sein Problem denken. Wie groß erscheint ihm das Problem jetzt? Wie zuversichtlich ist er jetzt, dass er sein Problem lösen kann?

Er wird sich richtig schlecht fühlen. Von seinem vollständigen Potenzial ist kaum etwas zu sehen. Dein Gesprächspartner wird sofort erkennen, dass dies nicht der richtige Zustand ist, um sein Problem zu lösen. Lass ihn also zurück in die neutrale Sichtweise gehen! Frage ihn dann, welche der drei Positionen für ihn die sicherste war. Er wird sicherlich die Position des Neuzeitmenschen wählen. Lass ihn sich also wieder dort hineinversetzen und sein „Problem" betrachten. Danach sollte er noch einmal in die Sichtweise des Frühmenschen gehen, um sich davon zu überzeugen, dass diese Position wirklich nichts taugt. Am besten lässt du ihn mehrfach die Positionen wechseln. Seine Sicherheit, dass der Neuzeitmensch die beste Sichtweise des Lebens ist, wird damit immer größer.

In diesem Beratungsschritt wird es also sehr emotional. Unser Gesprächspartner kann spüren, was für ihn der richtige Weg ist.

Abschließend sollten wir uns mit ihm über die Auswirkungen auf sein Umfeld reden, wenn er bei seinem Problem in die Sichtweise des Neuzeitmenschen geht. Wie werden die Menschen auf ihn reagieren, die mit diesem Problem zu tun haben? Wie wird er sich verhalten? Was genau wird er tun?

Wir reden also mit unserem Gesprächspartner kurz über seine Ideen, wie er mit dem Thema von nun an umgehen will.

Beratungsschritt 6: Generalisierung der Entscheidung

Damit das Unterbewusstsein unseres Gesprächspartners tatsächlich vollautomatisch sein gesamtes Denken und Handeln auf der Neuzeitsichtweise der Welt aufbaut, muss es erkennen können, dass dies immer den sichersten und effektivsten Weg für jede Lebenssituation darstellt.

Am einfachsten erreichen wir dies, wenn wir genauso vorgehen wie im letzten Beratungsschritt. Lassen wir unseren Gesprächspartner also wieder aufstehen und sich in die verschiedenen Sichtweisen hineinversetzen. Dabei gehen wir alle möglichen Probleme und Ziele durch, die man im Leben haben kann.

Unser Gesprächspartner könnte zum Beispiel ein Problem mit dem Erwünschtsein haben. Möglicherweise macht er sich Sorgen um seinen Selbstwert. Dieses Problem haben sehr viele Menschen.

Sollte unser Gesprächspartner bei diesem Thema Resonanz zeigen, würden wir mit ihm wieder die drei Sichtweisen durchgehen und ihn entscheiden lassen, welche Sichtweise für dieses Thema die sicherste ist.

Wenn du einen Freund berätst, dann kennst du seine Probleme sicherlich recht gut. Du würdest also mit ihm alle möglichen Themen durchgehen und ihn überprüfen lassen, welche Sichtweise die beste ist.

Du solltest bei der Neuzeitmenschsichtweise immer darauf achten, dass dein Gesprächspartner wirklich fühlt, dass seine Grundmotive alle erfüllt sind. Wenn dies nicht ausreichend der Fall ist, hilft ihm, Bestätigungen für jedes Grundmotiv zu finden.

Das Gleiche gilt für die Frühmenschsichtweise. Auch hier sollte er die Gefühle dieser Sichtweise der Welt empfinden. Tut er es nicht ausreichend, hilf ihm, die Sichtweise des Frühmenschen stärker anzunehmen. Geh mit ihm gemeinsam mögliche Anzeichen durch, welche eine Gefahr aufzeigen, dass seine Grundmotive nicht erfüllt sein könnten. Diese Anzeichen bauen natürlich darauf auf, dass er die Frühmenschsichtweise der Welt zugrunde legt. Eine Ablehnung ist also deshalb eine Gefahr für das Erwünschtsein, weil er in seiner Vorstellung nur ein sehr kleines Rudel hat.

Hilf ihm also, diese Sichtweise anzunehmen und sie zu fühlen. Danach lass ihn die beiden Sichtweisen ausprobieren. Er wird sich sehr schnell für den Neuzeitmenschen entscheiden. Hier hat er die besten Gefühle, die beste Wirkung auf andere Menschen, und er ist im Vollbesitz seiner geistigen Kräfte. Er handelt mit Herz und Verstand.

Auf diese Art und Weise solltest du mit deinem Gesprächspartner alle möglichen Themen durchgehen, mit denen man ein Problem haben könnte. Sein Unterbewusstsein braucht mehrere Referenzerfahrungen, bevor es sich generell für die Sichtweise des Neuzeitmenschen entscheiden kann.

Achte während des gesamten Entscheidungsprozesses darauf, dass er die Gefühle der einzelnen Sichtweisen wirklich fühlt. Mit jedem weiteren Thema steigt die Gewissheit deines Gesprächspartners, dass die Neuzeitsichtweise, tatsächlich der sicherste und effektivste Weg ist.

Wichtig ist bei diesem Beratungsschritt, dass du jeden Erfolg deines Gesprächspartners ausgiebig mit ihm feierst und dich mit ihm gemeinsam in die Begeisterung für die

neue Lebensweise hineinsteigerst. Mach eine Party aus diesem Beratungsschritt! ☺

Sobald das Unterbewusstsein deines Gesprächspartners erkennt, dass es immer sicherer ist, in der Neuzeitsichtweise zu bleiben, wird er sich automatisch immer wieder an die Wirklichkeit von heute erinnern. Er wird dadurch sicherheitshalber ständig glücklich sein! Das ist unser Ziel.

Niemand wird sich auf Dauer im Alltag ständig bewusst daran erinnern, dass er in der Neuzeit lebt. Wir brauchen also unser Unterbewusstsein, damit es diesen Job übernimmt. Das Unterbewusstsein tut dies sofort, wenn es erkennt, dass dies immer der sicherste und effektivste Weg für jede Zielsetzung und jede Problemlösung ist. Um dies zu erkennen, braucht es wie gesagt ausreichend Beweise dafür. In diesem Beratungsschritt geben wir dem Unterbewusstsein diese Beweise.

Standardmäßig sollten wir mit unserem Gesprächspartner folgende Themen durchgehen:

- **Schutz vor emotionaler Verletzung**
- **Respektieren seiner Grenzen**
- **Schlechte Gefühle vermeiden**
- **Gefahren für Leib und Leben vermeiden**

Die meisten Menschen haben Angst, vor einer emotionalen Verletzung. Wir alle haben dies schon mehrfach erlebt. Niemand wird gerne verletzt. Letztendlich sind emotionale Verletzungen jedoch lediglich Vermeidungsgefühle unserer Instinkte. Es sind also Gefühle, die wir uns selbst machen.

Die meisten Menschen gehen zum Schutz vor Verletzung den gleichen Weg. Sie machen die Menschen, die sie verletzen könnten, einfach ein bisschen unpassend. Jemand, zu dem man nicht so starke Zuneigungsgefühle empfindet, kann einen auch nicht so stark verletzen.

Damit haben diese Menschen zwar keinen hundertprozentigen Schutz vor Verletzung, aber es ist wenigstens nicht so schlimm. Dummerweise machen sie sich jedoch damit ihre Beziehung oder ihre Freundschaften kaputt.

Wir lassen unseren Gesprächspartner mit diesem Thema einfach wieder in die drei verschiedenen Sichtweisen gehen. Als Frühmensch wird er sein Gegenüber unpassend machen. Wir lassen ihn spüren, dass diese Maßnahme keinen wirklichen Schutz vor Verletzung darstellt und nebenbei auch noch sehr viele Nachteile mit sich bringt.

Danach soll er sich in die Sichtweise des Neuzeitmenschen versetzen und spüren, dass er hier gar nicht verletzt werden kann. Die Neuzeitsichtweise stellt den größtmöglichen Schutz vor Verletzung dar. Wozu sollte er seinen Instinkten vorgaukeln, dass irgendwelche Grundmotive nicht erfüllt sind? Nur so könnte er seinen Instinkten nämlich ein Verletzungsgefühl entlocken. Es hat keinen Sinn, so vorgehen zu wollen und sich selbst zu verletzen. Unser Gesprächspartner wird spüren, dass er alles hat, was er zum Glücklichsein braucht. Er wird spüren, dass er in dieser Sichtweise gar nicht verletzbar ist und darüber hinaus auch noch das sinnvollste Verhalten an den Tag legen kann, das er in solch einer Situation ausleben kann.

Wir lassen unseren Gesprächspartner so oft durch die verschiedenen Sichtweisen gehen, bis er sich für die Neuzeitsichtweise entscheiden kann. In aller Regel ist das beim ersten Durchlauf schon der Fall.

Danach sprechen wir unser Gegenüber darauf an, dass andere Menschen seine Grenzen respektieren sollten. Wir lassen ihn einmal hineinspüren, ob er als Neuzeitmensch überhaupt noch Grenzen setzen kann. Er wird erkennen, dass er dies sogar mit guten Gefühlen und mit einer viel größeren Bestimmtheit tun kann als in der Frühmenschsichtweise. Er weiß genau, was er will und was nicht, und strahlt dies auch aus. Er hat keine Angst davor, einsam zu werden, weil ihn sein Gegenüber ablehnen könnte. Ebenfalls hat er keine Angst davor, dass sein Gegenüber ihm Gewalt antun könnte. Er wirkt also in dieser Sichtweise viel stärker und sicherer als in der Frühmenschsichtweise. Unser Gesprächspartner wird spüren, dass auch bei diesem Thema der Neuzeitmensch den sichereren Weg darstellt.

Ein ganz wichtiger Punkt bei unserer Umsetzung ist der Umgang mit schlechten Gefühlen. Du kannst dich sicherlich an den ersten Teil dieses Buches erinnern, in dem ich dargestellt habe, dass man sich noch schlechter fühlt, wenn man schlechte Gefühle vermeiden will. Man ruft Vermeidungsgefühle hervor, um die Vermeidungsgefühle zu vermeiden. Das wäre die Vorgehensweise des Frühmenschen!

Lassen wir unseren Gesprächspartner spüren, wie der Frühmensch sich dabei fühlt, wenn er schlechte Gefühle vermeiden will. Wir könnten ihn dafür zum Beispiel bitten, daran zu denken, dass er sich von bestimmten Menschen nicht emotional runterziehen lassen will. Welche Gefühle hat er, wenn er vermeiden will, dass er runtergezogen wird? Logisch, er hat schlechte Gefühle. Er muss also gar nicht erst warten, bis ihn jemand tatsächlich runterzieht. Er macht das schon im Voraus allein.

In der Neuzeitsichtweise wird unser Gesprächspartner spüren, dass seine guten Gefühle alle schlechten Gefühle vertreiben. Er erkennt, dass der sicherste Weg, schlechte Gefühle zu vermeiden, darin besteht, sich gute zu machen – und zwar indem er sich daran erinnert, wie toll die Welt von heute in Wirklichkeit ist. Alle Grundmotive sind ständig erfüllt.

Ein sehr wichtiger Punkt in unserer Beratung ist das Vermeiden von Gefahren. Hier ist es wichtig, unseren Gesprächspartner deutlich spüren zu lassen, dass seine Instinkte auch als Neuzeitmensch noch auf alle Gefahren achten. Sie machen ihren Job sogar noch viel besser als beim Frühmenschen, weil ihre Aktivität sich auf die wirkliche Welt von heute bezieht und nicht auf eine weltfremde Vorstellung von unserer Realität. Mit einer realistischen Vorstellung von der Welt findet man natürlich sehr viel sinnvollere Lösungen.

Wir lassen unseren Gesprächspartner in die Sichtweise des Frühmenschen gehen und konfrontieren ihn zum Beispiel mit der Situation, dass sein Chef ihm eröffnet, dass sein Job gefährdet ist. Wie fühlt sich der Frühmensch dabei? Welche Ausstrahlung hat er auf seinen Chef? Wie sind seine Chancen, seinen Job zu behalten?

Unser Gesprächspartner wird mit unserer Hilfe erkennen, dass diese Sichtweise der Welt sehr viele Gefahren mit sich bringt. Die Wahrscheinlichkeit, dass er in solch einer Situation seinen Job verliert, ist groß. Danach lassen wir ihn über die neutrale Sichtweise in die Sichtweise des Neuzeitmenschen gehen. Er sucht dort aus Sicherheitsgründen sofort nach Anzeichen, die seinen Instinkten bestätigen, dass seine Grundmotive trotzdem weiterhin erfüllt sein werden. Wir lassen unseren Gesprächspartner beurteilen, ob diese Sichtweise ihm die Souveränität ermöglicht, mit der er die größtmögliche Chance hat, seinen Job zu behalten oder einen noch besseren zu finden. Schnell wird er sich für den sichersten Weg entscheiden. Sobald ihm dann tatsächlich einmal der Chef mit einer Kündigungsdrohung auf die

Pelle rückt, wird er sicherheitshalber automatisch an die Wirklichkeit von heute denken und seine Souveränität hochfahren.

Auf diese Weise gehen wir mit unserem Gesprächspartner alle Gefahren durch, die ihm einfallen. Wir lassen ihn in der neutralen Sichtweise nach diesen Gefahrensituationen suchen und gehen sie dann in den beiden anderen Sichtweisen durch.

Danach werden wir unseren Gesprächspartner ein wenig testen. Wir stellen ihn in die neutrale Sichtweise und sagen ihm, dass wir jetzt etwas sehr Ungewöhnliches und Unberechenbares tun werden. Wir zählen auf drei. Bei drei soll er schnell in die Sichtweise gehen, in der er sich am sichersten fühlt. Wir können in der Situation tatsächlich etwas Ungewöhnliches tun oder einfach nichts. Entscheidend ist, ob unser Gesprächspartner reflexartig in die Neuzeitsichtweise geht.

Dieser Beratungsschritt ist dann beendet, wenn unser Gesprächspartner die Sichtweise des Neuzeitmenschen nicht mehr verlassen will. Er hat seine Entscheidung getroffen.

Um immer in der Neuzeitsichtweise zu bleiben, braucht sich sein Unterbewusstsein nur öfter einmal an die Wirklichkeit von heute zu erinnern. Und wenn an dieser Wahrheit einmal Zweifel aufkommen, dann denkt er an Anzeichen, die seinen Instinkten bestätigen, dass seine Grundmotive tatsächlich alle erfüllt sind.

Beratungsschritt 7: Abschlussentscheidung

Nachdem unser Gesprächspartner diese Entscheidung getroffen hat, sollten wir sicherstellen, dass er damit keinen Unfug anstellt! Viele Menschen kommen an dieser Stelle auf die Idee, dass sie jetzt nach allen Problemen suchen wollen, um sie mit der neuen Methode loszuwerden.

Würde unser Gesprächspartner das tatsächlich tun wollen, hätten wir ihm mit unserer Beratung keinen Gefallen getan. Er würde von nun an ohne Unterlass in seinen Problemen herumkrampfen und unser Glückskonzept zu einem Unglückskonzept umfunktionieren.

Lassen wir ihn also erkennen, welche Möglichkeiten sich durch die neue Lebenssichtweise vor ihm auftun.

Er könnte sein Leben dem Unglück zuwenden, indem er jetzt schnellstmöglich unbedingt alle seine Probleme loswerden will. Oder er könnte sich immer wieder einmal daran erinnern, dass er in der Neuzeit lebt, um damit im ressourcenreichsten Zustand zu bleiben, der menschenmöglich ist.

Diese Entscheidung hätte weitreichende positive Folgen, die ich nachfolgend ausführlich beschreiben möchte.

Neurologisch gesehen besteht eine Problemlösung in der Kopplung von Problem und Lösung. Wir schaffen eine bleibende Nervenverbindung zwischen zwei Gehirnarealen. Das eine Areal beheimatet die Information, die das Problem auslöst, das andere Areal die Information, welche die Probleminformation neutralisiert. Dies ist neurologisch gesehen die einzige Möglichkeit, ein Problem zu lösen. Löschen kann man keine Informationen, ohne die Nervenzellen zu zerstören. Man kann nur Informationen zusammenschalten. Und genau das ist unser primäres Ziel.

Um dies zu erreichen, nutzen wir eine einfache neurologische Gesetzmäßigkeit unseres Gehirns. Sie besteht darin, dass alle Gehirnareale, die gleichzeitig aktiviert sind, miteinander verbunden werden. Wenn zwei Areale in der gleichen Situation aktiviert werden, haben sie offensichtlich beide etwas mit der Situation zu tun und sollten zusammenarbeiten. So denkt unser Gehirn.

Wenn wir also gleichzeitig fühlen können, dass unsere Grundmotive erfüllt sind, und dass wir ein Problem haben, werden diese beiden Gehirnareale miteinander gekoppelt.

Das ist der Grund, warum unser Unterbewusstsein dafür sorgen soll, dass wir immer daran denken, in welcher Welt wir heute wirklich leben.

Stell dir vor, du bekommst täglich 1000 Bestätigungen, dass alle deine Grundmotive erfüllt sind! Was passiert, wenn dann ein Problem aufkommt, das darauf aufbaut, dass deine Grundmotive angeblich nicht erfüllt sein sollen?

Diese beiden Informationen werden zusammengeschaltet. Welche Information wird als Wahrheit erkannt? Die, dass es ein „echtes" Problem ist, oder die, dass es nur ein Denkfehler sein kann, weil du Bestätigungen ohne Ende hast, dass in Wirklichkeit alles in Ordnung ist? Wie wird dein Gehirn entscheiden? Ich denke, die Antwort ist klar!

Auf diese Art und Weise wird jedes Problem, das auf dem Denkfehler aufbaut, unsere Grundmotive seien nicht erfüllt, sofort als falsch erkannt. Das Problem löst sich also sofort in Wohlgefallen auf. Das Schöne dabei ist:

***Jedes* Problem baut auf diesem Denkfehler auf! ☺**

Weiterhin schön ist, dass wir unsere Probleme nicht suchen müssen.

Sie kommen glücklicherweise ganz von allein! ☺

Die Lebenssituationen, die wir bisher als Problem empfunden hatten, werden weiterhin diese Problemgefühle auslösen – zumindest so lange, bis sie mit dem Gefühl, des Erfülltseins aller Grundmotive in Berührung kommen. Wenn dies geschieht, werden wir nie wieder von diesem Problem belästigt. Es ist für alle Zeiten umprogrammiert. Von nun an wird die gleiche Situation immer dafür sorgen, dass wir Glücksgefühle bekommen.

Für die abschließende Entscheidung deines Gesprächspartners wird dieser Zusammenhang sehr wichtig sein. Wenn er für die Funktionsweise des menschlichen Gehirns Beweise braucht, um sich entscheiden zu können, dann findet er diese zum Beispiel in der Literatur zum Thema NLP (Neuro-Linguistisches Programmieren)

Diese neurologischen Zusammenhänge sind schon seit den frühen siebziger Jahren bekannt und werden seither von vielen tausend Therapeuten und Trainern erfolgreich genutzt. Wenn dein Gesprächspartner also skeptisch ist, findet er hier Beweise in Hülle und Fülle.

An dieser Stelle des Gesprächs wird jeder Mensch in eine Begeisterungsekstase verfallen. Das Leben kann so einfach sein! ☺

Ich denke, dies ist Grund genug, mit deinem Gesprächspartner ausgiebig den Beginn eines neuen glücklichen und erfolgreichen Lebensabschnitts zu feiern. Ich wünsche dir viel Spaß dabei!

2.III. Wahrnehmung der Physiologien

Ich bin sicher, dass du die im letzten Kapitel genannten sieben Beratungsschritte mit ein bisschen Übung leicht und kompetent mit deinen Freunden durchgehen kannst. Wenn du dabei noch etwas effektiver werden willst, könnte die Wahrnehmung der Physiologie deines Gesprächspartners eine große Bereicherung sein.

Wie bereits erwähnt, bezeichnen wir mit dem Ausdruck Physiologie den emotionalen Bewusstseinszustand eines Menschen. Die Emotionen eines Menschen verändern nicht nur die Funktionsweise seines Gehirns, sie bestimmen auch die jeweilige körperliche Verfassung. So verändern bestimmte Emotionen die Spannung seiner Muskeln und verändern damit sehr deutlich seine Körperhaltung. Am deutlichsten erkennen wir in unserem Alltag jedoch die Emotionen unseres Gegenübers an dessen Mimik. Auch fällt es uns oft nicht schwer, eine Veränderung in der Durchblutung der Haut bei unserem Gesprächspartner zu sehen. Es fällt uns auf, wenn er plötzlich blass oder rot wird.

Es gibt viele feine Veränderungen im körperlichen Ausdruck eines Menschen, wenn sich seine Emotionen verändern. In unserer praktischen Ausbildung zum Glückstrainer üben wir intensiv, diese feinen Veränderungen im Aussehen wahrzunehmen. Unsere Glückstrainer erkennen zum Beispiel allein schon an der Physiologie, auf welchem Grundmotiv das Problem eines Klienten aufgebaut ist. Sie sehen, wenn er sich Sorgen macht, dass er niemanden mehr finden könnte, der so gut zu ihm passt wie sein Partner. Sie sehen auch, wenn ein Problem eines Menschen darauf aufgebaut ist, dass er Angst vor Gewalt hat. Sie erkennen im Ansatz, welches der sieben Grundmotive intensiver behandelt werden muss.

Es erfordert in der praktischen Ausbildung sehr viel Zeit und Energie, diese Wahrnehmung der Physiologien zu erlernen. Dies würde den Rahmen dieses Buches sprengen.

Die Problemphysiologie deines Gesprächspartners dem entsprechenden Grundmotiv zuordnen zu können, ist jedoch nur notwendig, wenn du beruflich als Glückstrainer arbeitest und dafür Geld verlangst. Diese Wahrnehmung macht den Klienten nicht glücklicher, sie macht die Beratung nur schneller. Das Endresultat ist das gleiche.

Was deine Effektivität auf jeden Fall erheblich erweitern kann, wäre die Fähigkeit, die Problemphysiologie von der Zielphysiologie unterscheiden zu können. Wann immer du während des Gesprächs eine Problemphysiologie bei deinem Gesprächspartner erkennst, solltest du ihn wieder dort herausholen und in die Zielphysiologie bringen. Du springst also in solch einem Fall in den zweiten Beratungsschritt zurück. Die einzige Ausnahme bildet das Hineinversetzen in die Frühmenschsichtweise. Hier sollte dein Gesprächspartner natürlich eine Problemphysiologie zeigen. An dieser Physiologie kannst du erkennen, dass er sich wirklich in diese Sichtweise hineinversetzt hat.

Im Gegensatz dazu sollte er in der Neuzeitsichtweise natürlich eine ausgeprägte Zielphysiologie zeigen. Daran wirst du erkennen, ob er wirklich fühlt, dass seine Grundmotive alle erfüllt sind.

Weiterhin kannst du deine Effektivität sehr leicht steigern, wenn du erkennen kannst, ob dein Gesprächspartner dir unbewusst zustimmt oder nicht. Dies ist in allen Beratungsschritten von Relevanz, in denen du ihm etwas erklärst. Ebenfalls solltest du sehen können, ob er deinen Ausführungen glaubt oder ob er skeptisch ist.

Diese Wahrnehmungen können dich in deiner Beratung sehr viel effektiver machen. Sie sind leicht zu erlernen. Im Grunde genommen musst du dies noch nicht einmal lernen. Jedes Kind erkennt diese Physiologien von Geburt an. Es ist uns in die Gene gelegt, diese Physiologien unbewusst wahrzunehmen.

Um die Physiologien zu erkennen, solltest du mehr auf dein inneres Gefühl achten als auf das Aussehen deines Gesprächspartners. Schau für ein paar Sekunden hin und spüre dann in dich hinein. Wie gesagt erkennst du die Physiologie deines Gesprächspartners unbewusst sowieso. Jetzt gilt es, diese Wahrnehmung ins Bewusstsein zu holen. Das gelingt am leichtesten, wenn du auf dein Gefühl achtest.

Du wirst spüren, wenn dein Gesprächspartner die Angelegenheit als ein Problem empfindet. Du wirst es jedenfalls sehr viel besser in dir spüren, als dass du es in seinem Gesicht bewusst ablesen kannst.

Mach dir also die Wahrnehmung der Physiologien einfach, indem du für ein paar Sekunden hinschaust und dann auf dein eigenes Gefühl achtest. Wenn du so vorgehst, ist die Wahrnehmung der Physiologien eine Kleinigkeit!

Folgende Physiologien sind also für deine Beratung von größerer Bedeutung:

Problemphysiologie

Die meisten Menschen erkennen, wenn es jemandem nicht gut geht. Das ist kein Hexenwerk. Was du diesbezüglich üben kannst, bringt nur ins Bewusstsein, was du ohnehin schon beherrschst. Achte auf dein Gefühl, wenn du spürst, dass jemand in der Problemphysiologie ist.

Zielphysiologie

Wie sieht jemand aus, der überlegt, was er will? Er sieht nachdenklich aus. Aber er sieht nicht aus, als hätte er ein Problem. Sein Ausdruck ist positiv, mitunter sogar begeistert. Er sieht optimistisch aus. Ich vermute, auch diese Physiologie kannst du bereits deutlich erkennen, wenn du darauf achtest.

Achte auch bei dieser Physiologie auf das charakteristische Gefühl, das sich in dir einstellt, wenn dein Gegenüber in der Zielphysiologie ist.

Zustimmung und Verneinung

In diesem Punkt wird es ganz schwierig. ☺ Spaß beiseite: Die meisten Menschen nicken so deutlich mit dem Kopf, wenn sie uns zustimmen, dass es uns gar nicht *nicht* auffallen kann. Ebenfalls schütteln sie genauso deutlich ihren Kopf, wenn sie uns nicht zustimmen können und unsere Aussage ablehnen. Gelegentlich sind diese Physiologien auch etwas versteckter. Der Kopf bewegt sich kaum. Und dennoch spüren wir an unserem Gefühl sehr leicht, ob andere Menschen uns zustimmen oder nicht. Finde auch hier heraus, welchen Unterschied es in deinem Gefühl macht, wenn dir jemand zustimmt oder wenn er dir nicht zustimmen kann.

Glaube und Skepsis

Diese beiden Physiologien sehen sehr ähnlich aus wie Zustimmung und Verneinung. Dennoch erkennen wir einen Unterschied, wenn wir genau hinschauen. Wenn jemand uns momentan zustimmt, heißt das noch lange nicht, dass er uns wirklich glaubt. Wenn jemand von unserer Aussage überzeugt ist, zeigt er eine sehr viel ausgeprägtere Physiologie. Man sieht ihm an, dass diese Aussage für ihn von großer Bedeutung ist.

Die Physiologie der Skepsis ist noch sehr viel leichter zu erkennen. Diesen Ausdruck im Gesicht erkennt jeder! Vor allem spürt jeder diesen Unterschied. Finde also auch hier heraus, wie sich die beiden Physiologien anfühlen.

Wahrnehmungsübungen:

a.) Schau dir Talkshows im Fernsehen an und achte darauf, ob die Leute zielorientiert oder problemorientiert sind und aussehen. Wie fühlen sich die beiden Physiologien für dich an, wenn du andere Menschen beobachtest?

b.) Diese Übung wird am besten mit mehren Leuten durchgeführt: Einer denkt abwechselnd an etwas, das ein Problem darstellen würde, und dann an ein Ziel, das ihn positiv motiviert. Die anderen sollen erraten, ob er an das Problem oder an das Ziel denkt.

c.) Beobachte Menschen im Fernsehen oder im wirklichen Leben und schau dir bewusst an, wie sie aussehen, wenn sie einer Aussage zustimmen oder wenn sie sie verneinen. Achte auch hier intensiv auf die beiden verschiedenen Gefühle, die sich dabei in dir einstellen.

d.) Diese Übung wird am besten wieder mit mehreren Leuten durchgeführt: Einer denkt abwechselnd an etwas, wovon er überzeugt ist und an etwas, woran er zweifelt. Die anderen raten, an was er denkt. Beachte die verschiedenen Gefühle, die sich dabei in dir einstellen.

e.) Schau dir im Fernsehen oder auf der Straße Menschen an, wenn sie sich unterhalten. Achte darauf, ob sie skeptisch oder überzeugt aussehen. Achte weiterhin auf ihre Körpersprache hinsichtlich Zustimmung und Verneinung. Die meisten Menschen nicken unbewusst sehr deutlich mit dem Kopf, wenn sie zustimmen und schütteln ihn, wenn sie verneinen.

f.) Diese Übung wird am besten wieder mit mehreren Leuten durchgeführt: Einer erzählt den anderen irgendeine unglaubliche Story. Sie kann wahr sein oder auch erfunden. Ziel dieser Übung ist es nicht, den anderen einen Bären aufzubinden, sondern nur deren Physiologien zu beachten – und zwar während man sich eine Story ausdenkt. Dies entspricht in etwa den Anforderungen, die in einem echten Beratungsgespräch vorliegen.

2.IV. Auswahlkriterien

Natürlich verfügst du bei jedem Beratungsschritt über eine Vielzahl verschiedener Maßnahmen. Du triffst also ständig unbewusst eine Auswahl. Nachfolgend wollen wir uns einmal anschauen, ob wir deine unbewusste Auswahl noch ein wenig optimieren können.

1. Sich mit der Maßnahme wohl fühlen

Das erste Auswahlkriterium für eine Maßnahme besteht darin, dass wir selbst uns mit dieser Maßnahme wohl fühlen sollten. Manchmal ist es zum Beispiel gut, jemanden durch völlig unangemessene Verhaltensweisen aus seiner Problemphysiologie herauszuholen. Jemand erzählt uns unter Tränen sein größtes Lebensproblem, und wir schreien erfreut: „Geil! Endlich mal ein spannendes Problem!"

Nicht jeder würde sich mit solch einer Maßnahme gut fühlen. Dein Gesprächspartner geht sicherlich empört aus seiner Problemphysiologie heraus. Es könnte jedoch sehr gut sein, dass er auch den Raum verlässt und von dir nichts mehr wissen will.

Ich persönlich mag diese Maßnahme sehr gerne. Ich mag sie, weil sie ein tatsächlicher Ausdruck meiner Freude über ein „echtes Problem" ist. Meine Klienten erkennen normalerweise, dass ich mich nicht über sie lustig mache, sondern mich tatsächlich darauf freue, diese knifflige Aufgabe zu lösen. Daher sehen sie meine Maßnahme nicht als Angriff auf ihre Ehre, sondern als Ausdruck meines Selbstvertrauens. (Gelegentlich greife ich mit dieser Maßnahme jedoch wirklich ins Klo!)

Was auch immer wir tun, wir sollten uns dabei wohl fühlen. Das ist das erste Auswahlkriterium bei der Auswahl der geeigneten Maßnahme.

Weiterhin sollte unsere Maßnahme auf unser Gegenüber abgestimmt sein. Wenn wir einen gewaltbereiten, 2,40 Meter großen Schlägertypen vor uns sitzen haben, ist Provokation möglicherweise nicht die richtige Maßnahme! Ich vermute jedoch, dass du kaum einen solchen Menschen zu deinem Freundeskreis zählst!

2. Einschätzung anderer Menschen

Wir wollen es unserem Gesprächspartner so leicht wie möglich machen. Manche Menschen werden sehr viel mehr von ihren Emotionen dominiert und andere wieder stärker durch ihren Verstand. Für beide Gruppen würden wir sicherlich unterschiedliche Maßnahmen auswählen.

Wir wählen also eine Maßnahme aus, die zu unserem Gesprächspartner passt. Dazu müssen wir ihn natürlich einschätzen können. Wir achten dazu auf viele verschiedene Merkmale seiner Persönlichkeit.

Glücklicherweise ist unser Unterbewusstsein auf diese Einschätzung bereits trainiert. Nach einer aktuellen Sozialstudie ist das Gefühl, das wir unbewusst zu einem fremden Menschen in den ersten Sekunden entwickeln, bereits zu 95 Prozent stimmig.

Wir müssen uns also nicht bewusst anstrengen, um unseren Gesprächspartner einzuschätzen. Wir erkennen die meisten Merkmale seiner Persönlichkeit auf den ersten Blick.

So nehmen wir zum Beispiel sehr schnell seine Charaktereigenschaften wahr. Selbstbewusste Menschen unterscheiden wir in der ersten Sekunde von ängstlichen. Wir erkennen auch sehr schnell, ob unser Gegenüber ein eher dominanter oder zurückhaltender Typ ist.

Nach wenigen Minuten kennen wir seine Stärken und Schwächen. Unser Unterbewusstsein meistert diese Einschätzung mit Bravour. Sobald wir uns für die Charaktermerkmale eines Menschen interessieren, geben wir unserem Unterbewusstsein einen Einschätzungsauftrag. Mehr als unser Interesse ist dazu nicht notwendig.

Folgende Persönlichkeitsmerkmale sind hierzu von Bedeutung:

- Charaktereigenschaften
- Stärken und Schwächen
- Wertmaßstäbe und Moralvorstellungen
- Wünsche, Ziele, Bedürfnisse
- Probleme und Ängste

Wenn uns diese Persönlichkeitsmerkmale interessieren, haben wir nach wenigen Minuten ein gutes und umfassendes Bild unseres Gesprächspartners. Es stimmt zumindest zu ca. 95 Prozent, was für unsere Zwecke normalerweise durchaus ausreichend ist.

Da du vermutlich vor allem deine Freunde und Bekannten beraten wirst, hast du sie ohnehin schon eingeschätzt. Du kennst sie ja. Es wird dir also ein Leichtes sein, deine Maßnahmen auf sie abzustimmen.

Wir haben also schon zwei von drei Auswahlkriterien zur Auswahl der geeignetsten Maßnahme erfüllt.

Als drittes Auswahlkriterium sollte die Maßnahme, die wir auswählen, natürlich zur momentanen emotionalen Verfassung unseres Gesprächspartners passen. Du erkennst diese Verfassung an seiner Physiologie.

Die Auswahlkriterien noch einmal im Überblick:

- Wir selbst sollten uns mit der Maßnahme wohl fühlen.
- Die Maßnahme sollte auf die Persönlichkeit unseres Gesprächspartners abgestimmt sein.
- Sie sollte zu der momentanen emotionalen Verfassung unseres Gesprächspartners passen.

Übung:

Wenn du deinen unbewussten Auswahlprozess optimieren möchtest, dann schlage ich dir vor, folgende Übung zu machen: Schau dir alle möglichen Menschen an und versuche, sie gemäß den oben genannten Persönlichkeitsmerkmalen einzuschätzen. Wenn möglich, solltest du diese Übung mit anderen Leuten gemeinsam machen, um eine Gegenkontrolle zu haben. Überlege dir dann, wie du in den verschiedenen Beratungsschritten mit ihnen umgehen würdest.

Auf diese Weise solltest du mehrere Menschen durchgehen. Es wird dich in deiner Beratung sehr viel effektiver machen, wenn du dir angewöhnt hast, die Persönlichkeit und den emotionalen Zustand deines Gesprächspartners zu berücksichtigen. Es wird dich effektiver machen, und das Gespräch wird für beide Seiten angenehmer.

2.V. Problemlisten

Die Lösung von Problemen sollte dir möglichst unwichtig sein, wenn du deinen Freunden helfen willst, ihren Lebensweg dem Glück zuzuwenden.

Wie du weißt, vollzieht sich 80 Prozent deiner Kommunikation nonverbal. Wenn dir die Probleme deiner Freunde und Bekannten wichtig sind, wirst du diese Wichtigkeit auch ausstrahlen und ihnen das Gefühl geben, dass sie diese Probleme lösen müssen.

Das wäre natürlich genau das Gegenteil von dem, was du in der Beratung erreichen willst. Du willst deine Freunde erkennen lassen, dass der sicherste Weg zu einem glücklichen und erfolgreichen Leben darin besteht, sich daran zu erinnern, dass ihre Grundmotive alle erfüllt sind und sie damit alles haben, was sie brauchen, um glücklich zu sein. Wenn sie das tun, lösen sich alle ihre Probleme über kurz oder lang sowieso von selbst auf.

Damit du ihnen noch besser dabei helfen kannst, diese Entscheidung zu treffen, ist es hilfreich, wenn du ihre Probleme den jeweiligen Grundmotiven zuordnen kannst.

Du könntest auf die Bestätigungen, dass gerade diese Grundmotive bereits erfüllt sind, einen besonderen Wert legen und deine Freunde damit leichter erkennen lassen, dass sie in Wirklichkeit kein Problem, sondern nur ein Ziel haben, das sie gerne erreichen wollen, aber nicht müssen.

Du kennst deine Freunde. Du weißt grundsätzlich, welche Probleme sie haben. Mit den nachfolgenden Listen möchte ich dir die Gelegenheit geben, ein gutes Gefühl dafür zu entwickeln, welche Probleme grundsätzlich auf welchen Grundmotiven aufgebaut sein können. Damit wirst du die Gefühle deiner Freunde noch besser verstehen lernen.

Die nachfolgenden Listen erheben keinen Anspruch auf Vollständigkeit. Auch sollten sie nicht allzu dogmatisch gesehen werden. Viele der genanten Probleme können gleich mehreren Grundmotiven zugeordnet werden. Die Beispiele dienen lediglich als grobe Richtlinie.

Wie du weißt, ist es immer wichtig, dass man im Hinterkopf behält, was man tut und warum man es tut. Ich betone dies noch einmal, weil die Problemlisten dazu verleiten könnten, die Lösung aller Probleme als wichtig anzusehen.

Nutze die nachfolgenden Listen deshalb ausschließlich für folgende Zielsetzung:

Entwickle ein Gefühl dafür, auf welchen Grundmotiven Probleme aufgebaut sein können.

Dieses Gefühl ermöglicht es dir, deinen Freunden noch leichter bewusst machen zu können, dass in ihrem Leben alles in bester Ordnung ist. Behalte in Erinnerung, dass es dir nicht darum geht, die Probleme deiner Freunde zu lösen, sondern ihre Probleme lediglich zu nutzen, um ihnen den Weg in ein glückliches und erfolgreiches Leben aufzuzeigen. Probleme sind nur Gelegenheiten, andere Menschen zum Glück zu inspirieren.

1. Passen

Die Probleme, die aus diesem Grundmotiv heraus entstehen, beziehen sich immer darauf, dass andere Menschen uns nicht gut genug sind. Wir wollen, dass sie hundertprozentig zu uns passen. Wir versuchen, sie deshalb unseren Bedürfnissen anzupassen. Wir manipulieren und erziehen. Wir lehnen ab und kritisieren.

Wir unterteilen dieses Grundmotiv in drei Untermotive und ordnen ihnen mehrere mögliche Problemstellungen zu:

a.) Gemeinsamkeiten

- Zu wenig gemeinsame Interessen
- Zu wenig gemeinsame Eigenschaften
- Unterschiedliche Lebensziele, z. B. Kinderwunsch
- Ungleicher Geschmack
- Ungleiche Verhaltensweisen
- Meinungsverschiedenheiten

b.) Ergänzungen

- Zu wenig ergänzende Fähigkeiten
- Störende Eigenschaften
- Mangel an ergänzenden Interessen oder Zielen

c.) Anforderungskatalog

- Probleme mit dem äußeren Erscheinungsbild
- Ablehnung der gesellschaftlichen Stellung
- Nicht akzeptierter Lebensstandard
- Sich nicht beschützt fühlen
- Nichtakzeptanz charakterlicher Schwächen

2. Erwünschtsein

Auch dieses Grundmotiv unterteilen wir in drei Untermotive und ordnen diesen mehrere mögliche Probleme zu:

a.) Interessant sein

Desinteresse wird von einem Menschen, der Angst hat, nicht erwünscht zu sein, als große Gefahr gesehen. Er zeigt im Allgemeinen diese Folgeprobleme:

- Übersteigertes Bedürfnis nach Anerkennung und Wertschätzung
- Übersteigertes Bedürfnis nach Aufmerksamkeit
- Übersteigertes Bedürfnis, begehrt zu werden
- Schlechtes Selbstwertgefühl
- Angst, in der Masse unterzugehen

b.) Beziehungssicherung

Menschen, die Angst haben, verlassen zu werden, haben meistens folgende Probleme:

- Zweckpessimismus und Misstrauen anderen Menschen gegenüber
- Zweifel daran, wirklich gemocht oder geliebt zu werden
- Mangel an Zuneigungsbeweisen
- Unfähigkeit, eine feste Bindung einzugehen, weil sie nicht enttäuscht werden wollen
- Zweifel daran, wirklich liebenswert zu sein
- Angst, nicht gut genug zu sein

- Angst, falsch verstanden zu werden
- Angst, etwas falsch zu machen
- Angst, dass man böse auf sie sein könnte
- Große Probleme mit Schuldzuweisung
- Kompromissbereitschaft bis zur Selbstaufgabe

c.) Dazugehören

Die Angst vor Ausgrenzung und allen Gefahren, die damit zusammenhängen, ist für einen Menschen, der ein ernsthaftes Problem mit dem Erwünschtsein hat, ein großes Thema. Zu dieser Kategorie gehören unter anderem folgende Probleme:

- Übersteigerte Ablehnung von Ungerechtigkeiten oder Unfairness
- Übersteigerte Ablehnung gegenüber Rücksichtslosigkeit und Egoismus
- Probleme mit mangelnder Kompromissbereitschaft anderer Menschen
- Sich im Stich gelassen fühlen
- Übersteigertes Bedürfnis, respektiert und geachtet zu werden
- Übersteigertes Bedürfnis, Verantwortung übernehmen zu wollen
- Angst, dass man schlecht über einen denken könnte
- Angst, eine Belastung für andere zu sein oder als solche gesehen zu werden
- Angst, Fehler zu machen
- Angst, einen falschen Eindruck zu hinterlassen

- Perfektionismus
- Probleme mit Schuldzuweisung oder Kritik
- Zwang, es allen recht zu machen

3. Schutz

Jeder von uns hat Angst vor Gewalt. Diese Angst ist uns genetisch in die Wiege gelegt. Manche von uns haben jedoch mit diesem Thema ein ernsthaftes Problem, weil sie jede Gefahr einer Gewalttat hundertprozentig ausschließen wollen. Da dies nicht möglich ist, gehen sie aus Sicherheitsgründen vom Schlimmsten aus. Sie argumentieren damit, dass man diese Gefahr nicht ausschließen kann.

Die Symptome dieser Angst sehen unter anderem folgendermaßen aus:

- Angst, andere Menschen zu konfrontieren
- Angst, seine Meinung zu vertreten
- Übersteigerte Angst vor fremden Menschen
- Nicht vertrauen können
- Übersteigerter Respekt gegenüber einem Vorgesetzten
- Angst, Entscheidungen zu treffen
- Angst, Fehler zu machen
- Sich nicht in seiner vollen Größe zeigen wollen

4. Überlebenssicherung

Wenn wir ein Problem mit unserer Überlebenssicherung haben, dann empfinden wir Existenzangst. Diese zeigt sich unter anderem in den folgenden Varianten:

- Angst, nicht genug Geld zu haben
- Angst, den Job zu verlieren
- Angst, krank zu werden
- Angst, den Partner zu verlieren
- Angst, auf der Parkbank zu landen

5. Freiheit

Dieses Grundmotiv innerhalb unseres Vergnügungstriebes zieht sehr viele Beziehungsprobleme in einer Partnerschaft oder Freundschaft nach sich. Auch sorgt es in unserem Berufsalltag für ständige zwischenmenschliche Machtkämpfe. Aus diesem Grundmotiv entstehen unter anderem folgende Problemstellungen:

- Aggressives und verletzendes Verhalten
- Sturheit
- Lustlosigkeit
- Widerwille
- Motivationslosigkeit
- Vieles wird als Zwang oder Verbot empfunden
- Man fühlt sich unter Druck gesetzt
- Man fühlt sich ständig angegriffen
- Man fühlt sich unfrei
- Man fühlt sich bevormundet
- Man hat das Gefühl, dass sich andere lächerlich über einen machen wollen
- Prinzipienreiterei

- Rechthaberei
- Gewaltbereitschaft
- Man setzt auf Abschreckung und läuft mit einer ständigen Drohgebärde durchs Leben
- Man deutet in alles, was andere Menschen tun und sagen, eine negative Absicht hinein
- Man wehrt sich unentwegt gegen eine mögliche Manipulation

6. Macht

Das Streben nach Macht zieht häufig folgende Problemstrukturen nach sich:

- Gegen andere arbeiten anstatt mit ihnen
- Andere vorführen, um deren Schwächen zu zeigen
- Andere abwerten
- Sich selbst in der Vordergrund stellen
- Andere auflaufen lassen oder boykottieren
- Mangel an Anerkennung
- Mangel an Wertschätzung
- Mangel an Respekt
- Machtstreben
- In allem der Beste sein müssen
- Viel Geld verdienen müssen
- Diplomatische Falschheit
- Dominanz
- Aggressivität

- Penetranz
- Aufdringlichkeit
- Überlastung
- Stresskrankheiten
- Ständige Unzufriedenheit
- Innere Konflikte zwischen dem Machtmotiv und eigenen moralischen Regeln
- Auslösen von Beziehungskriegen und Machtkämpfen
- Übersteigerte Verantwortungsgefühle für andere
- Überkritische Selbsteinschätzung zur Eigenmotivation
- Übertriebene Sorgen um andere Menschen

2.VI. Glücksblockaden

Gelegentlich wird es vorkommen, dass sich die Leute, denen du helfen willst, in den Zwang verrannt haben, ihr Problem lösen zu müssen, bevor sie glücklich sein können. Oder sie wehren sich sogar dagegen, glücklich zu sein, weil sie glauben, dass sie dadurch Nachteile haben. Manche sehen sogar eine Gefahr darin.

Ich möchte dir nachfolgend noch ein paar Tipps geben, wie du dir das Gespräch mit solchen Menschen erleichtern kannst.

Als Erstes sollte dir bewusst sein, dass du nicht jedem helfen musst! Dieser Gedanke ist überaus wichtig. Schnell hast du sonst dein eigenes Glück gefährdet, weil du dich wegen eines anderen Menschen verrückt machst.

Solltest du tatsächlich einmal jemandem nicht helfen können, dann kannst du ihn immer noch zu einem professionellen Glückstrainer schicken. Der ist so gut ausgebildet, dass er innerhalb von zwei Stunden so gut wie jedem Menschen helfen kann, seinen Weg zum Glück zu finden.

Es hat also nichts mit unterlassener Hilfeleistung oder Ähnlichem zu tun, wenn du jemandem nicht helfen kannst oder willst. Es gibt genug Menschen, die als Glückstrainer ihr Geld verdienen.

Du solltest anderen Menschen nur helfen, wenn du dich dabei glücklich fühlst. Vergiss nicht: Du machst es freiwillig!

Mach dich also nicht verrückt, wenn es in der Beratung nicht perfekt läuft. Versuche, so viel Spaß zu haben wie möglich, und genieße die Zeit. Wird es zu mühsam, überlasse einfach einem anderen das Feld.

1. Nicht glücklich sein können

Gelegentlich werden dir Menschen begegnen, die sich voll und ganz auf die Lösung ihres Problems fixiert haben. Sie schauen weder links noch rechts. Nur noch eines ist wichtig: Ihr Problem muss gelöst werden – und zwar genauso, wie sie sich das vorgestellt haben, sonst glauben sie, nicht glücklich sein zu können.

Auf ihrem Problem liegt eine immense emotionale Ladung. Diese Menschen tun sich mächtig schwer mit einer Veränderung ihrer Denkweise. Sie haben sich in einem Teufelskreis verfangen und finden keinen Ausweg mehr.

Bei diesen Menschen ist es besonders wichtig, auf die Vorteile des ressourcenreichen Zustandes einzugehen. Sie sollten erkennen, dass sie sich momentan völlig ihrer Fähigkeiten beraubt haben.

Bevor ein solcher Gesprächspartner nicht motiviert ist, den Weg des ressourcenreichen Zustandes einmal ausprobieren zu wollen, brauchen wir mit der Beratung nicht weiterzumachen. Er macht ja gar nicht mit. Er hängt weiterhin an seinem Problemlösungszwang fest.

Meistens genügt es in solch einem Fall, wenn man seinem Gegenüber die zwei verschiedenen Möglichkeiten aufzeigt, wie er an die Problemlösung herangehen kann. Du solltest ihm auf jeden Fall das Gefühl geben, dass die Lösung seines Problems wichtig ist, sonst wird er von vornherein blockieren.

Lass ihn also erkennen, dass du sein Problem mit ihm lösen willst, und dass es dafür notwendig ist, in einen ressourcenreichen Zustand zu kommen.

2. Nicht glücklich sein dürfen

Es ist nicht häufig, aber es kommt vor, dass einer unserer Gesprächspartner unbewusst glaubt, nicht glücklich sein zu dürfen. Wenn dies der Fall ist, wehrt sich das Unterbewusstsein dieses Menschen mit aller Macht gegen eine Lösung des Problems.

Oft sind es Schuldgefühle, die einem Menschen das Gefühl geben, dass er nicht glücklich sein darf. Wenn er glücklich wäre, bekäme er keine Vergebung für seine Schuld. Er muss also zeigen, dass es ihm schlecht geht.

Wenn dein Gesprächspartner sich offensichtlich gegen das Glücklichsein wehrt, solltest du ihn einfach einmal darauf ansprechen, ob er überhaupt glücklich sein darf. Achte bei seiner Antwort darauf, ob er auch unbewusst zustimmt. Wenn er sagt, dass er das natürlich darf, aber – ohne es bewusst zu merken – dabei heftig mit dem Kopf schüttelt, solltest du ihn fragen, warum er mit dem Kopf schüttelt. Es kann sein, dass das Kopfschütteln bedeutet: „Klar, warum nicht!" Es kann aber auch sein, dass er unbewusst zum Ausdruck bringt, dass er nicht glücklich sein darf. Spricht man einen Menschen auf diese ambivalente Antwort an, die er gegeben hat, kann er meistens sofort wahrnehmen, ob er wirklich glücklich sein darf oder nicht.

Im dritten Teil dieses Buches werden wir eine Möglichkeit behandeln, wie du in solch einmal Fall direkt mit dem Unterbewusstsein reden kannst. Auf diese Art und Weise könntest du ergründen, worin seine Glücksblockade in Wirklichkeit besteht.

Hast du es mit ihm herausgefunden, kannst du mit ihm mit diesem Thema durch die drei Sichtweisen gehen und die Sache in Ordnung bringen.

Gehen wir einmal davon aus, dass dein Gesprächspartner ein Schuldproblem hat. Du gehst wie gesagt mit ihm durch die drei Sichtweisen. Lass ihn fühlen, in welcher Sichtweise er seine Schuld am besten begleichen kann. Lass ihn fühlen, in welcher Sichtweise er am sinnvollsten handeln kann.

Versuche also nicht, deinen Gesprächspartner durch die drei Sichtweisen zu zwingen, wenn er eine offensichtliche Glücksblockade hat. Er hat seine Gründe, warum er blockiert. Nimm diese Gründe ernst. Möglicherweise kann er diese Gründe sogar bewusst benennen, wenn du ihn danach fragst. Wenn nicht, wendest du die Intervention zum Befragen des Unterbewusstseins an, die im dritten Teil dieses Buches beschrieben ist, und findest auf diese Weise die Ursache seiner Blockade heraus.

Wenn du die Gründe für die Blockade deines Gesprächspartners herausgefunden hast, geh mit ihm durch die drei Sichtweisen und lass ihn die Angelegenheit einmal aus der Sicht des Neuzeitmenschen betrachten.

Wichtig: Kämpfe nie gegen eine Blockade an. Versuche lieber, die Hintergründe herauszufinden, und gehe damit durch die drei Sichtweisen.

a.) Die Verantwortung des Rudelführers

Eine sehr verbreitete Glücksblockade liegt in dem unbewussten Glauben, die Verantwortung für die vermeintlich Schwächeren übernehmen zu müssen.

Wenn wir mit diesem Thema etwas zu tun haben, werden wir jedes Mal, wenn wir gerade anfangen glücklich zu sein, einen plötzlichen emotionalen Absturz erleben und keinerlei Ahnung haben, wie das wieder passieren konnte.

Dass wir die Verantwortung für andere Menschen übernehmen, kann uns sowohl in unserer Partnerschaft als auch in der Beziehung zu unseren Eltern passieren. Oder wir fühlen uns verantwortlich für das Wohl unserer Freunde. Natürlich haben wir als Vorgesetzter in unserer Firma auch die Führung über unsere Mitarbeiter. Hier passiert es ebenfalls sehr häufig, dass wir aufgrund unserer Instinkte weit über unsere beruflichen Führungsaufgaben hinausgehen.

Oberste Aufgabe des Rudelführers ist es, das Rudel zu beschützen. Um diese Aufgabe ordnungsgemäß zu erfüllen, muss er permanent aufpassen und, falls erforderlich, sogar in den Kampf ziehen. Ausgelassen glücklich zu sein, kommt für den Rudelführer nicht in Frage. Er würde seine Pflichten nicht wahrnehmen, und das Rudel wäre schutzlos.

Bei Pferden lebt die Leitstute zum Beispiel nur halb so lange wie die anderen Pferde in der Herde. Sie steht ständig unter Strom. Sie muss permanent wachsam sein. Und sie bekommt ständig auf die Mütze – entweder von Gefahren außerhalb des Rudels oder von anderen Pferden innerhalb, die den Eindruck haben, die Leitstute wäre schwächer als sie selbst.

Rudelführer zu sein ist also kein Zuckerschlecken. Man bekommt zwar Anerkennung und Wertschätzung, aber gleichzeitig auch ständig Stress. Wirklich ausgelassen glücklich sein kann man nicht. Die Natur hat dafür gesorgt, dass unsere Instinkte dies unterbinden. Sie verpassen uns eine gewaltige Todesangst, sobald wir zu glücklich werden. Wir haben dann das Gefühl, dass etwas sehr Schlimmes passieren könnte. Wenn wir genau hinfühlen, dann geht es immer um Leben und Tod.

Die meisten Menschen interpretieren diese Angst völlig anders. Es macht für sie in unserer zivilisierten Umgebung begreiflicherweise keinen Sinn, den eigenen Tod und den aller Rudelangehörigen zu befürchten. Sie konstruieren sich dann einen anderen, „sinnvollen" Grund für ihre Angst. Diese Konstruktion bearbeiten sie dann auch und lösen sie auf. Nur ändert das natürlich die Ängste nicht wirklich. Nach ein paar Tagen erkennen sie dann, dass das Problem wieder da ist. In Wirklichkeit war es nie weg. Ihr Unterbewusstsein hat sich nur für kurze Zeit dadurch beeindrucken lassen, wie sie das Problem scheinbar gelöst haben.

Sobald der Überlebenstrieb jedoch beständig weiterhin die Todesängste auslöst, erkennt das Unterbewusstsein, dass es offensichtlich noch ein anderes Problem geben muss.

Unser Unterbewusstsein weiß leider nicht alles. Es hat ebenso wenig Zugang zu den Programmierungen unserer Instinkte wie unser Bewusstsein.

Das Unwissen unseres Unterbewusstseins über die Verhaltensmuster unserer Instinkte ist hauptsächlich dafür verantwortlich, dass viele unglückliche Menschen in bestimmten Punkten therapieresistent sind. Wenn dieses Muster nicht gezielt angesprochen wird, ist es unmöglich, eine wirkliche Veränderung hervorzurufen. Kennen wir dieses Muster, ist das Loslassen all der Probleme, die es hervorruft, eine Sache von Minuten!

Unser Überlebenstrieb sagt uns, dass der Beste das Rudel anführen muss, denn das bietet uns die größtmögliche Sicherheit. Ist ein Schwächerer an der Macht, sind wir nicht so sicher wie allein. Hingegen wären wir noch sicherer, wenn wir die Führung übernommen hätten und das ganze Rudel hinter uns stünde.

Damit ist eines ganz klar: Wenn wir die Stärksten sind, dann müssen wir die Führung übernehmen! Alles andere wäre töricht.

Das ist die Sprache, die unser Überlebenstrieb spricht. Er hatte vor hunderttausend Jahren auch noch einen Sinn. Heute ist das Leben einerseits viel sicherer geworden, wenn es um die Gefahr geht, von wilden Tieren aufgefressen zu werden, und andererseits gelten längst nicht mehr die alten Regeln, wann jemand der Stärkste ist. Der Stärkste ist nicht mehr, wer den anderen am mächtigsten auf die Mütze hauen kann. Der Stärkste ist jetzt der Intelligenteste, der Verantwortungsbewussteste, der Durchsetzungskräftigste, derjenige, der das Geld mit nach Hause bringt, derjenige, der zu Hause alles am Laufen hält, derjenige, der den besten Überblick hat und so weiter und so weiter.

Es gibt vermutlich Hunderte von Kriterien, durch die wir glauben, die Stärksten zu sein. Diese Kriterien sind natürlich jedem Menschen unterschiedlich wichtig. Jeder empfindet etwas anderes als notwendig und sinnvoll.

Unser Überlebenstrieb kann mit solch einer Vielfalt noch nicht umgehen. Er steht noch auf dem Stand von vor hunderttausend Jahren. Sobald wir uns als die Stärksten fühlen, empfiehlt er uns dringend, die Führung zu übernehmen.

So übernimmt beispielsweise ein Kind sehr schnell die Verantwortung für das Wohl seiner Eltern, wenn diese sich streiten und das Kind sie durch sein Weinen auseinander bringt.

Es erkennt, dass es einen großen Einfluss auf die Eltern hat. Es spürt seine Macht. Schnell passiert es, dass das Kind den Eindruck gewinnt, dass es der Stärkste in der Familie ist. Wenn dies passiert, übernimmt es sofort die Rudelführung.

Jetzt beginnt ein unglaublicher Stress für das kleine Kind. Leider übernimmt es die Verantwortung nicht nur in der Situation, wo es seine Eltern auseinander bringen „soll". Es wird die Führung generell übernehmen wollen und damit dafür verantwortlich sein, dass die Familie überlebt. Das ist das Resultat seines Überlebenstriebes.

Natürlich ist es dieser Verantwortung noch nicht gewachsen. Es wird sich völlig überfordert fühlen mit seiner Führungsaufgabe. Erschwerend kommt noch hinzu, dass die Eltern seine Führerschaft sicherlich nicht anerkennen. Sie machen ihm seine Position im Rudel streitig. Diese Streitigkeiten muss der Rudelführer natürlich sofort unterbinden, wenn er seine Aufgabe ernst nimmt. Er muss das Rudel gegenüber feindlichen Stämmen oder wilden Tieren beschützen. Das kann er nicht, wenn er ständig in interne Machtkämpfe verstrickt ist.

Kinder, die diese Funktion in der Familie übernommen haben, werden sich auch verantwortlich fühlen, wenn es den Eltern nicht gut geht. Sie werden auch „schuld sein", wenn die Eltern sich trennen. Viele erwachsene Menschen schleppen diese Schuld ihr ganzes Leben mit sich herum und glauben, deswegen nicht glücklich sein zu dürfen. Sie haben es nicht verdient! Wer schuld ist, darf nicht glücklich sein. Er muss bestraft werden.

Wenn dein Gesprächspartner sich offensichtlich dagegen wehrt, zu glücklich zu werden, dann kann die Rudelführerverantwortung der Grund dafür sein.

Du könntest also bei der Befragung seines Unterbewusstseins, wie es im dritten Teil dieses Buches beschrieben ist, dieses Thema ansprechen. Bejaht er die Frage, ob er nicht zu glücklich sein darf, weil er die Verantwortung für andere Menschen tragen muss, dann geh mit ihm durch die drei Sichtweisen und lass ihn die Angelegenheit aus der Sichtweise des Neuzeitmenschen betrachten.

Wenn du auf diese Weise seine Blockade gelöst hast, wird dein Gesprächspartner plötzlich mit Elan und Enthusiasmus weitermachen wollen.

b.) Kopien

Gemeinsamkeiten schaffen Zusammengehörigkeitsgefühle. Dieser Sachverhalt wird von unserem Herdentrieb genutzt, sobald wir zu einem bestimmten Menschen oder einer Gruppe gehören wollen.

Wir nehmen teilweise die Charakterzüge dieses Menschen an. Wir übernehmen seine Mimik, seine Art zu reden, seine Art sich zu bewegen, seine Art sich mit Worten auszudrücken. Wir übernehmen aber auch seine körperlichen Gebrechen, wenn wir nicht aufpassen. Oder wir übernehmen unliebsame Eigenschaften und Verhaltensweisen, die wir sicherlich auf keinen Fall haben wollen.

Wir hatten bei einem Seminar einmal eine Teilnehmerin, welche die Zickigkeit ihrer Mutter kopiert hatte. Das wollte sie auf keinen Fall. Sie kämpfte schon sehr lange dagegen an, eine Zicke zu sein – leider ohne Erfolg.

Ihr Herdentrieb wehrte sich gegen diese Veränderung, weil er diese Gemeinsamkeit mit der Mutter für erforderlich hielt, um bei ihr erwünscht zu sein.

Als die Teilnehmerin sich ein paar Mal wiederholt klar machte, dass sie diese Eigenschaft ihrer Mutter nicht kopieren müsste, um erwünscht zu sein, wurde sie augenblicklich viel sanfter und angenehmer.

Wenn dein Gesprächspartner ein bestimmtes Problem nicht loslassen will, kann es sein, dass eine Kopie dahinter steckt. Er könnte das Gefühl haben, dass er von einem bestimmten Menschen oder einer Gruppe nicht mehr erwünscht wäre, würde er sich verändern.

Auch diese Blockade könntest du ganz leicht herausfinden, wenn du sein Unterbewusstsein direkt befragst, wie es im nächsten Kapitel beschrieben wird. Hat er Resonanz auf diese Frage, kannst du mit ihm durch die drei Sichtweisen gehen und ihn entscheiden lassen, ob er diese Kopie tatsächlich braucht, um bei der entsprechenden Person erwünscht zu sein. Schnell erkennt er, dass er natürlich auch ohne die Kopie erwünscht ist – oft dann sogar erst recht!

Übrigens verschwinden die Kopien nicht dadurch, dass wir mit der entsprechenden Person keine Zusammengehörigkeit mehr haben wollen. Das interessiert unseren Instinkt nicht. Die Kopie ist angelegt und läuft so lange ab, bis sie gezielt losgelassen wird. Losgelassen wird sie dann, wenn deinem Gesprächspartner bewusst ist, dass er auf jeden Fall erwünscht ist und dieses Gefühl im Gehirn mit der Problemdatei der Kopie verknüpft wird. Wenn er von der betreffenden Person nicht mehr erwünscht ist, sollte er fühlen, dass er genug Menschen hat, bei denen alles in Ordnung ist. Er braucht die Kopie auf keinen Fall, um erwünscht zu sein. Auch braucht er sie nicht, um sich bei der betreffenden Person, die er kopiert hat, wieder einzuschmeicheln! Lass ihn dies spüren!

c.) Verbote

Manchmal kommt es vor, dass einem Menschen verboten wurde, glücklich zu sein. Es kann ein selbst auferlegtes Verbot sein oder ein Verbot, das von einem „Ranghöheren" ausgesprochen wurde.

Selbst auferlegte Verbote haben häufig einen religiösen Hintergrund oder entstammen einem Schuldgefühl.

Auch diese Blockade kannst du am besten ergründen, wenn du das Unterbewusstsein direkt befragst. Frage dein Gegenüber einfach, ob ihm jemand verboten hat, glücklich zu sein. Wenn ja, kannst du sogar noch herausfinden, wer es war. Wenn es ein anderer Mensch war, wirkt allein diese Erkenntnis schon Wunder.

Gehe dann trotzdem sicherheitshalber noch mit ihm durch die drei Sichtweisen und lass ihn die Sache mit dem Verbot aus der sicheren Perspektive heraus betrachten.

War es der Liebe Gott, der nicht will, dass er glücklich ist, dann frage ihn in der neutralen Sichtweise, in welcher Sichtweise der *Liebe Gott* ihn sehen möchte. Soll er in der Frühmenschsichtweise andere Menschen ablehnen, weil sie nicht genau passen, oder soll er seinen Nächsten lieben wie sich selbst? Das kann er nur schaffen, wenn er in der Neuzeitsichtweise ist. Natürlich verhält er sich als Neuzeitmensch genau so, wie das die verschiedenen Religionen vorschreiben. Das würde dein Gesprächspartner in dieser Sichtweise auch sehr schnell erkennen. Er muss also seine religiöse Überzeugung normalerweise gar nicht in Frage stellen.

Wenn dein Gesprächspartner sehr große Angst vor einer Bestrafung hat, ist es sinnvoll, ihn die Sachlage aus der neutralen Sichtweise heraus betrachten zu lassen. Das ist der Grund, warum ich einen Menschen bei einem religiösen Verbot immer erst einmal die Lage aus der neutralen Sichtweise heraus betrachten lassen würde. Hier besteht keine Gefahr, dass er etwas tut, wofür er bestraft würde.

Damit kein falscher Eindruck entsteht: Nur sehr wenige Menschen haben solch eine Glücksblockade. Es hat also keinen Sinn, pauschal schon einmal solch einer Blockade vorgreifen zu wollen. Du würdest dabei deinem Gesprächspartner nur ein Problem einreden.

Wenn du Glück hast, begegnet dir einmal ein Mensch mit einer echten Glücksblockade! Du solltest solch einen Menschen als Herausforderung sehen. Mach dir dabei jedoch keinen Stress! Es kann niemand von dir erwarten, dass du nach dem Lesen eines Buches jedes erdenkliche Problem sofort lösen kannst. Das sollte wirklich nicht dein Ziel werden, sonst kannst du das Projekt deiner eigenen Glücksumsetzung an den Nagel hängen.

Wenn du solche Anforderungen an dich selbst stellst, dann solltest du nicht versuchen, anderen Menschen zu helfen. Oder du gehst mit dieser Anforderung durch die drei Sichtweisen und bringst sie in Ordnung. Das wäre doch eine gute Idee, oder? Mach dir in der Neuzeitsichtweise klar, dass es schön ist, wenn du solch eine Blockade lösen kannst, dass du aber auch glücklich bist, wenn es nicht klappt. Du könntest diesen Menschen immer noch zu einem professionellen Glückstrainer schicken, der gezielt dafür ausgebildet wurde, solche Blockaden zu lösen.

Ich wünsche dir auf jeden Fall sehr viel Spaß, solltest du einmal einem Menschen begegnen, der nicht glücklich sein darf!

3. Nicht glücklich sein wollen

Neben den Glücksblockaden, nicht glücklich sein zu können oder zu dürfen, gibt es noch eine weitere: die Blockade, dass wir manchmal unbewusst nicht glücklich sein *wollen*. Mit diesem Unglücklichsein wollen wir etwas erreichen. Letztendlich wollen wir erreichen, glücklich zu sein. Das ist die Ironie dabei!

a.) Manipulationsmaßnahmen

Wir lehnen Gott und die Welt ab, damit wir kriegen, was wir wollen, denn wir wissen eines: Jeder, der von uns abgelehnt wird, fühlt sich schlecht und ändert sich. Oder er geht weg. Das ist uns manchmal auch recht.

So wäre es uns recht, wenn unsere schlechten Gefühle weggingen, nachdem wir sie abgelehnt haben. Doch leider werden sie dadurch nur noch schlechter. Dann lehnen wir sie noch mehr ab. Jeder, der abgelehnt wird, fühlt sich doch schlecht und geht weg! Wieso also nicht unsere schlechten Gefühle, unsere Krankheiten, unsere Finanzprobleme und unsere schlechte Figur ablehnen?!

Wenn einer deiner Freunde nicht glücklich sein will, weil er damit etwas erreichen will, sollte es dir nicht schwer fallen, ihm diesen Unsinn auszureden!

Du findest diese Blockade ebenfalls heraus, indem du sein Unterbewusstsein befragst, wie es im dritten Teil dieses Buches beschrieben ist.

b.) Sekundärer Gewinn

Manchmal haben wir eine Zielerreichung mit einem Problem bezahlt. Wenn wir das Problem lösen, würden wir damit unsere Zielerfüllung verlieren.

Beispiel 1: Wir werden krank, damit wir mal mit ruhigem Gewissen ein paar Tage zu Hause bleiben können und nicht arbeiten gehen müssen. Wenn uns das Zuhausebleiben wichtiger ist als das Gesundsein, werden wir die Krankheit unbewusst nicht loslassen wollen. Wir werden uns gegen eine Veränderung zur Gesundheit wehren, weil wir dann wieder arbeiten gehen müssten.

Beispiel 2: Wir wollen unsere Depression nicht loslassen, weil wir dann auf Zuwendung in Form von Mitleid verzichten müssten.

Beispiel 3: Wir wollen nicht glücklich sein, weil wir dann nicht mehr dazugehören würden.

Es gibt eine Vielzahl möglicher sekundärer Gewinne.

Wenn du bei der Unterbewusstseinsbefragung herausgefunden hast, dass dein Gesprächspartner nicht glücklich sein will, weil er durch sein Problem etwas Wichtiges gewinnt, dann geh mit ihm mit dieser Zielsetzung durch die drei Sichtweisen. Frage ihn also, ob er das Problem wirklich braucht, während er in der Neuzeitmenschsichtweise ist.

2.VII. Der leichteste Weg zur Umsetzung

Übrigens haben wir die einfachste und effektivste Maßnahme, mit der du sowohl deine Freunde inspirieren kannst, ihren Lebensweg dem Glück zuzuwenden, als auch deine eigene Umsetzung vorantreiben kannst, noch gar nicht besprochen.

Der einfachste Weg besteht darin, dass du ihnen empfiehlst, dieses Buch ebenfalls zu lesen und die Inhalte mit dir gemeinsam umzusetzen.

Bildet so etwas wie Synergiegruppen, in denen ihr euch bei der Umsetzung gegenseitig unterstützt. Mit vielen Gleichgesinnten wird deine eigene Umsetzung zudem noch viel sicherer sein als allein. Wenn einer von euch aus Versehen doch mal wieder in eine Falle tappen sollte und in seinen Problemen versumpft, könnten die anderen ihn wieder dort herausholen. Zwar käme er auch allein wieder auf den rechten Weg, aber es würde länger dauern. Mit einer kleinen Synergiegruppe bleibt man kaum länger als ein paar Stunden in diesem Sumpf hängen. Man telefoniert oder trifft sich, und schon ist man wieder draußen.

Wir messen diesen Synergiegruppen den gleichen Stellenwert bei wie unserem gut ausgeklügelten Glückskonzept.

Es ist eine bekannte Gesetzmäßigkeit, dass ca. 20 Prozent aller Menschen ein Konzept allein umsetzen können, wenn sie umfassende Informationen darüber haben. Bei 80 Prozent aller Menschen gelingt die Umsetzung jedoch nur in Zusammenarbeit mit anderen Menschen.

Geh also auf Nummer Sicher und verfünffache deine Erfolgschancen. Überlege einmal, wer von deinen Freunden eventuell an diesem Buch Interesse haben könnte. Wenn dir niemand einfällt, dann schau einmal auf unserer Homepage (www.ella.org) vorbei. Hier findest du mehrere kostenlose Möglichkeiten, wie du dich mit Gleichgesinnten zusammentun kannst. Es gibt private Gruppen, die sich regelmäßig treffen und bei denen neue Leute jederzeit willkommen sind. Es gibt eine Kontaktbörse, in der du Interessenten an einer Synergiegruppe finden kannst. Außerdem gibt es einen Ella-Chat, der für diese Zielsetzung ebenfalls geeignet ist.

Ich wünsche dir auf jeden Fall viel Spaß bei deiner eigenen Umsetzung und beim Glücksinspirieren deiner Freunde.

2.VIII. Vorgehensweise bei der gemeinsamen Umsetzung

Ich wurde häufig von den Teilnehmern unserer praktischen Ausbildung gefragt, wie ich beim Durcharbeiten dieses Buches vorgehen würde.

1. Inhalte und Zusammenhänge verstehen

Ich würde mir die Inhaltsangabe anschauen und zu jedem Punkt aus dem Kopf eine kurze stichwortartige Zusammenfassung der wichtigsten Punkte schreiben oder den Inhalt einem anderen Menschen erklären.

Wenn es Unklarheiten gibt, würde ich die entsprechenden Abschnitte noch einmal lesen und meine Zusammenfassung komplettieren.

Parallel dazu würde ich die Inhalte mit anderen Lesern besprechen und ihnen erklären, was ich verstanden habe.

2. Praktische Anwendung

Theoretisch ist oft alles klar. Wenn man es aber dann versucht anzuwenden, hat man erst einmal keinen Plan mehr. Ich würde also versuchen, die Beratungsschritte mit meiner Synergiegruppe oder meinen Freunden auszuprobieren.

Ich würde mich jedoch nicht gleich auf die größten Probleme meiner Mitmenschen stürzen. Ich würde erst einmal versuchen, Menschen zu inspirieren, die kein akutes Problem haben – Menschen, die auf mich zukommen, weil sie festgestellt haben, dass ich mich sehr positiv verändert habe.

Ich würde ihnen mein Wissen näher bringen und ihnen helfen, die Entscheidung zur neuen Lebensweise zu treffen.

Erst nachdem ich eine gewisse Routine darin hätte, andere Menschen zur Glücksentscheidung zu inspirieren, würde ich mich an Menschen mit Problemen herantrauen.

Erst nachdem mir die Weitergabe dieses Glückskonzeptes an Menschen ohne Glücksblockaden leicht fallen würde, würde ich die Unterbewusstseinsbefragung mit dazunehmen und danach die Glücksblockaden auflösen.

Auf diese Weise würde ich den Schwierigkeitsgrad meiner Beratungen Schritt für Schritt ausbauen. Ich glaube, dass dies ein guter Weg ist, um immer Erfolgserlebnisse bei meinen Beratungen zu haben. Wage ich mich zu früh an zu schwierige Menschen heran, werde ich mich stattdessen leicht überfordern. Das tut nicht Not!

Der nächste Teil des Buches behandelt die Befragung des Unterbewusstseins zur Blockadenlösung und anderen Zwecken sowie eine spezielle Intervention zum Umgang mit körperlichen Zielsetzungen.

Diese Intervention ist für die normale Glücksberatung nicht notwendig, kann aber manchmal sehr hilfreich sein. Diese Intervention zu beherrschen, ist nicht einfach. Was man damit machen kann, ist jedoch einfach genial!

Teil 3: Interventionen für Fortgeschrittene

Die nachfolgenden beiden Interventionen eignen sich für viele spezielle Anwendungen, die weit über die Glücksinspiration unserer Mitmenschen hinausgehen.

Man kann sie zum Beispiel für gesundheitliche Zwecke nutzen. Dabei müssen wir jedoch aufpassen, dass wir nicht in den Bereich der Heilbehandlung hineinkommen.

In Deutschland, Österreich und der Schweiz sind Interventionen mit der Zielsetzung einer Heilbehandlung ohne entsprechende staatliche Genehmigung in Form einer Zulassung als Arzt oder Heilpraktiker verboten.

Ob eine Intervention als Heilbehandlung gesehen wird, hängt vorwiegend von der Zielsetzung ab, die man mit einer Intervention verfolgt.

Haben wir die Absicht, auf eine bestimmte Krankheit gezielt einzuwirken, stellt dies eine Heilbehandlung dar. Lösen wir hingegen aus Versehen ein Problem, das für eine Krankheit verantwortlich war, können wir nichts dafür, dass der Klient gesund wird.

Aber Vorsicht! In diesem Punkt lässt sich der Gesetzgeber nicht austricksen! Es gibt kaum einen Weg, eine tatsächliche Heilbehandlung als irgendetwas anderes zu tarnen. Auch darfst du gegenüber anderen Menschen auf keinen Fall ein Heilversprechen abgeben – weder mündlich noch in Form von schriftlicher Werbung.

Wenn du also kein Heilpraktiker oder Arzt bist, solltest du vor der Anwendung der nachfolgenden beiden Interventionen immer überlegen, ob sie im Sinne einer Heilung angewendet werden oder nicht.

Die Behandlung von Krankheiten mit diesen Interventionen stellt jedoch nur einen Anwendungsbereich von vielen dar. Man kann wie gesagt mit diesen Interventionen manchmal regelrecht ein bisschen zaubern! Trotzdem sind sie im Allgemeinen nicht notwendig.

Schauen wir uns zum Beispiel das Thema Krankheiten an. Wenn einer Krankheit ein psychisches Problem zugrunde liegt, dann haben wir mehre Möglichkeiten, wieder gesund zu werden: Wir können die Ursache der Krankheit mit den nachfolgenden beiden Interventionen herausfinden, oder wir können unser Leben einfach auf der Wirklichkeit von heute aufbauen, in der alle unsere Grundmotive ständig erfüllt sind.

Natürlich entstammen auch alle psychischen Krankheitsursachen irgendwelchen Zielen, die wir angenommen haben, um unsere Grundmotive zu erfüllen. Die Probleme, die wir mit diesen Zielen haben, lösen dann die Krankheitssymptome aus.

Sobald die Problemdatei, welche die Krankheitsursache darstellt, aktiviert wird, würde sie sofort mit dem Wissen in Berührung kommen, dass es keinen Grund für ein Problem gibt. Unsere Grundmotive sind ja immer erfüllt!

Das würde vermutlich vollkommen auf einer unbewussten Ebene ablaufen. Die Krankheit würde einfach verschwinden, ohne dass wir eine Ahnung davon haben, was genau bei der Verknüpfung von Problem und Lösung passiert ist. Wir würden vermutlich auch nicht wissen, wann es passiert ist. Manche Menschen spüren eine solche Veränderung und andere nicht. Das ist jedoch nicht wichtig, denn bei beiden ist das Problem gelöst.

Leider müssen wir bei dieser Vorgehensweise darauf warten, dass etwas passiert, das die Problemdatei aktiviert, die unser Krankheitssymptom hervorruft. Diese Datei ist nicht permanent aktiviert.

Besteht die Krankheitsursache zum Beispiel darin, dass wir einen sekundären Gewinn daraus ziehen, dann müsste die Absicht, diesen Gewinn haben zu wollen, durch eine bestimmte Lebenssituation angesprochen werden.

Beispiel: Unsere Krankheit bringt uns den Vorteil, dass sie uns vor emotionaler Verletzung durch andere Menschen schützt. Jemanden, der schon am Boden liegt, den tritt man nicht noch! Manchmal greifen wir daher zur Krankheit als Präventivmaßnahme gegen eine emotionale Verletzung.

Damit diese Krankheit verschwinden könnte, müsste die Absicht, sich gegen eine emotionale Verletzung schützen zu wollen, irgendwie aktiviert werden. Dies würde zum Beispiel sofort geschehen, wenn einer unserer Mitmenschen einen Gefühlsausbruch hätte und wir Angst davor bekämen, dass er uns verletzen könnte.

In diesem Moment könnte die Krankheitsursache im Gehirn mit dem Wissen verknüpft werden, dass unsere Grundmotive alle erfüllt sind. Die Krankheit würde daraufhin verschwinden, da wir sie ganz offensichtlich überhaupt nicht brauchen. Wir haben eine viel bessere Maßnahme zum Schutz vor emotionaler Verletzung.

Natürlich kann diese Verknüpfung nur zu Stande kommen, wenn wir in diesem Moment fühlen, dass alle unsere Grundmotive erfüllt sind.

Dies würde ich nicht dem Zufall überlassen! Die sicherste Möglichkeit, gesund zu werden, besteht darin, permanent mit seinen Gefühlen in der Neuzeit zu leben. Die Ursachen unserer Krankheiten werden normalerweise alle irgendwann einmal aktiviert. Auf diesen Moment sollten wir vorbereitet sein!

Ebenfalls würden sich alle Stresskrankheiten verabschieden. Sie haben keine explizite Krankheitsursache. Sie entstehen einfach, weil wir uns zu viel Druck und Angst machen. Achten wir ständig auf das Erfülltsein unserer Grundmotive, werden diese Krankheiten von selbst verschwinden. Wir haben ja keinen Stress mehr!

Mit den nachfolgenden beiden Interventionen können wir den Verknüpfungsprozess zwischen Krankheitsursache und dem Wissen, dass unsere Grundmotive immer erfüllt sind, beschleunigen. Wir brauchen nicht zu warten, bis die Ursachendatei situationsbedingt geöffnet wird. Wir können sie gezielt öffnen und sie mit der Lösung verknüpfen.

Wie gesagt stellt diese Vorgehensweise jedoch eine Heilbehandlung dar, für die man eine staatliche Erlaubnis braucht.

Die beiden Interventionen eignen sich wie gesagt jedoch nicht nur für das Auflösen von Krankheitsursachen. Wir lösen dabei auch Glücksblockaden und viele andere Probleme.

3.I. Ursachenfindung im Unterbewusstsein

Was können wir tun, wenn unser Gesprächspartner ganz offensichtlich eine Glücksblockade hat? Wir wissen nicht, warum er nicht glücklich sein will, kann oder darf. Klar ist nur, dass es ihm nicht möglich ist.

Wir brauchen also mehr Informationen von ihm. Genauso sieht es aus, wenn unser Gesprächspartner unerwünschte Verhaltensprogramme verändern will, die offensichtlich unbewusst ablaufen. Auch hier sollten wir die Motive seines Verhaltens herausfinden, um ihn damit durch die drei Sichtweisen führen zu können.

Unser Gesprächspartner will zum Beispiel mit dem Rauchen aufhören, weiß aber gar nicht, warum er überhaupt raucht. Oder er will sein Essverhalten verändern, hat aber keine Ahnung, warum er überhaupt zu viel, zu wenig oder immerzu das Falsche isst.

Ein weiterer großer Anwendungsbereich, der sich für diese Intervention anbietet, sind körperliche Prozesse. Hier sollten wir jedoch abwägen, ob eine Anwendung eine Heilbehandlung darstellt oder nicht.

Nicht jede Veränderung eines körperlichen Prozesses ist gleich eine Heilbehandlung. Wenn wir beispielsweise einem Menschen helfen wollen, über sein Unterbewusstsein überschüssige Pfunde loszuwerden, hat das mit einer Heilbehandlung nichts zu tun.

1. Was ist das Unterbewusstsein?

Unser Unterbewusstsein ist zweifellos eine Form von Bewusstsein. Es ist jedoch kein fremdes Bewusstsein. Es ist unser eigenes! Wir sind unser Bewusstsein *und* unser Unterbewusstsein. Wir denken und urteilen unbewusst jedoch ganz anders, als wir das bewusst tun. Bewusstsein, Unterbewusstsein und Instinkte arbeiten perfekt zusammen, wie ich das im ersten Teil dieses Buches bereits beschrieben habe. Dabei hat jede Instanz eine andere Aufgabe. Die Aufgabe unserer Instinkte ist es, unser eigenes Leben sowie das Überleben unserer Rasse zu gewährleisten. Sie tun dies, indem sie versuchen, unsere Grundmotive zu erfüllen.

Das Leben auf unserem Planeten ist jedoch so kompliziert geworden, dass die Programmierung unserer Instinkte allein nicht ausreicht, um diese Aufgabe zu erfüllen. Denk nur einmal daran, was wir Menschen alles tun müssen, um unseren Lebensunterhalt zu verdienen. Die Existenz unserer Rasse hängt längst nicht mehr nur davon ab, dass wir im Wald etwas zu essen finden.

Um die vielfältigen und komplexen Anforderungen unseres Lebensalltags bewältigen zu können, müssen wir uns ständig den Gegebenheiten anpassen und neue Wege zur Erfüllung unserer Grundmotive finden.

Wir brauchen dazu die Möglichkeit, sinnvolle Maßnahmen entwickeln zu können und vor allem die Fähigkeit, sinnvolle Beurteilungen unserer Lebensumstände treffen zu können, auf denen wir die Auswahl unserer Maßnahmen aufbauen.

Nun wäre unser Bewusstsein mit dieser Aufgabe allein vollkommen überfordert. Wir können bewusst nur etwa sieben Informationseinheiten gleichzeitig verarbeiten. Das ist fast nichts im Angesicht der unendlich vielen Informationseinheiten, die wir unbewusst in jeder Sekunde verarbeiten. Die sieben Informationseinheiten sind zum Beispiel schon verbraucht, wenn du eine siebenstellige Zahl liest. Den meisten Menschen ist es schon zu anstrengend, diese Zahl auf einen Blick zu erfassen. Sie unterteilen sie in kleinere Einheiten, so wie wir Telefonnummern für gewöhnlich unterteilen.

Würde unser Unterbewusstsein mit diesem extrem begrenzten Wahrnehmungsrahmen arbeiten, wäre es uns nicht möglich, unsere Hose auszuziehen oder durch eine Tür hindurchzugehen! Dies sind komplexe Bewegungsprogramme, die wir als Kind erst einmal mühsam bewusst mit unseren sieben Informationseinheiten lernen mussten.

Wir mussten zum Beginn unseres Lebens erst einmal lernen, unsere Arme und Beine kontrolliert zu bewegen. Das kann ein neugeborenes Kind noch nicht! Es kann natürlich auch noch nicht auf zwei Beinen stehen. Um das zu lernen, braucht es mehrere Monate! Meine Schnürsenkel richtig zu binden fällt mir ja heute noch schwer! ☺

Wir führen also in unserem Unterbewusstsein unentwegt sehr komplexe Informationsverarbeitungsprozesse durch, von denen wir bewusst überhaupt nichts merken, wenn wir nicht gezielt hinschauen.

Damit wir unserem Alltag gewachsen sind, gebrauchen wir unentwegt unser Unterbewusstsein. Unbewusst müssen wir jede Situation in Windeseile beurteilen und geeignete Handlungsmaßnahmen auswählen, die für die Erfüllung unserer Grundmotive in dieser Situation sinnvoll sind. Diese Aufgabe erfüllen wir unbewusst in 95 Prozent aller Fälle mit Bravour! In einem von

20 Fällen unterlaufen uns kleinere Denkfehler, welche dann Probleme auslösen.

Seltsamerweise glauben sehr viele Menschen, dass das Unterbewusstsein keine Fehler macht. Woher dieser Glaube kommt, weiß ich nicht, aber er ist nachweislich falsch.

Wir machen unbewusst genauso Fehler wie bewusst. Würden wir unbewusst nie Fehler machen, wäre kein einziger Mensch krank oder unglücklich. Unser Unterbewusstsein ist also auch nur ein Mensch! ☺

Wir machen unbewusst Fehler. Und hier kommt unser Bewusstsein zum Zug. Genau dafür haben wir auch ein Bewusstsein. Bewusst analysieren und überprüfen wir, was wir unbewusst entschieden haben. Wir durchdenken jede logische Feinheit und korrigieren damit die Entscheidungen, die wir unbewusst getroffen haben. Unser Bewusstsein ist also für die Feinabstimmung zuständig und unser Unterbewusstsein fürs Grobe. Dabei merken wir uns unbewusst natürlich jede bewusste Feinabstimmung. Wir sind extrem lernfähig.

Dieser Lernfähigkeit habe ich es zum Beispiel zu verdanken, dass ich gerade meine zehn Finger über die Tastatur fliegen lassen kann. Diesen Vorgang könnte ich weder allein bewusst noch unbewusst erlernen. Ich brauche beide Instanzen meiner Persönlichkeit dazu.

Genauso brauchen wir auch beide Instanzen, wenn es um die Beurteilung unserer Lebensumstände und die Auswahl der richtigen Maßnahmen geht, mit denen wir unsere Grundmotive erfüllen wollen. Das Meiste entscheiden wir zwar unbewusst, doch wenn wir unbewusst nicht sicher sind oder Fehler machen, schalten wir auch unser Bewusstsein mit ein.

Um den Anforderungen an eine sofortige Handlungsfähigkeit gerecht zu werden, verwenden wir unbewusst eine völlig andere Denkweise als bewusst. Wir suchen unbewusst nach Ähnlichkeiten und generalisieren alles sehr schnell. Während unsere bewusste Denkweise als linear bezeichnet werden könnte, arbeiten wir unbewusst parallel. Das bedeutet, dass wir im Gegensatz zum bewussten Denken sehr viele Prozesse gleichzeitig nebeneinander ablaufen lassen. Bewusst können wir mit unseren sieben Informationseinheiten immer nur eines nach dem anderen machen.

Veranschaulichen wir diesen Sachverhalt einmal mit einem Gedankenspiel. Stell dir vor, dein Gedächtnis wäre wie eine Videokassette. Alles, was du erlebt hast, ist darauf gespeichert. Wenn du ein bestimmtes Ereignis suchst, musst du dieses Videoband von vorne bis hinten durchspulen. Das würde extrem lange dauern. Auf diese Art und Weise müsstest du bewusst vorgehen, wolltest du eine Information aus deinem Gedächtnis abrufen.

Für dein Unterbewusstsein ist dein Gedächtnis ein großes Bild. Auf diesem Bild ist alles zu sehen, was du in deinem Leben jemals erlebt hast. Es ist also wirklich groß!

Wenn du unbewusst etwas suchst, dann schaust du einmal quer über das Bild und hast die gewünschte Information meistens schon direkt gefunden. Sie ist anfangs jedoch noch sehr grob. Aber du weißt unbewusst schon, wo die Information genau zu finden ist. Damit kannst du genauer hinschauen und alle Einzelheiten darüber abrufen.

Wir besitzen also unbewusst unglaubliche Fähigkeiten. Das Einzige, was wir unbewusst nicht können, ist genau das, was wir bewusst mit Leichtigkeit beherrschen.

So fällt es uns bewusst zum Beispiel leicht, eine aktuelle Beurteilung unserer Lebensumstände einer Kindheitsbeurteilung vorzuziehen.

Wir wissen bewusst zum Beispiel, dass wir heute als erwachsene Menschen die Freiheit haben, uns ausgiebig zu freuen – selbst dann, wenn man uns diese Freude als Kind verboten hatte, weil wir unseren Eltern dabei zu laut waren.

Wir sind keine Kinder mehr, und damit hat das Verbot von damals für uns heute keine Bedeutung mehr. Das wissen wir bewusst!

Unbewusst jedoch treffen wir solche Unterscheidungen überhaupt nicht! Bei unseren unbewussten Entscheidungen ist jede Beurteilung unserer Lebensumstände gleich richtig – egal, wann sie getroffen wurde!

Und so würden wir unbewusst das Verbot unserer Eltern, als wir zwei Jahre alt waren, heute immer noch genauso befolgen – es sei denn, wir heben das Verbot von damals bewusst auf. Oder wir spüren sehr deutlich, dass alle unsere Grundmotive erfüllt sind, indem wir uns daran erinnern, wie die Welt von heute tatsächlich ist. Wird dann ein veraltetes Verbot aktiviert, wird es automatisch unbewusst aus der Sichtweise des Neuzeitmenschen betrachtet und damit aktualisiert.

2. Sinnvolle und nicht sinnvolle Verständnismodelle

Es gibt sehr viele Modelle, wie wir uns unser Unterbewusstsein vorstellen können. In aller Regel wird es als eigenständiges, mitunter sogar fremdes Bewusstsein gesehen. Diese Modelle haben jedoch eine Auswirkung, die wir unbedingt berücksichtigen sollten.

Oft wird das Unterbewusstsein mit einer großen Firma verglichen, in der es verschiedene Aufgabenbereiche zu bewältigen gibt. Für jeden dieser Aufgabenbereiche stellt man sich dann einen Mitarbeiter vor.

Ich selbst habe meine persönlichen Erfahrungen mit diesem Vorstellungsmodell gemacht. Ich wurde in einer meiner Ausbildungen in dieses Vorstellungsbild meiner inneren Firma geführt. Innerhalb dieser Vorstellung wurde für mich eine Sitzung anberaumt, zu der alle wichtigen Mitglieder des Managements eingeladen wurden. Hier saß ich nun mit einer ganzen Menge von Leuten. Es war beeindruckend. Ich unterhielt mich dann auch mit einem dieser Persönlichkeitsanteile. So nannte man die Leute in meiner Firma. Dieser Persönlichkeitsanteil war für ein bestimmtes Problem zuständig, das ich hatte. Ich konnte ihn dann überreden, sein Verhalten zu verändern, und das Problem verschwand. Ich war beeindruckt!

Damals dachte ich, mein Erfolg sei durch diese Technik ausgelöst worden. In Wirklichkeit hatte ich mir nur eine alte Beurteilung meiner Lebensumstände wieder angeschaut und erkannt, dass ich hier einem Denkfehler unterlag. Ich korrigierte also bewusst einen bis dahin noch unbewussten Denkfehler. Das Problem verschwand damit. Dazu braucht man natürlich keine spezielle Technik. Das passiert jeden Tag mehrmals automatisch!

Doch das wusste ich damals noch nicht. Ich hielt meine neue Technik für den Stein der Weisen und arbeitete wie besessen damit weiter. Da gab es Persönlichkeitsanteile, die miteinander in Konflikt standen. Diese versuchte ich, miteinander zu versöhnen und zur Zusammenarbeit zu überreden. Es funktionierte, weil ich erneut, eher zufällig als geplant, ein paar frühere Denkfehler bewusst korrigiert hatte. Wieder einmal war ich von dieser Technik maßlos begeistert.

Nach einer Weile jedoch wurde es immer komplizierter in dieser Firma meiner Persönlichkeit. Meine Vorstellung begann ein Eigenleben anzunehmen.

Es gab zum Beispiel plötzlich Mitarbeiter, die nicht mit mir reden wollten. Sie konnten mich nicht leiden und machten stur weiter wie bisher. Sie streikten gewissermaßen!

Manche versteckten sich sogar, weil sie Angst hatten, rausgeschmissen zu werden. Ich konnte nichts tun. Ich ging also wieder zu dem Trainer, der mir diese Technik beigebracht hatte. Er versuchte, mit den Jungs zu reden. Aber auch auf ihn hörten sie nicht. Es hatte keinen Zweck. Wir versuchten es mit netten Worten. Ohne Erfolg. Dann drohten wir. Leider auch ohne Erfolg. Wir hatten ja gar keine wirkliche Möglichkeit, meinen Persönlichkeitsanteilen etwas anzudrohen. Wir waren in Wirklichkeit darauf angewiesen, das sie ein Einsehen hatten und sich ändern wollten.

Dummerweise weigerten sie sich sogar immer häufiger, mit mir zu reden. Und je machtloser ich mich fühlte, desto weniger kooperierten sie.

Als dann in meiner inneren Firma ein Saboteur der Konkurrenz aktiv wurde, der überall Probleme verursachen wollte, war es ganz aus. Ich hatte mehr Probleme als jemals zuvor in meinem Leben.

Der ganze Spuk hörte auf, als mir klar wurde, dass sich meine Vorstellung von meinem Unterbewusstsein verselbstständigt hatte.

Wenn wir bewusst eine Vorstellung von der Welt entwickeln, dann passen wir uns unbewusst an diese Vorstellung an. Das tun wir immer! Dabei ist es egal, ob sich unsere Vorstellung von der Welt auf unsere Außenwelt oder auf unsere Innenwelt bezieht. Und so passen wir uns auch in unserem unbewussten Denken an die Vorstellung an, das Unterbewusstsein sei eine von uns abgetrennte, eigenständige Persönlichkeit. Wenn wir diese Vorstellung angenommen haben, dann verhalten wir uns unbewusst auch dementsprechend.

Sehen wir unser Unterbewusstsein beispielsweise als alten Weisen an, dann verhalten wir uns auch so. Das ist das Gleiche, als würde uns jemand in einer Hypnoseshow erzählen, wir seien ein alter Weiser und sollten jetzt einer Person einen weisen Ratschlag geben.

Wir spielen solche Vorstellungen unbewusst mit und verhalten uns wie dieser alte Weise. Wir geben also einen Rat. Leider ist dieser Ratschlag dann nicht wirklich weise! Er ist weder weiser noch weniger weise, als wenn wir diesen Rat ohne die Vorstellung von dem alten Weisen geben würden.

Es versteht sich von selbst, dass es nicht immer gut ist, sich wie ein alter Weiser zu verhalten! Nicht alle Anforderungen an unser Leben können von einem alten Weisen erledigt werden. Ein alter Weiser tut sich zum Beispiel unter Umständen etwas schwer mit dem Sex! ☺

Ebenso nachteilig ist die Vorstellung eines inneren Kindes. Schnell ist diese Vorstellung verinnerlicht und wir verhalten uns unbewusst wie ein kleines Kind.

Eine ebenfalls gängige, aber genauso nachteilige Vorstellung des Unterbewusstseins ist die Aufteilung in ein Kind-Ich, ein Erwachsenen-Ich und ein Eltern-Ich. Diese vielen Ichs haben oft sehr unterschiedliche Interessen und geraten schnell miteinander in Konflikt.

Mir ist bewusst, dass dich diese Äußerungen erschrecken könnten. Viele Menschen haben sich auf eine solche Vorstellung eingelassen. Viele Menschen verteidigen auch ihre Vorstellung, weil sie damit gute Erfolge erzielt haben. Ist dies bei dir der Fall?

Was würdest du davon halten, diesen Sachverhalt zu überprüfen? Schau dir an, ob viele deiner Probleme einen Sinn ergeben, wenn du das Eigenleben deiner Vorstellung berücksichtigst. Gibt es diese Probleme vielleicht erst, seit du diese Vorstellung angenommen hast?

Es ist jedenfalls sehr einfach, sich von all diesen Problemen wieder zu befreien. Entwickle einfach eine andere Vorstellung von deinem Unterbewusstsein! Sehr schnell gehören dann all diese Probleme der Vergangenheit an.

Was für eine Vorstellung ist jedoch sinnvoll?

In deiner Vorstellung sollte es möglichst keine Persönlichkeitsaufspaltungen geben. Weder solltest du dein Unterbewusstsein als eine andere Persönlichkeit mit eigenem Charakter ansehen noch eine Aufteilung in verschiedene Ichs oder Persönlichkeitsanteile vornehmen. Das führt immer zu inneren Konflikten. Deine Vorstellung sollte eine Vorstellung einer Einheit sein.

Du bist dein Unterbewusstsein – genauso, wie du dein Bewusstsein bist. Es gibt keine verschiedenen Bewusstseinsformen. Es gibt nur verschiedene Denkweisen, wie ich im letzten Kapitel erklärt habe. Bewusst denkst du logisch und analytisch und unbewusst assoziativ, generalisierend und intuitiv. Verstandesorientiert nimmst du automatisch eine aktuelle Beurteilung der Sachlage vor. Intuitiv sind alle deine Beurteilungen, die du in deinem Leben getroffen hast, gleich aktuell. Du denkst immer verstandesorientiert und intuitiv gleichzeitig. Dabei nimmst du bewusst nur die Denkweise wahr, auf die du deine Aufmerksamkeit richtest. Meistens ist dies die verstandesorientierte Denkweise.

Das ist der Punkt, der zu der Verwirrung führt, dass viele Menschen dem Unterbewusstsein einen eigenen Charakter geben. Sie achten nur auf ihre verstandesorientierten Gedanken, stellen aber fest, dass sie gleichzeitig ein anderes Gefühl entwickelt haben, das auf einer anderen Denkweise aufbaut. Oft ist diese intuitive Denkweise der verstandesorientierten sogar überlegen. Dennoch ist es kein anderes Bewusstsein, das diese Gedanken denkt.

Stell dir einmal folgende Frage: Was war der romantischste Moment in deinem letzten Urlaub?

Spürst du, wie du intuitiv nach einer Antwort suchst? Dein Verstand kann diese Frage nicht beantworten, deshalb nimmst du wahr, wie deine Intuition nach einer Antwort sucht.

Verändern wir einmal diese Frage etwas: Was war der lustigste Moment in diesem Urlaub?

Auch bei dieser Frage suchst du sofort mit deiner Intuition nach der Antwort. Es ist kein anderes Bewusstsein in dir, das diese Antwort sucht. Du bist es! Du tust es nur nicht verstandesorientiert, aber dennoch tust du es!

Nehmen wir noch ein anderes Beispiel: Stell dir vor, du begegnest einem Menschen, den du auf Anhieb nicht leiden kannst. Dein Verstand findet keine Erklärung für dieses Phänomen. Fragst du dich jedoch, ob dich diese Person an jemanden erinnert, den du nicht leiden kannst, wirst du möglicherweise sofort fündig. Möglicherweise hat er eine ähnliche Nase wie Onkel Alfred, der dich als Kind immer so gepiesackt hat. Wenn das so ist, hast du unbewusst nach Ähnlichkeiten gesucht. Du hast assoziiert. Diese Denkweise ist so lange unbewusst, wie du nicht bewusst hinschaust.

Möglicherweise hast du bei diesem Unsympathen auch generalisiert. Er erinnert dich nicht an eine bestimmte Person, aber er gehört zu einer Gruppe Menschen, die du nicht leiden kannst. Vielleicht hast du mehrmals erlebt, dass Menschen mit solchen Nasen nicht zu trauen ist. Solche Generalisierungen nimmst du unbewusst manchmal vor. Es ist jedoch nur so lange unbewusst, wie du nicht hinschaust. Suchst du nach einer möglichen Generalisierung, erkennst du sie sofort auch bewusst.

Du bist es vermutlich nicht gewohnt, bewusst generalisierend, assoziierend und intuitiv zu denken. Doch nur weil du es nicht gewohnt bist, entstammen diese Denkweisen nicht einem „anderen Bewusstsein" in dir.

Du denkst immer in allen Denkweisen gleichzeitig. Bewusst ist dir dabei nur die eine, auf die du deine Aufmerksamkeit lenkst. Diese kannst du jedoch in jedem Augenblick verändern.

Beispiel: Vermutlich war dir, bevor ich das angesprochen habe, nicht bewusst, wie sich deine Füße jetzt gerade anfühlen. Es war dir nicht bewusst, weil du deine Aufmerksamkeit auf etwas anderes gelenkt hast.

Es gibt also kein von dir abgespaltenes Unterbewusstsein in dir. Du bist dein Bewusstsein und dein Unterbewusstsein in einer Person.

Wenn du dein Unterbewusstsein als eine von dir getrennte Persönlichkeit ansiehst, kann es passieren, dass du unbewusst dein Bewusstsein bekämpfst, um deine scheinbar eigenen unbewussten Ziele durchzusetzen. Das tust du jedoch nur, weil du es durch deine Vorstellung so vorgibst. Du hältst dich unbewusst wie gesagt immer an deine bewusste Vorstellung von der Welt.

Gibst du deinem Unterbewusstsein eine eigene Persönlichkeit, wirst du dich auch intuitiv so verhalten, als wäre es eine eigene Persönlichkeit. Intuitiv hast du wie gesagt eine andere Logik als verstandesorientiert. Diese intuitive Logik wird zum Beispiel in Hypnose-Shows genutzt, um dem Probanden zu suggerieren, er sei Tarzan und solle sich nun von Liane zu Liane schwingen.

Du solltest dir selbst nicht suggerieren, du hättest ein von dir getrenntes Unterbewusstsein. Du würdest dich sonst genauso verhalten wie unser Tarzan in der Hypnose-Show.

Alle Menschen versuchen, ihre Ziele durchzusetzen. Siehst du dein Unterbewusstsein wie einen anderen Menschen, wirst du dich unbewusst an diese Vorgabe halten und versuchen, deine Ziele gegen das Bewusstsein durchzusetzen.

Es gibt keine wirklich unterschiedlichen Ziele zwischen Bewusstsein und Unterbewusstsein. Wir nehmen zwar intuitiv keine automatische Aktualisierung unserer alten Ziele vor, dennoch sind es keine anderen Ziele. Es sind die Ziele, die wir in der Vergangenheit auch bewusst angestrebt haben. Aktualisieren wir sie bewusst, sind sie auch für unser so genanntes Unterbewusstsein aktualisiert.

Völlig daneben ist die Vorstellung, das Unterbewusstsein sei etwas Böses, das ständig kontrolliert werden müsse. Natürlich werden wir unbewusst auch dieser Vorstellung entsprechen und danach handeln. Das braucht kein Mensch!

Das so genannte Unterbewusstsein ist lediglich eine andere Denkweise als deine bewusste. Diese permanent kontrollieren zu wollen, ist völlig unsinnig. Du brauchst beide Denkweisen, wenn du vernünftig durchs Leben gehen möchtest.

Verstandesorientiert verfolgst du die gleichen Ziele wie intuitiv. In beiden Denkweisen hast du jedoch andere Möglichkeiten und Fähigkeiten. Diese Fähigkeiten ergänzen sich gegenseitig. Was du verstandesorientiert nicht kannst, kannst du intuitiv und umgekehrt. Du bist also selbst ein Super-Team!

Sollten deine Gesprächspartner eine nachteilige Vorstellung von Ihrem Unterbewusstseins haben, dann hilf ihnen, eine positivere Vorstellung zu entwickeln. Das kann Wunder wirken!

3. Ja/Nein-Signale

Die Schwierigkeit beim Befragen der Intuition unserer Gesprächspartner besteht nicht darin, eine Antwort zu erhalten. Wir bekommen immer Antwort. Die Schwierigkeit besteht darin, die Antwort wahrzunehmen.

Wenn du ein Meister der Zustimmungs- und Verneinungsphysiologie geworden bist, dann wirst du in diesen Physiologien ein sehr gutes Feedback-System für deine Befragung finden.

Solltest du deine Wahrnehmung diesbezüglich noch nicht so stark perfektioniert haben, ist es sinnvoll, dir die Wahrnehmung der Antworten leicht zu machen:

Wir alle haben als kleines Kind schon gelernt, unseren Kopf zu benutzen, um mit Nick- und Schüttelbewegungen zu demonstrieren, dass wir einer Aussage intuitiv zustimmen oder sie verneinen.

Diese meistens unbewusste Reaktion unseres Körpers auf Zustimmung und Verneinung wollen wir uns bei der Kommunikation mit der Intuition unserer Gesprächspartner zu Nutze machen, indem wir nach dem Stellen einer Frage einfach auf ihre Kopfbewegungen achten.

Um den Einfluss des Verstandes möglichst gering zu halten, ist es sinnvoll, unseren Gesprächspartnern zuvor zu erklären, dass wir jetzt intuitive Antworten von ihnen haben wollen. Sie sollen dabei einfach ihren Kopf (gemeint ist der Körperteil, nicht der Verstand!) machen lassen und möglichst wenig mitdenken.

Häufig beeinflusst nämlich die verstandesorientierte Logik unserer Gesprächspartner ihre Antworten und führt zu falschen Ergebnissen, weil sie verstandesorientiert nicken oder den Kopf schütteln.

In diesem Fall gilt es, unsere Gesprächspartner darauf aufmerksam zu machen, dass sie nicht bewusst mitspekulieren, sondern mehr als Zuschauer den Bewegungen ihres Kopfes folgen sollen.

Unsere Gesprächspartner sagen intuitiv nicht immer die Wahrheit, wenn sie auf diese Weise befragt werden. Oft werden Schutzantworten gegeben, weil sie intuitiv glauben, dass ihr Bewusstsein mit der Wahrheit nicht umgehen könnte. Möglicherweise hat unser Gesprächspartner in seiner Kindheit versucht, das Problem zu lösen, und ist gescheitert. Um damit leben zu können, wurde dieses Thema verdrängt. Dass dies heute möglicherweise längst nicht mehr notwendig ist, hat er intuitiv nicht erkannt. Er bräuchte dazu eine aktuelle verstandesorientierte Beurteilung. Da er die nicht hat, wird er intuitiv immer noch die alten Ziele verfolgen und das Thema verdrängen wollen. Er wird also intuitiv entweder mit der Antwort gar nicht herausrücken oder irgendeinen Quatsch erzählen.

Unsere Gesprächspartner haben also ziemlich viele alte Beurteilungen in ihrer Intuition abgespeichert, die gegebenenfalls beim Befragen im Weg stehen könnten. Möglicherweise haben unsere Gesprächspartner sogar gelernt, dass sie sich nicht ausfragen lassen sollten. In solch einem Fall bekämen wir gar keine intuitiven Antworten von ihnen. Wir müssten ihnen bewusst erst einmal klar machen, dass wir sie nicht ausfragen, sondern ihnen helfen wollen.

Unsere Gesprächspartner werden intuitiv natürlich so antworten, wie es ihnen ihre Vorstellung von ihrem Unterbewusstsein vorgibt. Wir treffen also unter Umständen auf den alten Weisen oder auf das innere Kind und Ähnliches. Das sollte uns beim Befragen bewusst sein.

Manche Menschen sehen ihr Unterbewusstsein als allwissende göttliche Persönlichkeit. Sie werden auch unbewusst versuchen, dieser Vorstellung zu entsprechen, doch das bedeutet leider nicht, dass sie alles wissen und können. Es bedeutet lediglich, dass sie so tun, als wüssten und könnten sie alles! Für unseren Gesprächspartner fühlt es sich dabei so an, als wären die Antworten die einzige und unumstößliche Wahrheit. In solch einem Fall kann das Herausfinden eines Denkfehlers sehr schwierig sein. Ein allwissendes göttliches Unterbewusstsein macht ja keine Denkfehler. Damit wird unser Gesprächspartner intuitiv nie zugeben, dass er etwas falsch gemacht hat.

In solch einem Fall ist es wichtig, die Vorstellung unseres Gesprächspartners von seinem Unterbewusstsein erst einmal zu korrigieren.

Nach meinen Erfahrungen ist dies immer wichtig, wenn ich die Antworten meiner Klienten in die Rubrik „Esoblödquatsch" einordnen muss. Viele Menschen weigern sich zum Bespiel aus spirituellen Gründen, glücklich zu sein. Sie denken, dass das Leben hier auf der Erde nicht dazu bestimmt ist. Und genauso fallen dann ihre Antworten aus.

Du solltest dich also niemals blind auf die intuitiven Antworten deines Gesprächspartners verlassen. Ihr Wahrheitsgehalt ist im Durchschnitt genauso klein, aber auch genauso groß, als würdest du dich mit dem Verstand deines Gesprächspartners unterhalten.

Im Allgemeinen lassen wir die Vorstellung unseres Gesprächspartners von seinem Unterbewusstsein stehen. Es braucht einiges an Zeit, diese Vorstellung zu korrigieren. Das sollten wir nur tun, wenn es notwendig ist. Nicht alle Menschen haben eine nachteilige Vorstellung von ihrem Unterbewusstsein. Im weiteren Verlauf wird also die Bezeichnung „Unterbewusstsein" als Platzhalter für die intuitive, assoziative und generalisierende Denkweise benannt.

4. Einkreisen statt herumraten

Bei der Vielzahl an Möglichkeiten, worin die Ursache einer Blockade oder eines Problems genau liegen könnte, hat es natürlich keinen Sinn, wahllos drauflos zu raten.

Wir brauchen eine einfache Systematik, mit der wir die gesuchte Information Schritt für Schritt einkreisen können.

Wichtig dabei ist in erster Linie, dass wir wissen, was wir mit dieser Intervention überhaupt erreichen wollen.

Diese Intervention ist vor allem für die folgenden Zielsetzungen geeignet:

- Auflösen von Glücksblockaden
- Veränderung unbewusster Verhaltensmuster
- Lösung diffuser emotionaler Probleme
- Lösung körperlicher Probleme

a.) Auflösung von Glücksblockaden

Eine Glücksblockade zu finden, gehört zu den einfachen Zielsetzungen bei der Befragung des so genannten Unterbewusstseins. Bevor wir mit unserer Befragung richtig loslegen, sollten wir erst einmal sicherstellen, dass unser Gesprächspartner die Gründe für seine Blockade uns gegenüber auch wirklich preisgeben will. Wir sprechen ihn also noch einmal darauf an, dass wir auf seiner Seite sind. Wir wollen ihm mit der Befragung seines so genannten Unterbewusstseins lediglich helfen, seine Verhaltensweise auf einer aktuellen Beurteilung seiner Lebensumstände aufzubauen. Wir machen ihm dabei bewusst, dass es immer sicherer ist, von unseren aktuellen Lebensumständen auszugehen als von einer möglicherweise weltfremden Vorstellung von der Welt.

Weiterhin sollten wir ihm bewusst machen, dass weder er sich selbst noch wir ihn zwingen können, eine Entscheidung zu treffen, hinter der er intuitiv nicht stehen kann. Wir können ihm nur eine aktuelle und damit sichere Sichtweise aufzeigen. Entscheiden wird er sich dann intuitiv. Es besteht also keine Gefahr für das so genannte Unterbewusstsein, wenn es mit uns redet.

Weiterhin ist es wichtig zu wissen, dass dem so genannten Unterbewusstsein unseres Gesprächspartners möglicherweise nicht bewusst ist, dass er eine Blockade hat. Es gibt das Unterbewusstsein wie gesagt nicht wirklich. Es ist nur ein Denkmodell, an das sich unser Gesprächspartner hält. Damit weiß das so genannte Unterbewusstsein natürlich auch nicht alles.

Wir haben nicht immer alle Hintergründe für unser intuitives Verhalten sofort parat. Manchmal vergessen wir auch intuitiv, warum wir eigentlich tun, was wir tun. Die Entscheidung dazu kann sehr lange her sein. Es kann damit also sein, dass wir uns auch intuitiv nicht sofort daran erinnern. Wir können die Gründe für unsere Entscheidung intuitiv allerdings sehr schnell finden, wenn wir darum gebeten werden.

Wir stellen unserem Gesprächspartner bei Glücksblockaden also folgende Fragen. Das Denkmodell „Unterbewusstsein" lassen wir im Allgemeinen dabei wie gesagt stehen.

- Bist du unbewusst bereit, mit mir über das Thema zu reden?

  Wenn dein Gesprächspartner diese Frage intuitiv verneint, dann mach ihm noch einmal deine positive Absicht klar.

- Weißt du unbewusst, ob du glücklich sein kannst, darfst und willst?

  Wenn er es nicht weiß, dann bitte ihn, es herauszufinden. Sobald er es weiß, soll er dies mit einem Nicken bestätigen.

- Könntest du glücklich sein, wenn du es wolltest und dürftest?
- Willst du glücklich sein?
- Darfst du glücklich sein?

Wenn er eine oder mehrere der letzten drei Fragen mit „Nein" beantwortet, kannst du gezielt weiter nach den Glücksblockaden fragen, die wir im zweiten Teil dieses Buches behandelt haben.

1.) Nicht glücklich sein können

Wenn ein Mensch nicht glücklich sein kann, liegt das im Allgemeinen daran, dass er sich auf irgendein Ziel fixiert hat. Wir würden ihn also gezielt darauf ansprechen:

- Musst du zuerst ein bestimmtes Ziel erreichen, bevor du glücklich sein kannst?
- Musst du zuvor ein Problem lösen, bevor du glücklich sein kannst?

Wenn unser Gesprächspartner eine dieser Fragen mit „Ja“ beantwortet, würden wir abfragen, worum es bei diesem Ziel oder dem Problem genau geht. Wir würden zumindest wissen wollen, um welches Grundmotiv es eigentlich geht.

Die nachfolgenden Fragen würden wir natürlich für unseren Gesprächspartner so formulieren, dass er sie mit seinem Wissensstand verstehen kann. Wenn nötig, würden wir dazu zuvor ein paar Grundlagen erklären.

- Hat dieses Ziel etwas damit zu tun, dass du Menschen haben willst, die zu dir passen?
- Hat das Ziel etwas damit zu tun, dass du bei anderen Menschen erwünscht sein möchtest?
- Hat es etwas damit zu tun, dass du dich vor Gewalt schützen willst?
- Hat es etwas damit zu tun, dass du dein Überleben absichern möchtest?
- Hat es etwas damit zu tun, dass du machen kannst, was du willst?
- Hat es etwas damit zu tun, dass andere Menschen machen sollen, was du willst?

- Hat es mit Sex zu tun?

Auf diese Art und Weise würden wir mehr über die Blockade herausfinden. Wir könnten dann weiterfragen, um noch spezifischer auf die Untermotive des entsprechenden Grundmotivs einzugehen, wie es im nächsten Kapitel „Veränderung unbewusster Verhaltensweisen" beschrieben wird.

Mit den Informationen, die wir auf diese Art und Weise gewinnen, würden wir mit unserem Gesprächspartner dann durch die drei Sichtweisen gehen und ihn somit erkennen lassen, dass auch hier die Sichtweise des Neuzeitmenschen die sicherste ist.

2.) Nicht glücklich sein dürfen

Haben wir eine intuitive Bestätigung von unserem Gesprächspartner bekommen, dass er nicht glücklich sein darf, würden wir in unserer Befragung etwas anders vorgehen. Wir würden folgende Fragen stellen:

- *Schuldprobleme:* Darfst du nicht glücklich sein, weil du an etwas Schlimmem schuld bist?
- *Rudelführerblockade:* Darfst du nicht glücklich sein, weil du Verantwortung für andere Menschen tragen musst?
- *Kopien:* Darfst du nicht glücklich sein, weil du sonst die Zusammengehörigkeit zu bestimmten Menschen verlieren könntest?
- *Verbote:* Darfst du nicht glücklich sein, weil es dir jemand verboten hat? Wenn ja, wer? War es ein Mensch? War es Gott?

Mit der entsprechenden Begründung würden wir unseren Gesprächspartner dann durch die drei Sichtweisen führen und wieder erkennen lassen, dass auch hier die Sichtweise des Neuzeitmenschen die sicherste ist.

3.) Nicht glücklich sein wollen

Wenn unser Gesprächspartner intuitiv nicht glücklich sein will, gibt es dafür grundsätzlich zwei mögliche Ursachen. Diese beiden würden wir an dieser Stelle abfragen:

- *Manipulationsabsicht:* Willst du nicht glücklich sein, weil du jemanden damit manipulieren willst?
- *Sekundärer Gewinn:* Willst du mit deinem Unglück etwas erreichen?

Wir könnten an dieser Stelle natürlich auch noch weiterfragen, was genau jemand erreichen will und wen genau er weswegen manipulieren will. Oft genügt es jedoch, ihn allein schon mit der generellen Information durch die drei Sichtweisen zu führen. Wenn es nicht genügen sollte, solltest du versuchen, einfach noch ein bisschen mehr herauszubekommen. Dazu ist es nicht notwendig, ein vorgegebenes Frageformat zu benutzen. Rate einfach gemeinsam mit deinem Gesprächspartner, um was es genau gehen könnte, und frage nach.

b.) Veränderung unbewusster Verhaltensmuster

Das zweite Thema, für das sich die Unterbewusstseinsbefragung gut eignet, sind unbewusste Verhaltensmuster, von deren Hintergründen unser Gesprächpartner bewusst keine Ahnung hat.

Schauen wir uns ein Beispiel an. Jemand will beispielsweise mit dem Rauchen aufhören, hat aber keine Ahnung, warum er tatsächlich raucht.

Uns ist klar, dass das Rauchen, wie jedes Verhaltensmuster, eine Maßnahme darstellt, mit der er unbewusst ein bestimmtes Ziel verfolgt. Möglicherweise verfolgt er damit sogar mehrere Ziele gleichzeitig.

Wir wissen weiterhin, dass alle Ziele eines Menschen letztendlich auf seinen sieben Grundmotiven aufgebaut sind. Wir können also unseren Gesprächspartner gezielt auf diese sieben Grundmotive ansprechen und dabei auf seine unbewussten Antworten (Kopfbewegungen) achten. Wir stellen also zu Beginn folgende Fragen:

- Bist du unbewusst bereit, mit mir über das Thema zu reden?

  Wenn dein Gesprächspartner diese Frage intuitiv verneint, dann mach ihm deine positive Absicht klar.

- Weißt du unbewusst, warum du rauchst?

  Wenn nicht: Finde es heraus und bestätige mit einem Nicken, dass du es jetzt weißt!

- Hat das Ziel, das du mit dem Rauchen verfolgst, etwas damit zu tun, dass du Menschen haben willst, die zu dir passen?
- Hat das Ziel etwas damit zu tun, dass du bei anderen Menschen erwünscht sein möchtest?
- Hat es etwas damit zu tun, dass du dich vor Gewalt schützen willst?
- Hat das Rauchen etwas damit zu tun, dass du dein Überleben absichern möchtest?
- Hat es etwas damit zu tun, dass du machen kannst, was du willst?

- Hat das Rauchen etwas damit zu tun, dass andere Menschen machen sollen, was du willst?
- Hat der Grund, warum du rauchst, etwas mit Sex zu tun?

Die Grundmotive „Passen“ und „Erwünschtsein“ haben wir in jeweils drei Untermotive unterteilt, wie du im Kapitel 2.V. „Problemlisten“ ersehen kannst.

Wenn unser Gesprächspartner die Frage nach dem Passen oder Erwünschtsein bejaht, würden wir versuchen, diese Zielsetzungen weiter zu spezifizieren. Wir würden also nach dem entsprechenden Untermotiv fragen.

Beispiel: Nehmen wir an, wir bekamen eine Ja-Antwort bei der Frage nach dem Erwünschtsein. Wir würden daraufhin folgende Fragen stellen:

- *Interessant sein:* Rauchst du, um für andere interessant zu sein?
- *Beziehungssicherung:* Rauchst du, um damit eine Freundschaft oder eine Beziehung zu sichern?
- *Dazugehören:* Rauchst du, damit man dich in der Gruppe akzeptiert?

Eine oder mehrere dieser Fragen würden von unserem Gesprächspartner intuitiv mit „Ja“ beantwortet, wenn die Antwort bezüglich des Erwünschtseins gestimmt hat und unser Gesprächspartner die Fragen intuitiv richtig versteht.

Nehmen wir an, unser Gesprächspartner hätte eine Ja-Antwort gegeben, als er danach gefragt wurde, ob er durch das Rauchen für andere interessant sein möchte.

Wir würden dieses Untermotiv erneut aufgreifen und die Problemlisten von Kapitel 2.V. dazu verwenden, das Ziel noch genauer zu spezifizieren. Dabei würden wir, wenn möglich, die in der Liste genannten Probleme in Ziele umdefinieren.

- *Übersteigertes Bedürfnis nach Anerkennung und Wertschätzung:* Rauchst du, um von anderen dafür Anerkennung oder Wertschätzung zu bekommen?
- *Übersteigertes Bedürfnis nach Aufmerksamkeit:* Rauchst du, um Aufmerksamkeit zu bekommen?
- *Übersteigertes Bedürfnis, begehrt zu werden:* Rauchst du, weil du dadurch stärker begehrt wirst?
- *Schlechtes Selbstwertgefühl:* Rauchst du, weil du dich dadurch wertvoller fühlst?
- *Angst, in der Masse unterzugehen:* Rauchst du, um dich von der Masse abzuheben?

Bei diesen Fragen ist zu beachten, dass die tatsächlichen Motive für das Rauchen weit in der Vergangenheit liegen könnten und im jetzigen Alter unseres Gesprächspartners möglicherweise keinen Sinn mehr machen. Im Gegensatz zum verstandesorientierten Denken aktualisiert er intuitiv solche Motive wie gesagt nicht.

Wundert sich unser Gesprächspartner also über unsere Fragen, sollten wir ihm diesen Sachverhalt erklären. Ansonsten würde er sich vermutlich weigern, diese scheinbar unsinnigen Fragen zu beantworten.

Wenn wir zu einer oder mehreren der obigen Fragen eine intuitive Ja-Antwort von unserem Gesprächspartner erhalten haben, gehen wir damit durch die drei Sichtweisen und lassen ihn erkennen, dass er als Neuzeitmensch viel bessere Maßnahmen hat, um sein Ziel zu erreichen.

Natürlich will jeder Mensch immer die beste Maßnahme nutzen, um ein bestimmtes Ziel zu erreichen. Als Neuzeitmensch hätte er viel bessere Maßnahmen. Sie würden ihm mit uns im Gespräch sicherlich auch einfallen. Damit könnte er sich entscheiden, das Rauchen als Maßnahme durch eine viel bessere zu ersetzen. Er würde also nicht mehr rauchen, denn dies wäre ja die schlechtere Maßnahme. Auf diese Weise ist es nicht schwer, sich das Rauchen abzugewöhnen. Man gewöhnt sich stattdessen einfach etwas viel Besseres an!

Abschließend würden wir noch einmal sicherheitshalber das so genannte Unterbewusstsein unseres Gesprächspartners fragen, ob das Rauchen als Maßnahme jetzt durch eine bessere Maßnahme ersetzt wird, und auf seine intuitive Antwort achten.

Manchmal kommt in der Intuition nicht immer alles an, was unsere Gesprächspartner verstandesorientiert erkannt haben. Dies erfordert in aller Regel Wiederholungen. Um sicherzustellen, dass die Entscheidung, die er in der Neuzeitsichtweise getroffen hat, oft genug wiederholt wurde, damit sie intuitiv übernommen wird, achten wir wie gesagt besonders auf die spontane Antwort seines Kopfes.

c.) Lösung diffuser emotionaler Probleme

Auf die gleiche Art und Weise kann man auch den Grund finden, der einem diffusen emotionalen Problem zu Grunde liegt, und damit durch die drei Sichtweisen gehen.

Einer der bekanntesten Vertreter aus dieser Problemkategorie ist die latente Unzufriedenheit. Man weiß eigentlich nicht, was einem fehlt, aber man ist unzufrieden. Das kann sich über viele Jahre erstrecken. Die latente Unzufriedenheit wird dabei zu einer Art Grundgefühl, das alles überschattet.

Wenn ein Mensch die Art des Gefühls beschreiben kann, liefert uns diese Information bereits erste Hinweise darauf, welche Aufgabe dieses Gefühl hat.

Mit unseren Belohnungs- und Vermeidungsgefühlen verfolgen unsere Instinkte einen ganz bestimmten Zweck. Sie wollen, dass wir unsere Grundmotive erfüllen. Jedes Gefühl hat dabei eine andere Aufgabe. Schauen wir uns diese Aufgaben einmal etwas genauer an:

Zufriedenheit

Was wollen unsere Instinkte wohl erreichen, wenn sie uns Zufriedenheitsgefühle machen? Die Antwort ist einfach: Sie belohnen uns für den momentanen Zustand. Sie wollen damit erreichen, dass wir alles so lassen, wie es ist.

Unzufriedenheit

Mit der Unzufriedenheit wollen unsere Instinkte genau das Gegenteil erreichen. Sie wollen uns einen Antrieb geben, etwas zu ändern. Dabei ist es ihnen nicht wichtig, was wir stattdessen tun sollen. Sie sagen nur, dass es so nicht bleiben sollte.

Lust

Mit der Lust geben uns unsere Instinkte einen zielgerichteten, starken Antriebsimpuls.

Angst

Angst wird für die verschiedensten Anwendungen genutzt. Meistens dient die Angst der Gefahrenvermeidung. Mit diesem Gefühl machen uns unsere Instinkte sehr wachsam.

Trauer

Mit dem Gefühl der Trauer geben uns unsere Instinkte einen Loslassimpuls. Wir sind zum Beispiel traurig, wenn wir einen Menschen verloren haben. Unser Herdentrieb will damit etwas ganz Bestimmtes bezwecken: Er will vermeiden, dass wir unsere gesamte Aufmerksamkeit auf einen Menschen richten, mit dem wir keine Zusammengehörigkeit mehr leben können. Würden wir von ihm nicht loslassen, könnte das unser Interesse am Rest unseres Rudels schwächen und damit unsere Zugehörigkeit zum Rudel gefährden. Das will der Herdentrieb vermeiden. Er macht also das Gefühl der Trauer und bringt uns dazu loszulassen.

Wann immer wir verstandesorientiert oder intuitiv ein wichtiges Ziel als unerreichbar definieren, erzeugt der Instinkt, dessen Grundmotiven das jeweilige Ziel zugeordnet werden kann, Trauer als Vermeidungsgefühl. Unsere Instinkte wollen vermeiden, dass wir Zielen hinterher rennen, die nicht erreichbar sind. Wohlgemerkt kommt die Beurteilung, dass das Ziel nicht erreichbar ist, vom Verstand oder von der Intuition und nicht direkt von den Instinkten.

Freude

Freude ist das klassischste aller Belohnungsgefühle. Wir werden mit diesem Gefühl belohnt, wenn wir einen wichtigen Erfolg errungen haben. Wir werden belohnt, wenn die Aussichten auf Erfolg gut sind. Wir werden einfach immer belohnt, wenn irgendetwas passiert, was wir für die Erreichung oder Erhaltung unserer Grundmotive als positiv beurteilen.

Widerwille

Dieses Gefühl setzen unsere Instinkte immer ein, wenn wir uns gegen einen Zwang auflehnen sollen. Unsere Instinkte wollen damit vermeiden, dass wir Dinge tun, die unsere Grundmotive gefährden. Wir bekommen zum Beispiel Widerwillen, wenn wir es als Zwang beurteilen, etwas tun zu müssen, das uns keinen Spaß macht.

Frustration

Der liebe Frust hat ebenfalls eine wichtige Funktion. Er ist ein Loslassgefühl genau wie die Trauer. Nur sollen wir hier nicht von einem Ziel loslassen, das scheinbar nicht erreichbar ist. Wir sollen von dem Weg loslassen, den wir erfolglos beschritten hatten, um ein Ziel zu erreichen. Das Ziel ist immer noch wichtig – so wichtig, dass wir uns durch den Frust irgendwann Gedanken machen, wie wir vielleicht auf eine andere Art und Weise zum Ziel kommen könnten.

Zuneigung

Zuneigung ist ein ganz klares Belohnungsgefühl. Unser Herdentrieb will uns damit dazu bringen, mit einem bestimmten Menschen oder einer Gruppe die Zusammengehörigkeit zu verstärken oder zu sichern.

Ablehnung

Ablehnung benutzen unsere Instinkte immer dann, wenn irgendetwas nicht in Ordnung ist oder nicht zu uns passt. Dabei machen sie keinen Unterschied, ob es jetzt der Partner ist, der nicht in Ordnung ist, oder der PC, der ständig abstürzt. Wir lehnen alles ab, was nicht niet- und nagelfest ist. Wir lehnen beispielsweise unsere schlechten Gefühle ab, weil wir glücklich sein wollen und schlechte Gefühle dabei ganz offensichtlich nicht passen. Also machen die Instinkte Ablehnungsgefühle. Natürlich ergibt das keinen Sinn. Unsere Gefühle werden nur noch unglücklicher, was dazu führt, dass wir sie noch mehr ablehnen.

Ablehnung ist also das Vermeidungsgefühl schlechthin. Unsere Instinkte wollen damit vermeiden, dass wir etwas für uns Negatives akzeptieren.

Jedes unserer angenehmen und unangenehmen Gefühle hat also einen eigenen, speziellen Sinn. Diese Beispiele sollen als Anregung dienen, damit du dir über den Sinn der verschiedensten Gefühle selbst Gedanken machen kannst.

Ich empfehle dir, dich über dieses Thema mit deinen Freunden auszutauschen. Gemeinsam findet man sehr schnell die wahre Bedeutung eines diffusen Gefühls heraus.

Wenn wir durch die Beschreibung unseres Gesprächspartners eine Ahnung haben, was er instinktiv mit seinem Gefühl erreichen will, können wir gezielt nachfragen, um welches Grundmotiv es dabei geht.

Beim Bespiel der latenten Unzufriedenheit könnten wir nachfragen, was sich in seinem Leben ändern sollte.

Geht es darum, dass er zu wenige Menschen hat, die zu ihm passen?

Ist er unzufrieden, weil er sich nicht richtig erwünscht fühlt?

Auf diese Weise könnten wir alle sieben Grundmotive durchfragen.

Kann unser Gesprächspartner sein Gefühl überhaupt nicht einordnen und erklärt nur, dass es sich schlecht anfühlt, müssen wir etwas allgemeiner vorgehen.

So wie ein unerwünschtes Verhaltensmuster eine unbewusste Maßnahme darstellt, um etwas Bestimmtes zu erreichen oder zu vermeiden, so stellen unsere unangenehmen Gefühle Maßnahmen unserer Instinkte dar, die ebenfalls etwas vermeiden wollen.

Wir können in unserer Befragung also ganz genauso vorgehen wie bei der „Veränderung unbewusster Verhaltensweisen" beschrieben. Wir wollen als Erstes wieder wissen, welches der sieben Grundmotive mit der diffusen Emotion erfüllt werden soll. Wir könnten also folgende Fragen stellen:

- Bist du unbewusst bereit, mit mir über das Gefühl zu reden?
- Weißt du unbewusst, was deine Instinkte mit dem Gefühl bezwecken wollen?
- Hat das Gefühl etwas damit zu tun, dass du Menschen haben willst, die zu dir passen?
- Hat das Gefühl etwas damit zu tun, dass du bei anderen Menschen erwünscht sein möchtest?
- Hat das Gefühl etwas damit zu tun, dass du dich vor Gewalt schützen willst?
- Ist das Gefühl etwas damit zu tun, dass du deine Existenz sichern willst?
- Hat es etwas damit zu tun, dass du machen kannst, was du willst?
- Hat das Gefühl etwas damit zu tun, dass andere Menschen machen sollen, was du möchtest?
- Hat das Gefühl etwas mit Sex zu tun?

Wir gehen also mit diffusen emotionalen Problemen genauso um wie mit den unerwünschten Verhaltensmustern. Wir müssen unserem Gesprächspartner wahrscheinlich jedoch erklären, worin die Aufgabe der menschlichen Emotionen tatsächlich besteht, da er sonst den Sinn unserer Fragen nicht nachvollziehen kann.

Der weitere Verlauf dieser Intervention ist mit der Vorgehensweise bei der „Veränderung unbewusster Verhaltensmuster" identisch.

d.) Lösung körperlicher Probleme

Zu körperlichen Problemen zählen in erster Linie Krankheiten. Aber auch Figurprobleme oder ein schlechtes allgemeines Wohlbefinden gehören in diese Problemkategorie.

Im Gegensatz zu unerwünschten Verhaltensweisen oder diffusen Emotionen stellen körperliche Probleme nicht immer eine Maßnahme dar, um damit ein Ziel zu erreichen.

Es gibt eine Vielzahl möglicher Krankheitsursachen. Neben der Krankheit als Maßnahme für einen sekundären Gewinn könnte sie auch eine Folgeerscheinung eines ganz anderen Problems sein oder schlicht und ergreifend ein Fehler des Körpers. So sind zum Beispiel Allergien zu 80 Prozent als Fehler des Immunsystems zu sehen. Nur hinter 20 Prozent aller Allergien stecken psychische Ursachen.

Wir können also nur bedingt mit dieser Intervention arbeiten, wenn es um körperliche Probleme geht. Sie hat nur einen Sinn, wenn das Problem als Maßnahme verwendet wird.

Weiterhin stellt die Anwendung dieser Intervention in Bezug auf Krankheiten eine Heilbehandlung dar, für die du eine staatliche Genehmigung brauchst. Lass also die Finger davon, wenn du diese Genehmigung nicht besitzt!

Wenn du Heilbehandlungen durchführen darfst oder wenn es um ein körperliches Problem geht, das mit der Heilung einer Krankheit nichts zu tun hat, wie beispielsweise Figurprobleme, dann könntest du deinen Gesprächspartner Folgendes fragen und auf die Antwort seines Kopfes achten:

- Stellt das körperliche Problem eine Maßnahme dar, mit der du etwas erreichen oder vermeiden möchtest?

Beantwortet er diese Frage mit einem Nicken, kannst du genauso vorgehen wie bei der „Veränderung unbewusster Verhaltensmuster".

Beantwortet er diese Frage mit einem Kopfschütteln, ist diese Intervention zur Lösung des Problems nicht sonderlich gut geeignet. Wir könnten zwar mit unseren Fragen ein bisschen herumstochern und vielleicht auch etwas Wichtiges herausfinden, aber es wäre eher Rätselraterei als eine effektive Intervention.

Wir würden uns dann lieber für die folgende Intervention entscheiden, die bei körperlichen Problemen sehr viel präziser und effektiver arbeitet.

3.II. Die Sprache des Gehirns

Bereits in den achtziger Jahren entdeckte Richard Bandler (Mitbegründer des Neuro-Linguistischen Programmierens), dass unser Gehirn bei seiner Informationsverarbeitung eine eigene Sprache verwendet. Er erkannte, dass diese interne Gehirnsprache die Basis jeder menschlichen Veränderung darstellt.

Richard Bandler entwickelte auf dieser Basis eine Vielzahl von Techniken, die sicherlich zu den effektivsten therapeutischen Werkzeugen gehören, die es auf dieser Welt gibt.

Für unsere Arbeit sind diese therapeutischen Techniken des NLP im Allgemeinen nicht sinnvoll, weil wir auf eine andere Zielsetzung hinarbeiten als NLP.

Wir brauchen also nicht die vielen effektiven Techniken des NLP zu erlernen. Jedoch sind die Grundlagenforschungen von Richard Bandler auch für uns Gold wert!

1. Submodalitäten

Wenn der Arzt uns sagt, wir hätten Krebs und nur noch ein paar Monate zu leben, dann spricht sicherlich nichts dagegen, wenn wir in diesem Fall unser Ziel des Glücklichseins etwas ausweiten! Wir wollen auch in ein paar Jahrzehnten noch glücklich und lebendig sein.

Bleiben wir ruhig einmal bei dem eben genannten Beispiel. Wenn ein Mensch Krebs hat, dann steckt hinter dem Krebs sehr häufig ein psychisches Problem. Die Krankheit selbst ist also in Wirklichkeit nur ein Folgeproblem. Dieses Folgeproblem lösen zu wollen, wird möglicherweise scheitern, wenn man das Ursachenproblem, das die Krankheit auslöst, weiterhin stehen lässt.

Wir sollten also parallel zur ärztlichen Behandlung mit unserem Gesprächspartner daran arbeiten, die Ursachen seiner Krankheit aufzulösen. Wenn wir an dieser Zielsetzung arbeiten, stellt unsere Intervention natürlich eine Heilbehandlung dar, die in den meisten europäischen Ländern Ärzten und Heilpraktikern vorbehalten ist. Ich bitte dies zu berücksichtigen!

Das Ursachenproblem unseres Gesprächspartners baut auf den gleichen Denkfehlern auf, die wir zur Genüge in diesem Buch besprochen haben.

Möglicherweise korrigieren wir den Denkfehler automatisch, der unsere Krankheit ausgelöst hat, wenn wir immer spüren, dass wir alles haben, was wir brauchen, um glücklich zu sein. Sobald dieser Denkfehler durch bestimmte Ereignisse ausgelöst wird, würde er automatisch korrigiert. Es kann also sein, dass unser Glückskonzept sich sehr positiv auf unsere Gesundheit auswirkt.

Oft ist es jedoch so, dass das Folgeproblem, in diesem Fall der Krebs, nach der Auflösung des Ursachenproblems noch einmal gezielt angesprochen werden muss.

Der Krebs verschwindet also nicht immer allein dadurch, dass das Ursachenproblem aufgelöst wurde! Es ist extrem wichtig, dies zu wissen, denn sonst sucht man bis zum Tod seines Klienten weiter nach möglichen Ursachen der Krankheit, weil man glaubt, man hätte noch nicht alle gefunden. Dabei hätte die Krankheit nur einmal gezielt angesprochen werden müssen.

Richard Bandlers Entdeckung der internen Gehirnsprache ermöglicht es uns, dem Körper gezielt die Anweisung zu geben, physiologische Prozesse zu verändern.

Wir können in dieser Sprache dem Körper zum Beispiel sagen, er solle sein Immunsystem aktivieren, um gezielt den Krebs anzugehen.

Bei anderen Krankheiten können wir ihm hingegen die Anweisung geben, die Aktivität des Immunsystems herunterzufahren. Dies hat zum Beispiel einen Sinn, wenn das Immunsystem den eigenen Körper angreift wie bei Neurodermitis oder Allergien.

Wir können diese Gehirnsprache auch benutzen, um Organfunktionen wieder in Ordnung zu bringen oder Körperfett abzubauen.

Alle physiologischen Prozesse lassen sich mit dieser Gehirnsprache steuern. Man muss diese Sprache nur richtig anwenden.

Was dies etwas erschwert, ist, dass jeder Mensch eine etwas andere Sprache verwendet. Jedes Gehirn verwendet bestimmte Codes, um Informationen abzuspeichern. Die Grundelemente dieser Codes sind immer die gleichen. Sie bilden gewissermaßen das ABC der Gehirnsprache.

In der englischen und der deutschen Sprache werden vorwiegend die gleichen Buchstaben verwendet. Die Sprachen sind sehr verschieden, jedoch sind die Grundelemente der Sprache, eben die Buchstaben, gleich.

So ist das auch in der Gehirnsprache. Jeder Mensch benutzt das Gehirnalphabet in seiner eigenen Sprache. Das macht das Verständnis dieser Sprache natürlich zu einer extrem schwierigen Sache. Dennoch gibt es eine Möglichkeit, diese Sprache sinnvoll zu nutzen.

Das ABC der Gehirnsprache besteht aus feinen Unterscheidungen in allen Sinnessystemen. Richard Bandler nannte diese feinen Unterscheidungen „Submodalitäten“.

Nehmen wir als Beispiel das visuelle Sinnessystem. Es gibt ca. 30 verschiedene Buchstaben in diesem Sinnessystem, die unser Gehirn in seinem Alphabet verwendet.

Wenn wir uns ein Bild anschauen, dann hat dieses Bild bestimmte Eigenschaften. Es hat zum Beispiel eine bestimmte Größe. Es hat eine bestimmte Schärfe und einen bestimmten Kontrast. Das Bild könnte farbig oder schwarzweiß sein. Es könnte einen Rahmen haben oder auch nicht. Es hat eine bestimmte Helligkeit und so weiter.

Alle diese Eigenschaften, die ein Bild haben kann, stellen die Buchstaben des Gehirnalphabetes im visuellen Sinnessystem dar. Mit diesen Buchstaben formt das Gehirn seine Worte und mit diesen Worten seine Programme.

Ich werde diese Buchstaben der Gehirnsprache im weiteren Verlauf dieses Buches ebenfalls Submodalitäten nennen.

Neben dem visuellen System verfügen auch die anderen Sinnessysteme über ein eigenes Alphabet. Im Allgemeinen genügt es jedoch, lediglich eine Veränderung in einem einzigen System zu bewirken. Die anderen Systeme passen sich dann automatisch an. Das visuelle Sinnessystem ist am besten für unsere Zwecke geeignet. Wir werden diese Submodalitäten im visuellen Sinnessystem verwenden, um körperliche Prozesse zu verändern. Glücklicherweise ist es nicht notwendig, jedes Mal die gesamte Gehirnsprache unseres Gesprächspartners zu erlernen. Es genügt, die richtigen Submodalitäten zu finden, die für die Veränderung eines körperlichen Prozesses wichtig sind.

2. Finden der richtigen Submodalitäten

Das Finden der Submodalitäten, die verändert werden müssen, um einen Körperprozess zu verändern, gestaltet sich nicht so schwierig, wie es auf den ersten Blick den Anschein haben mag.

Wir müssen die Sprache des Gehirns nicht verstehen. Wir brauchen nur eine Vorlage, bei der wir die richtige Anordnung der Buchstaben abschauen können, die eine gesunde Anweisung an den Körper formen.

Machen wir dazu ein Beispiel: In unserem Körper entstehen mehrmals pro Tag Krebszellen, die sofort vom Immunsystem erkannt und eliminiert werden. Das ist ein gesunder Prozess, den wir uns auch bei einem Tumor wünschen würden. Hier reagiert das Immunsystem einfach nicht (oder nicht ausreichend) auf die Krebszellen des Tumors. Wir wissen nicht, warum es das nicht tut. Wir wissen nur, dass es seine Aufgabe nicht richtig erledigt.

Wir wollen unserem Immunsystem jetzt sagen, dass es mit dem Tumor genauso verfahren soll wie mit den Krebszellen, die es täglich erfolgreich eliminiert.

Wir schauen uns also die Submodalitäten des Tumors an und vergleichen sie mit den Submodalitäten der Krebszellen, die das Immunsystem eliminiert. In beiden Zusammenstellungen der Submodalitäten ist die Anweisung codiert, wie das Immunsystem mit diesen Körperzellen zu verfahren hat.

Bei den Krebszellen, die der Körper täglich eliminiert, steht in der Sprache des Gehirns geschrieben, dass das Immunsystem gegen diese Zellen vorgehen soll. Beim Tumor hingegen drücken die Submodalitäten aus, dass das Immunsystem den Tumor ignorieren soll.

Wir nehmen also die richtige Funktionsweise des Immunsystems als Vorlage und schauen uns an, worin sich deren Submodalitäten von denen des Tumors unterscheiden.

Haben wir diese herausgefunden, geben wir dem Tumor einfach bewusst die gleichen Submodalitäten wie den Zellen, die der Körper täglich eliminiert.

Die Auswirkung ist, dass das Immunsystem fortan die Zellen des Tumors genauso behandelt wie die Krebszellen, die es täglich eliminiert. Der Tumor wird also abgebaut.

Wenn wir nach Submodalitäten zur Veränderung körperlicher Prozesse suchen, dann geht es dabei immer um innere bildhafte Vorstellungen.

Zwar haben einige Menschen im Laufe ihres Lebens verlernt, innere Bilder zu sehen, aber sie können sich zumeist vorstellen, sie würden ein inneres Bild sehen. Oder sie haben ein Gefühl für das Bild. Das genügt in aller Regel auch.

Im oben genannten Beispiel würden wir uns unseren Tumor bildhaft vorstellen. Wir müssten dazu nicht wissen, wie so ein Tumor tatsächlich aussieht. Das ist für die Sprache unseres Gehirns völlig unwichtig. Wir haben in unserem Gehirn eine Vorstellung von dem Tumor abgespeichert. Diese kann völlig unrealistisch sein. Das ist wie gesagt ganz egal. Wichtig ist jedoch, dass wir bei diesem Bild an den Körperprozess denken, den wir verändern wollen. Wir wollen das Verhalten des Immunsystems gegenüber dem Tumor ändern. Wir sollten also daran denken, dass es um die Verhaltensweise des Immunsystems geht. Nur dann sind in unserem Vorstellungsbild die Submodalitäten vorhanden, die mit dem Verhalten des Immunsystems zu tun haben.

Wenn wir uns bildhafte Vorstellungen unseres Körpers anschauen, dann rufen wir damit automatisch nur die Informationen ab, die uns gerade interessieren.

Beispiele: Wir schauen uns den Tumor an und denken darüber nach, welche Bedeutung dieser Tumor für unsere Partnerbeziehung haben könnte. Wenn wir das tun, sehen wir völlig andere Submodalitäten, als wenn es um das Verhalten unseres Immunsystems gegenüber dem Tumor geht.

Oder wir denken darüber nach, welche beruflichen Bedeutungen der Tumor für uns haben könnte. Wieder würden wir völlig andere Informationen aus unserem Gehirn abrufen und damit ganz andere Submodalitäten vorfinden.

Es ist also wichtig, dass wir uns nicht einfach nur eine Vorstellung von bestimmten Körperregionen machen, sondern an genau den Körperprozess denken, den wir verändern wollen.

Wollen wir also dem Immunsystem mitteilen, dass es den Tumor eliminieren soll, dann müssen wir den Tumor auch durch diese Wahrnehmungsfilter anschauen. Wir denken also daran, was unser Gehirn dem Immunsystem über unseren Tumor mitteilt.

Wie beurteilt das Gehirn den Tumor hinsichtlich unseres Immunsystems? Das sollte die Frage sein, die wir im Kopf haben, wenn wir uns das Bild anschauen. Wir werden die Antwort zwar nicht verstehen, aber wir rufen damit genau die Submodalitäten ab, welche diese Antwort codieren.

Genauso verfahren wir dann mit der bildhaften Vorstellung von den Krebszellen, die das Immunsystem täglich eliminiert. Wie beurteilt das Gehirn diese Zellen hinsichtlich unserer Immunreaktion?

Wieder werden wir durch diese Frage, die wir uns in Gedanken stellen, genau die Submodalitäten vorfinden, welche den Immunprozess für diese Krebszellen codieren.

Nun vergleichen wir einfach diese beiden Vorstellungsbilder. Wir wissen: Bei den einzelnen Krebszellen reagiert unser Immunsystem in der gewünschten Weise und bei dem Tumor nicht. Also finden wir alle Unterschiede in den Submodalitäten heraus und verändern die des Tumorbildes so lange, bis sie mit denen des Vorstellungsbildes der einzelnen Krebszellen identisch sind. Damit bekommt das Immunsystem die gleiche Anweisung für den Tumor, die es auch für die einzelnen Krebszellen erhalten hat.

Wir wissen damit immer noch nicht, was genau das Gehirn dem Immunsystem mitteilt, wir wissen nur, dass es ihm das Gleiche über den Tumor sagt wie über die einzelnen Krebszellen, die erfolgreich eliminiert werden. Das Immunsystem greift daraufhin den Tumor an.

Ich möchte noch ein zweites Beispiel anführen, um die Arbeit mit Submodalitäten besser zu veranschaulichen.

Nehmen wir an, unser Klient leidet an einer Schilddrüsenfehlfunktion. Es ist nicht wichtig, ob dies eine Über- oder Unterfunktion ist. Klar ist, die Schilddrüse funktioniert nicht richtig.

Wir würden unseren Gesprächspartner bitten, sich ein Vorstellungsbild von seiner Schilddrüse zu machen und dabei daran zu denken, dass dieses Organ nicht richtig funktioniert. Er würde bedingt durch diese Aussage genau die Submodalitäten wahrnehmen, die mit der Funktionsweise seiner Schilddrüse zu tun haben.

Als Nächstes brauchen wir natürlich ein Vorstellungsbild, in dem wir die gesunde Funktionsweise eines Organs ablesen können. Dazu könnten wir prinzipiell jedes gesunde Organ als Vorlage nehmen. Auf diese Weise könnten wir dem Körper unseres Gesprächspartners mitteilen, dass er das Organ gesund machen soll.

Bei den meisten Krankheiten würde diese Vorgehensweise genügen – vor allem bei den Krankheiten, die wir intuitiv gezielt auslösen, um einen bestimmten Zweck zu erfüllen. Bei diesen Krankheiten weiß der Körper sehr genau, wie er den Gesundheitszustand wieder herstellen könnte.

Das gilt leider nicht für alle Krankheiten! Wenn wir uns beispielsweise einen Wirbel brechen und daraufhin gelähmt sind, dann könnte unser Körper theoretisch alle Nervenverbindungen wieder zusammenflicken. Er kommt jedoch von sich aus gar nicht auf die Idee, das zu tun. Man muss ihn dazu auffordern. Dann tut er es!

Einen weiteren Fehler des Körpers bekommen wir zu spüren, wenn sich bestimmte Viren in uns einnisten, die das Immunsystem einfach nicht als gefährlich ansieht. Es lässt sie gewähren, ohne sie anzugreifen. Sagen wir dem Immunsystem jedoch, dass diese Viren gefährlich sind, reagiert es auf sie genauso wie auf Grippeviren – es greift sie an und eliminiert sie. Der Fehler des Immunsystems muss jedoch erst von uns korrigiert werden.

Und so kann es sein, dass der Körper nicht weiß, wie er es anstellen soll, wenn wir ihm sagen, er solle die Schilddrüse gesund machen. Er könnte mit dieser Aufgabe überfordert sein.

Seltsamerweise glauben sehr viele Menschen, dass unser Körper, genau wie das Unterbewusstsein, alles weiß und alles kann und niemals Fehler macht. Dieser Glaube ist nachweislich falsch.

Der Körper macht viele Fehler, genau wie das so genannte Unterbewusstsein, die Instinkte und natürlich auch unser Verstand.

Wir fahren am besten, wenn wir dies berücksichtigen und eine möglichst gute Zusammenarbeit der vier Instanzen anstreben.

Doch kommen wir wieder zu unserem Beispiel zurück.

Um zu vermeiden, dass der Körper mit der Anweisung zur Gesundheit überfordert ist, würden wir versuchen, ihm so viele sinnvolle Informationen über den gewünschten Körperprozess zu geben wie möglich.

Dazu wäre es sinnvoll, wenn wir ein möglichst ähnliches, gesundes Organ als Vergleich zur Schilddrüse heranziehen. Wir sollten also unseren Gesprächspartner bitten, an eine andere Drüse im Körper zu denken, die perfekt funktioniert.

Möglicherweise ist unser Klient mit seinen Sexualdrüsen sehr zufrieden! ☺ Genau wie die Schilddrüse produzieren diese Drüsen Hormone. (Natürlich kann man auch jede Menge anderer Drüsen als Beispiel nehmen, aber diese hier würden mir am meisten Spaß machen!)

Wir würden unseren Gesprächspartner also bitten, sich eine bildhafte Vorstellung dieser Drüse zu machen, die ihre Dienste gut absolviert. Die Betonung würde also auf der Funktionsweise dieser Drüse liegen.

Danach würden wir erneut die beiden Vorstellungsbilder vergleichen und die Vorstellung von der funktionierenden Drüse auf die von der Schilddrüse übertragen.

Gesprächsbeispiel: Schilddrüse

Nachdem wir unseren Gesprächspartner darum gebeten haben, sich die beiden bildhaften Vorstellungen zu machen, würden wir diese Bilder in den Submodalitäten miteinander vergleichen. Wir würden also eine Submodalität nach der anderen durchgehen.

Im letzten Abschnitt dieses Kapitels wirst du eine Liste der visuellen Submodalitäten finden. Diese Liste gilt es auswendig zu lernen.

Beginnen wir mit unserem Gespräch an der Stelle, an der wir mit dem Vergleich der beiden Bilder anfangen würden. Gehen wir bei diesem Beispiel einmal davon aus, dass unser Klient weiblich ist.

Trainer: „Welches der beiden Bilder ist heller?"

Klientin: „Das gesunde."

Trainer: „Siehst du dich selbst in einem der Bilder von außen, wie ein anderer Mensch dich sehen würde? Hast du also das Gefühl, du schaust einen anderen Menschen an, der genauso aussieht wie du? Oder schaust du in dich hinein?"

Klientin: „Ich schaue bei beiden Bildern in mich hinein."

Trainer: „Unterscheiden sich die Bilder in ihrer Größe?"

Klientin: „Das Gesunde ist etwas größer."

Trainer: „Und wie ist es mit der Entfernung der Bilder? Ist eines weiter weg als das andere?"

Klientin: „Das Gesunde ist näher."

Trainer: „Sind die Bilder genau in der Mitte, oder ist eines mehr rechts und das andere mehr links?"

Klientin: „Das gesunde ist mehr links. Außerdem ist es höher als das andere."

Trainer: „Und wie ist die Form der Bilder? Sind sie rechteckig oder rund?"

Klientin: „Das gesunde ist rechteckig. Das andere eigentlich auch. Aber das gesunde ist eher hochkant und das andere im Querformat."

Trainer: „Haben die Bilder einen Rahmen?"

Klientin: „Das gesunde hat einen schmalen, silbernen Rahmen. Das andere einen sehr viel breiteren, schwarzen."

Trainer: „Sind beide Bilder gleich scharf?"

Klientin: „Das gesunde ist unschärfer."

Trainer: „Sind es Standbilder oder Filme?"

Klientin: „Es sind beides Standbilder."

Trainer: „Sind sie dreidimensional, also räumlich, oder zweidimensional wie ein Foto?"

Klientin: „Beides Fotos."

Trainer: „Wie ist die Perspektive, wenn du auf die Bilder schaust? Siehst du zum Beispiel die eine Drüse mehr von oben und die andere mehr von unten? Oder siehst du eine von rechts und die andere von links?"

Klientin: „Das Bild der gesunden Drüse sehe ich mehr von unten. Ansonsten beide Bilder von vorne."

Trainer: „Wie ist die Farbintensität? Ist ein Bild kräftiger in den Farben?"

Klientin: „Das gesunde ist blasser. Mehr pastellfarben."

Trainer: „Und wie ist der Kontrast zwischen hell und dunkel?"

Klientin: „Das blasse Bild hat weniger Kontrast."

Trainer: „Bewegen sich die Bilder vor deinem geistigen Auge hin und her, oder stehen sie an Ort und Stelle fest?"

Klientin: „Sie stehen fest."

Trainer: „Flackern die Bilder oder verschwinden sie ab und zu ganz und tauchen dann wieder auf?“

Klientin: „Nein, sie bleiben konstant vor mir stehen.“

Trainer: „Wie ist die Oberfläche der Bilder? Ist eines feinporiger als das andere?“

Klientin: „Beide gleich.“

Trainer: „Sind die Bilder irgendwie gekippt oder gedreht vor dir?“

Klientin: „Das gesunde sieht aus, als würde es auf dem Boden stehen und leicht nach hinten lehnen. Als ob es an der Wand lehnen würde.“

Trainer: „Ist eines der Bilder etwas transparenter als das andere? Kann man also ein bisschen hindurchsehen?“

Klientin: „Bei beiden nicht.“

Trainer: „Dann fassen wir einmal die Unterschiede zusammen. Das gesunde Bild ist heller, größer, näher, links und höher, hat einen rechteckigen, schmalen, silbernen Hochkantrahmen, ist unschärfer, die Perspektive mehr von unten, pastellfarben, und das gesunde Bild ist etwas in seiner Achse gekippt.“

Wir gehen also zum Herausfinden der richtigen Submodalitäten einfach die Liste systematisch durch, die im letzten Abschnitt dieses Kapitels angeführt ist, und merken uns die Unterschiede.

Das ist schon alles, was zum Herausfinden der richtigen Submodalitäten notwendig ist.

3. Mit einem Schritt ans Ziel

Die Vorgehensweise, mit der wir versuchen, körperliche Prozesse zum Positiven zu verändern, könnte man am besten mit der Formulierung „Probieren geht über Studieren!“ beschreiben.

Wir versuchen einfach, mit einem Schritt ans Ziel zu gehen. Wir bitten unseren Klienten darum, nacheinander alle Submodalitäten des unerwünschten Körperprozesses in die Submodalitäten des erwünschten zu übersetzen.

Gelingt dies, wird er unweigerlich gesund! Hat er intuitiv jedoch ein Problem damit, gesund zu werden, wird er einen Einwand gegen diese Aktion äußern. Er muss einschreiten, wenn er die Heilung verhindern will, das weiß er intuitiv genau.

Wir sind mit den Submodalitäten an der letzten Schwelle zum Körperbewusstsein. Was wir hier verändern, wird unaufhaltsam den entsprechenden Körperprozess gestalten.

Die Intuition wird also einschreiten und das Verändern der Submodalitäten verhindern oder sehr schnell wieder rückgängig machen.

Glücklicherweise wird dabei im Gehirn der Grund aktiviert, warum man es intuitiv für nötig hält, die Veränderung zu blockieren. Und das können wir nutzen.

Fortsetzung des Beispiels „Schilddrüse“

Zur Erinnerung: Das gesunde Bild war heller, größer, näher, links und höher, hatte einen rechteckigen, schmalen, silbernen Hochkantrahmen, war unschärfer, die Perspektive mehr von unten, pastellfarben, und das gesunde Bild war etwas in seiner Achse gekippt.

Trainer: „Kannst du bitte einmal das Bild der Schilddrüse heller machen? Geht das?“

Klientin: „Schwierig! Es geht, aber es wird von selbst immer wieder dunkler.“

Trainer: „Okay, dann versuch es mal größer zu machen! Geht das?“

Klientin: „Das ist kein Problem. Auch näher ist einfach.“

Trainer: „Wunderbar! Dann versuch es jetzt einmal nach links oben zu schieben! Dorthin, wo du das Bild der gesunden Drüse siehst.“

Klientin: „Das geht nicht. Das fühlt sich auch ganz komisch an.“

Trainer: „Versuch es weiter! Streng dich richtig an!“

Klientin: „Es geht nicht. Mir wird regelrecht übel, wenn ich das tue!“

Trainer: „Okay, dann haben wir gefunden, wonach wir gesucht haben! Was für ein Gefühl hast du dabei?“

Klientin: „Ich habe das Gefühl, das ich das nicht tun darf.“

Trainer: „Warum nicht? Was würde passieren, wenn du es tun würdest?“

Klientin: „Ich weiß, dass sich das blöd anhört, aber ich habe das Gefühl, dass ich dann zu gut aussehen würde!“

4. Blockadenlösung

Wenn ein Mensch eine Veränderung intuitiv blockiert, hat er natürlich seine Gründe dafür, wie im letzten Kapitel ausführlich beschrieben. Auch wenn diese Gründe möglicherweise auf der Denkweise eines kleinen Kindes aufgebaut sind, müssen wir sie ernst nehmen. Für unser intuitives Denken gibt es den Zeitbegriff nicht so wie für unseren Verstand. Es ist, als wäre gerade erst gestern passiert, was in Wirklichkeit dreißig Jahre her ist.

Unsere Intuition ist in diesem Punkt darauf angewiesen, dass wir ihr verstandesorientiert eine aktuelle Beurteilung der Sachlage liefern. Wir müssen unserer Intuition aufzeigen, dass die Zeiten sich geändert haben und unser Problem von damals heute längst kein Problem mehr ist.

Um dies zu erreichen, gehen wir in die Neuzeitsichtweise und machen uns bewusst, dass alle unsere Grundmotive permanent erfüllt sind. Mit dieser Wahrheit im Hintergrund löst sich die Blockade natürlich sofort auf. Wir können also die Submodalitäten jetzt verändern.

Fortsetzung des Beispiels „Schilddrüse“

Bei unserer Klientin stellte sich das seltsame Gefühl ein, sie würde zu gut aussehen, wenn ihre Schilddrüse wieder richtig arbeiten würde. Offensichtlich hatte sie intuitiv etwas dagegen. Eigentlich hätte ich sie jetzt in die Neuzeitsichtweise gehen lassen können, um die Blockade aufzulösen. Ich hatte jedoch das seltsame Gefühl, dass ich weiterfragen sollte. Ich folgte also meiner Intuition.

Trainer: „Was wäre denn verkehrt daran, dass du gut aussiehst?“

Klientin: „Daran wäre nichts verkehrt! Natürlich will ich gut aussehen!"

Trainer: „Okay, dann schieb das Bild nach oben links!"

Klientin: „Das geht nicht! Wenn ich das versuche, fängt sofort mein Herz an zu rasen."

Trainer: „Offensichtlich hast du unbewusst das Gefühl, dass es notwendig ist, nicht so gut auszusehen. Achte auf dein Gefühl, wenn du das Bild verschieben möchtest. Was wäre die Konsequenz, wenn du gut aussehen würdest?"

Klientin: „Männer würden sich für mich interessieren!"

Trainer: „Und das wäre falsch?!"

Klientin: „Ich weiß, dass das Blödsinn ist, aber so ist mein Gefühl."

Trainer: „Dann schauen wir uns das Gefühl noch ein bisschen genauer an. Versuch noch einmal, das Bild nach oben links zu schieben, und frage dich dabei, warum es besser wäre, wenn sich die Männer nicht für dich interessieren würden."

An dieser Stelle begann meine Klientin heftig zu weinen. Offensichtlich wurde ihr etwas bewusst, was sie sehr lange verdrängt hatte.

Nachdem sie sich wieder etwas beruhigt hatte, erklärte sie mir, worum es ging: Sie war als zwölfjähriges Mädchen von einem Familienmitglied vergewaltigt worden. Ihre Eltern gaben ihr die Schuld, weil sie sich angeblich zu aufreizend angezogen hatte.

„Wenn man sich so sexy gibt, dann muss man sich nicht wundern, dass man vergewaltigt wird!", meinten sie vorwurfsvoll.

Intuitiv sah sie damals nur eine Möglichkeit, wie sie sich zukünftig vor einer Vergewaltigung schützen könnte: Sie durfte auf keinen Fall wieder zu aufreizend sein.

Nach diesem Erlebnis nahm sie über 40 Kilo zu. Sie konnte nichts dagegen tun. Schuld daran war eine Schilddrüsenunterfunktion, bei der keine medikamentöse Behandlung Wirkung zeigte.

Wir hatten also gleichzeitig die Ursachen ihrer Schilddrüsenerkrankung und ihres Übergewichtes gefunden. Das Ziel, sich vor Männern schützen zu wollen, war also die Ursache ihrer Probleme.

Wir gingen sofort durch die drei Sichtweisen, damit sie erkennen konnte, dass es für sie heute weitaus bessere Möglichkeiten des Schutzes gäbe als damals als Kind.

Wir relativierten erst einmal ihre Angst. Sie hatte vor jedem Mann Angst. Es gab niemandem, dem sie wirklich vertraute – was ja auch verständlich ist, wenn der Vergewaltiger aus der eigenen Familie kommt!

Ihrem Verstand war sehr schnell klar, dass die Gefahr einer erneuten Vergewaltigung aus dem Familienkreis heute so gut wie ausgeschlossen war. Sollte das einer versuchen, dann würde sie ihm die E... abreißen, meinte sie!

Danach dachte sie an ihre Freunde und Arbeitskollegen. Auch diese Männer hatte sie bisher als potenzielle Vergewaltiger betrachtet. Ihr war klar, dass dies übertrieben war. Zwar konnte sie nicht hundertprozentig ausschließen, dass irgendjemand von diesen Männern gewalttätig werden könnte, doch die Gefahr, auf dem Klo vom Blitz erschlagen zu werden, wurde von ihr als größer bezeichnet.

Danach schaute sie sich die Männerschaft in der freien Wildbahn an. Sie stellte sich vor, sie ginge durch die Fußgängerzone. Wie groß war hier die Gefahr einer Vergewaltigung? Sie war gleich Null! Ebenso beurteilte sie alle öffentlichen Orte, wo außer ihr und dem Mann noch andere Menschen waren.

Schlussendlich blieben nur einige wenige Gefahrenmomente übrig. Nachts allein in eine verlassene Tiefgarage zu gehen, hielt sie nicht für besonders klug ebenso wie nachts in ein fremdes Auto einzusteigen. Auch in den Wald würde sie nachts nicht allein gehen.

Sie schlussfolgerte, dass sie mit diesen Gefahren gut leben könnte. Dafür konnte sie Vorsorge treffen. Entweder sie parkte nicht in einer Tiefgarage oder ging nur mit Begleitung hinein.

Ihr wurde damit klar, dass ihr das, was ihr als Kind passiert war, heute nicht mehr passieren würde. Sie brauchte ihre überschüssigen Pfunde und damit auch ihre Schilddrüsenunterfunktion nicht mehr.

5. Verankerung

Das Schöne an der Arbeit mit Submodalitäten ist, dass man den Erfolg der Beratung kontrollieren kann. Sollte das Problem noch nicht vollständig gelöst sein, lässt der Klient die Veränderung der Submodalitäten intuitiv weiterhin nicht zu – was in unserem Beispiel jedoch nicht der Fall war.

Fortsetzung des Beispiels „Schilddrüse"

Trainer: „Dann versuch jetzt einmal bitte, das Bild nach links oben zu schieben! Geht es jetzt?"

Klientin: „Jetzt kann ich das Bild hinschieben, wo ich will. Es ist ganz leicht."

Trainer: „Du hast es jetzt also oben links?"

Klientin: „Ja, habe ich."

Trainer: „Und wie fühlt es sich dort an?"

Klientin: „Es fühlt sich gut an. Ich weiß nicht, ob das Einbildung ist, aber ich habe so ein komisches Wärmegefühl in der Schilddrüse."

Trainer: „Das hört sich nicht schlecht an. Möglicherweise tut sich da schon was."

Klientin: „Das wäre geil!"

Trainer: „Kannst du das Bild denn jetzt schon heller machen?"

Klientin: „Es ist automatisch hell geworden, als ich es da oben hingeschoben habe."

Zur Erinnerung: Das gesunde Bild war heller, größer, näher, links und höher, hatte einen rechteckigen, schmalen, silbernen

Hochkantrahmen, war unschärfer, die Perspektive mehr von unten, pastellfarben, und das gesunde Bild war etwas in seiner Achse gekippt.

Trainer: „Und wie ist es mit der Größe? Hat es auch automatisch die gleiche Größe bekommen wie die gesunde Drüse?"

Klientin: „Noch nicht ganz. Aber das kann ich ganz leicht machen."

Trainer: „Wie sieht es mit dem Rahmen aus? Hat es einen schmalen, silbernen Rahmen?"

Klientin: „Er ist nicht ganz so schmal wie bei dem anderen Bild, aber fast. Ich habe aber das Gefühl, dass das so in Ordnung ist."

Trainer: „Okay, dann lassen wir es so. Und wie ist es mit der Schärfe?"

Klientin: „Es ist genauso scharf wie das andere."

Trainer: „Wie sieht es mit der Perspektive aus? Siehst du es auch mehr von unten?"

Klientin: „Noch nicht. Aber das kann ich auch ganz leicht verändern."

Trainer: „Tu es bitte."

Klientin: „Okay, ist erledigt."

Trainer: „Jetzt mach es noch pastellfarben und kipp es in seiner Achse etwas. So wie bei der anderen Drüse."

Klientin: „Habe ich getan. Das fühlt sich gut an. Das Wärmegefühl in meinem Hals ist noch viel stärker geworden. Es ist ein sehr angenehmes Gefühl."

Trainer: „Wie es aussieht, kommt der Selbstheilungsprozess deutlich in Gang. Dann wollen wir das jetzt einmal verankern."

Visuelle Verankerung

Es gibt mehrere Möglichkeiten, eine erwünschte Veränderung in den Submodalitäten zu verankern. Wenn eine der Submodalitäten eine deutlich mitreißende Wirkung auf andere Submodalitäten hat, dann eignet sich diese sehr gut für eine visuelle Verankerung. Man nennt solche Submodalitäten auch Treiber.

In unserem Fall war die Veränderung der räumlichen Position von unten rechts nach oben links ein solcher Treiber. Diese Veränderung veränderte automatisch die Helligkeit, den Rahmen des Bildes und die Schärfe.

Ich bat meine Klientin, in Gedanken ein paar Gummibänder um das Bild herum anzubringen, die es immer wieder auf die gewünschte Position zurückbringen würden, wenn man es dort wegzieht.

Danach ließ ich sie das Bild in Gedanken nach unten rechts ziehen. Sie stellte sich dabei vor, dass die Gummibänder sich spannten. Dann ließ sie das Bild los. Es schnellte durch die Gummibänder auf seine Position zurück.

Nachdem meine Klientin das fünf Mal gemacht hatte, konnte sie das Bild von seiner gesunden Position nicht mehr wegziehen. Es war fest dort verankert.

Nun braucht man für die Verankerung einer Submodalität nicht wirklich solche Gummibänder. Sie dienten nur als Hilfsmittel, um zu der Vorstellung zu kommen, die tatsächlich zu einer Verankerung der Submodalitäten führt.

Es geht um Geschwindigkeit. Was immer wir innerhalb der Submodalitäten sehr schnell verändern, wird einprogrammiert. Bewegen wir ein Bild also langsam, passiert dabei noch gar nichts. Liegt die Dauer der Veränderung jedoch in einem Zeitfenster von ein bis zwei Sekunden, wird die Veränderung verankert.

Wie immer benötigt unser Gehirn ein paar Wiederholungen, um eine Veränderung zu übernehmen. Das gilt für die Submodalitäten genauso wie für Gefühle, die wir verinnerlichen wollen. Eine fünfmalige Wiederholung genügt in aller Regel.

Wichtig bei der beschriebenen Verankerung ist, dass die Veränderung der treibenden Submodalität nur in einer Richtung schnell vonstatten gehen darf. Würden wir unsere Klientin das Bild sehr schnell von oben links nach unten rechts ziehen lassen, würde auch diese unerwünschte Veränderung im Gehirn verankert.

Glücklicherweise hat unser Gehirn einen kleinen Sicherheitsmechanismus eingebaut: Wenn wir etwas verändern, das nachweislich Nachteile für uns bringen würde, machen wir diese Veränderung intuitiv wieder rückgängig.

Das tun wir jedoch auch, wenn wir fälschlicherweise intuitiv glauben, dass eine Veränderung Nachteile mit sich gebracht hat. Wir müssen also unsere Arbeit nach ein paar Stunden oder am nächsten Tag noch einmal kontrollieren.

Am besten bitten wir unseren Gesprächspartner, sich die Submodalitäten am nächsten Tag sowie eine Woche später noch einmal anzuschauen und zu überprüfen, ob noch alles an seinem Platz ist. Wenn nicht, hat sich ein Problem mit der Veränderung aufgetan, das nicht vorhersehbar war. Wir müssen also noch einmal ran und die Blockaden beseitigen.

Verankerung über die Beurteilung

Eine sehr viel einfachere Möglichkeit, eine Veränderung zu verankern, besteht darin, sich einfach nur wiederholt klar zu machen, dass die Submodalitäten so richtig sind, wie wir sie verändert haben. Das geht am besten, wenn wir uns dabei in den Gefühlen des Neuzeitmenschen befinden.

Mit dieser Beurteilung tun wir das Gleiche wie mit der eben beschriebenen visuellen Verankerung. Wir sprechen lediglich eine andere Sprache.

Unser Gehirn übersetzt all unsere bewussten Beurteilungen in die Submodalitäten. Das tut es immer. Alles, was wir unserem Gehirn je beigebracht haben, wurde auf diese Weise übernommen.

Wir machen uns diesen Prozess zu Nutze, indem wir die neue Veränderung als gut und richtig beurteilen. Sie sollte auf jeden Fall so bleiben – es sei denn, wir wissen intuitiv, wie es noch besser geht! Dagegen haben wir natürlich auch nichts.

Wir lassen also zur Verankerung unseren Gesprächspartner wiederholt beurteilen, dass die Submodalitäten jetzt richtig und gut sind. So soll es bleiben.

Wir können den Erfolg dieser Interaktion kontrollieren, indem wir unseren Gesprächspartner darum bitten, einmal zu versuchen, die Submodalitäten wieder so zu machen, wie sie dem unerwünschten Zustand entsprachen. Wenn er das nicht mehr kann, ist die Intervention beendet.

6. Submodalitäten als Umsetzungsturbo

Neben dem oben beschriebenen Anwendungsbereich für körperliche Zwecke lassen sich die Submodalitäten auch als alternative Maßnahme zur Umsetzung unseres Glückstrainings nutzen.

Die Umsetzung unseres Konzeptes besteht im Wesentlichen darin, sich an die neuzeitliche Sichtweise unserer Welt zu erinnern und die Richtigkeit dieser Sichtweise unseren Instinkten wenn nötig anhand von bestimmten Lebensumständen oder Situationen zu bestätigen.

Nachdem wir erkannt haben, dass es in allen Lebenslagen sicherer ist, unsere Welt neuzeitlich zu beurteilen, gewöhnen wir uns an, unser Denken und Handeln auf der Welt von heute aufzubauen. Dadurch bleiben wir immer in der neuzeitlichen Sichtweise unserer Welt und beurteilen alle neuen und alten Lebenssituationen, so wie sie aufkommen, entsprechend dieser Sichtweise.

Dieses Training ist notwendig, da wir in unserem Gehirn eine Unzahl an alten Beurteilungen abgespeichert haben, die auf unserer frühzeitlichen Sichtweise der Welt aufgebaut sind.

Jede Lebenssituation, die wir bisher erlebt haben, ist von uns beurteilt worden – und zwar jedes Mal auf dem Stand unseres Wissens, den wir zum damaligen Zeitpunkt gerade hatten. Das war in der Regel nicht die neuzeitliche Sichtweise unserer Realität.

All diese alten Beurteilungen lösen unter Umständen Problemgefühle aus. Sie alle bewusst zu ändern, ist bedingt durch die Masse dieser alten Beurteilungen nicht möglich. Wir brauchen daher die Unstützung unserer Intuition. Wir brauchen einen Automatismus, mit dem wir intuitiv eine Umbeurteilung dieser Altlasten vornehmen.

Wir erreichen diesen Automatismus, indem wir uns angewöhnen, immer wieder einmal daran zu denken, wie die Welt von heute tatsächlich aufgebaut ist. Dabei helfen auch geeignete Erinnerungsanker wie beispielsweise der Klo-Anker. Dieses Glückstraining erfordert natürlich einen gewissen Übungsaufwand. Diese Umsetzung lässt sich mit den Submodalitäten stark beschleunigen. Wir können dem Gehirn beibringen, jede alte Beurteilung einer Situation, die auf unserer alten Sichtweise der Welt aufbaute, sofort in die Neuzeitsichtweise zu transformieren.

Bevor ich das lange theoretisch erkläre, schlage ich vor, dass wir das jetzt einfach einmal gemeinsam tun!

Denk einmal an folgende Situation: Ein guter Freund hat ein Problem mit dir und wünscht ein klärendes Gespräch. Stell dir diese Situation einmal bildhaft vor!

Solltest du genau wie ich zu den Menschen gehören, die verlernt haben, innere Bilder zu sehen, dann stell dir einfach vor, du würdest sie sehen. Du kannst diese Vorstellung natürlich nicht sehen. Aber du kannst so tun, als würdest du sie sehen! Möglicherweise bekommst du auch ein Gefühl für das Bild. Das genügt in aller Regel auch.

Wenn es dann trotzdem nicht klappen will, dann mach dir nichts draus! Bei mir klappt es auch nicht! Ich bin, was meine inneren Bilder betrifft, blind wie ein Maulwurf.

Ich bin also in meiner Umsetzung den konventionellen Weg gegangen und habe mir viele Erinnerungsanker geschaffen. Die konventionelle Umsetzung ist ja auch recht schnell und einfach. Hätte es bei mir mit den Submodalitäten jedoch geklappt, dann wäre ich sicherlich diesen Weg gegangen!

Kommen wir wieder zu deinem inneren Bild zurück. Wir werden die Situation mit deinem Freund jetzt einmal aus zwei verschiedenen Sichtweisen heraus betrachten. Nimm zunächst einmal wieder die Frühmenschsichtweise an!

Aus der Frühmenschsichtweise heraus würdest du dir jetzt Sorgen darüber machen, dass dein Freund dir die Freundschaft kündigen könnte. Du würdest dir Sorgen darüber machen, dass du solch einen Freund nicht mehr finden würdest.

Kannst du diese Sichtweise noch einnehmen? Es wäre wichtig, wenn du die Umsetzung mit Submodalitäten beschleunigen willst. Wir suchen nach den Submodalitäten, welche die Frühzeitsichtweise in deinem Gehirn kodieren.

Versuch es also noch einmal! Steh einmal auf und mach einen Schritt nach vorne links. Geh also in die Frühmenschsichtweise hinein.

Stell dir vor, es gäbe nur sehr wenige Menschen in deinem Rudel. Wenn einer weggeht, ist das eine Katastrophe. Noch schlimmer wäre es, wenn dein Freund das gesamte Rudel davon überzeugt, dass du nichts taugst und man dich ausgrenzen sollte.

Es besteht also gerade eine akute Gefahrensituation hinsichtlich Einsamkeit. Weiterhin musst du natürlich um deine Freiheit kämpfen. Dein Freund will dich möglicherweise auch nur manipulieren oder unterordnen. Dagegen musst du dich natürlich wehren.

Deine Stellung im Rudel und damit auch dein Einfluss auf die anderen im Rudel könnten ebenfalls durch diese Situation leiden. Diese Gefahr solltest du auch berücksichtigen. Außerdem brauchst du dein Rudel, um dein Überleben zu sichern und vor Gewalt beschützt zu sein.

All diese Gefahren gilt es zu bedenken, wenn dein Freund dich um ein klärendes Gespräch bittet. Kannst du dir die Situation aus dieser Frühmenschsichtweise bildhaft vorstellen? Du sollst wohlgemerkt nur die Situation sehen, in der dein Freund dich um ein Gespräch bittet. Die Frühmenschsichtweise ist in diesem Bild nicht direkt zu sehen. Sie ist in den Submodalitäten kodiert.

Du wirst dir danach die gleiche Situation aus der Kodierung der Neuzeitsichtweise anschauen.

Siehst du das Bild, in dem dein Freund dich um das Gespräch bittet? Dann merk dir jetzt einmal, wo im Raum dieses Bild genau erscheint. Ist es links, rechts oder in der Mitte? Ist das Bild groß oder klein? Ist es hell oder dunkel? Hat es einen Rahmen oder keinen? Ist es zwei- oder dreidimensional? Siehst du dich in dem Bild von außen, oder betrachtest du die Situation aus deinen Augen heraus?

Und jetzt geh einen Schritt zurück in die neutrale Sichtweise. Lass deine Gefühle jetzt wieder verschwinden. Denk an irgendetwas Neutrales.

Stell dir jetzt noch einmal vor, wie du aussehen würdest, wenn du rechts vor dir stehst. Dort siehst du die Welt neuzeitlich. Du weißt, dass du immer Menschen hast, die supergut zu dir passen und bei denen du erwünscht bist.

Mach den Schritt nach vorne und stell dir vor, wie du dich mit dieser Sichtweise fühlen würdest! Geh dann wieder in die neutrale Sichtweise zurück.

Stell dir jetzt vor, wie du aussehen würdest, wenn dir zusätzlich zum Passen und zum Erwünschtsein klar wäre, dass du immer deine Entscheidungsfreiheit in deinem Leben hast – egal, was passiert! Stell dir außerdem vor, wie du aussehen würdest, wenn dir bewusst ist, dass jeder Mensch auf dieser Welt die gleichen Grundmotive erfüllen will. Gemeinsam lassen sich mit jedem Menschen Lösungen finden, die für beide Seiten gut sind.

Mach jetzt noch einmal den Schritt nach vorne rechts und stell dir vor, wie du dich mit dieser Sichtweise der Welt fühlen würdest! Geh danach wieder in die neutrale Sichtweise zurück!

Wie würdest du da vorne rechts aussehen, wenn dir zusätzlich noch bewusst wäre, dass dein Überleben extrem gesichert ist und du einen sehr großen Schutz genießt?

Geh wieder nach vorne rechts und stell dir vor, wie du dich dort fühlen würdest!

Und jetzt stell dir noch einmal vor, ein Freund bittet dich um ein klärendes Gespräch. Du weißt, dass auch dieser Freund die gleichen Grundmotive verfolgt wie du. Du weißt, dass ihr gemeinsam tolle Lösungen finden werdet, mit denen ihr beide sehr zufrieden sein könnt. Du weißt ebenfalls, dass dieser Freund sehr gut zu dir passt – genauso wie sehr viele andere Menschen auf der Welt. Und du weißt, dass dieser Freund dich sehr gerne mag. Es gibt viele Anzeichen, die dir dies bestätigen.

Stell dir also das Bild von eben noch einmal aus dieser Sichtweise heraus vor. Dein Freund wünscht ein klärendes Gespräch! Es sollte inhaltlich das gleiche Bild sein wie in der Frühzeitsichtweise. Dieses Mal werden die Submodalitäten jedoch deine neuzeitliche Sichtweise der Situation widerspiegeln.

Wo im Raum siehst du dieses Bild jetzt? Ist es weiter links oder weiter rechts als vorher? Ist es näher oder größer? Ist es heller oder dunkler? Hat es einen Rahmen oder nicht?

Mach jetzt einmal einen Schritt zurück in die neutrale Sichtweise. Von hier aus hast du die Möglichkeit, beide Sichtweisen miteinander zu vergleichen.

Stell dir also jetzt die gleiche Situation einmal aus der Frühzeitsichtweise und einmal aus der Neuzeitsichtweise vor! Du siehst also zwei Mal das gleiche Bild! Wenn sie keine unterschiedliche Position im Raum haben, dann stell dir die Bilder abwechselnd nacheinander vor. Wenn sie eine unterschiedliche Position haben, dann sieh sie gleichzeitig.

Schauen wir uns jetzt die Unterschiede in den Bildern an. Gibt es einen Unterschied in der räumlichen Position? Wenn ja, merk dir diesen Unterschied.

- Haben die Bilder einen unterschiedlichen Rahmen?
- Haben sie eine unterschiedliche Helligkeit?
- Sind sie unterschiedlich scharf?
- Sind sie unterschiedlich in der Farbe?
- Haben die Bilder eine farbliche Tönung? Wenn ja, ist sie unterschiedlich?
- Siehst du die Bilder aus einem unterschiedlichen Blickwinkel? Bei dem einen Bild könntest du deinen Freund von rechts sehen und bei dem anderen von links. Oder du siehst deinen Freund bei einem Bild mehr von unten oder von oben als bei dem anderen.
- Sind die Bilder unterschiedlich groß?
- Gibt es einen Unterschied in der räumlichen Tiefe? Ist eines also dreidimensionaler als das andere?
- Haben die Bilder eine unterschiedliche äußere Form? Ist eines vielleicht rund und das andere eckig?

Die meisten Menschen haben für diese beiden Bilder eine unterschiedliche Position im Raum. Oft ist diese Submodalität auch die treibende. Das heißt: Es genügt meistens, nur diese eine zu verändern, und alle anderen passen sich automatisch an.

Sollte das bei dir nicht der Fall sein, dann geh mit deinen beiden Bildern alle Submodalitäten, die im nächsten Kapitel aufgelistet sind, noch einmal komplett durch. Finde heraus, welche Submodalitäten den Unterschied zwischen Neuzeit- und Frühzeitsichtweise ausmachen.

Wenn du keine treibende Submodalität findest, genügt es in aller Regel, zwei oder drei Submodalitäten bewusst zu verändern. Die anderen Unterschiede passen sich dann genau wie bei der treibenden Submodalität automatisch an.

Ich gehe bei der nachfolgenden Beschreibung dieser Methode davon aus, dass die räumliche Position auch bei dir der Treiber ist. Ist dies nicht der Fall, dann verändere wie gesagt zwei oder drei Submodalitäten gleichzeitig. Das hat den gleichen Effekt.

Nimm also das Bild auf der Frühzeitposition und schiebe es auf die Neuzeitposition! Wenn es der Treiber ist, werden die beiden Bilder, die du vor dir hast, deckungsgleich. Alle Submodalitäten stimmen also miteinander überein, wenn du sie auf der gleichen Position hast.

Ist dies nicht der Fall, ändere zwei oder drei Submodalitäten gleichzeitig.

Und jetzt schalte die Bilder vor deinem geistigen Auge einfach aus! Schalte sie aus, als würdest du einen Fernseher ausschalten.

Du wirst den inneren Bildschirm gleich wieder einschalten. Wenn du das tust, erscheint nur noch ein Bild: das Bild der Situation aus der Frühzeitsichtweise. Wenn es dort erscheint, dann schieb es sofort hinüber auf die Neuzeitsichtweise. Das Schieben sollte relativ schnell vonstatten gehen. Es muss in einem Zeitfenster von ein bis zwei Sekunden ablaufen. Wenn du es noch nicht so schnell kannst, wirst du etwas Übung brauchen.

Wenn das Bild auf der Neuzeitposition ist, betrachte es für eine Sekunde und schalte dann den inneren Bildschirm erneut aus!

Wenn du ihn dann gleich wieder einschaltest, ist das Bild wieder auf der Frühzeitposition. Schiebe es dann sofort wieder hinüber auf die Neuzeitposition! Mach es wie gesagt schnell! Es darf jedoch nicht springen. Du solltest es beim Verschieben die gesamte Zeit erkennen können. Einen leeren Rahmen auf die Neuzeitposition zu schieben, bringt nichts. Es muss das gesamte Bild sein.

Mach das Ganze fünf Mal hintereinander. Immer wieder erscheint das Bild auf der Frühzeitposition und zischt dann auf die Neuzeitposition. Dort wird es eine Sekunde betrachtet, bevor der innere Bildschirm ausgeschaltet wird.

Du solltest erst weiter lesen, wenn du es fünf Mal verschoben hast!

Und jetzt stell dir dieses Bild noch einmal auf der Frühzeitposition vor und versuche, es dort zu halten! Schaffst du es noch? Oder „reißt" es sich los und zieht sofort wieder auf die Neuzeitposition? Genau das sollte nämlich passieren. Du solltest es nicht mehr wirklich auf der Frühzeitposition halten können – zumindest nicht mit einem realen Gefühl. Möglicherweise kannst du ein Abbild auf der Frühzeitposition halten, das aber keinerlei Gefühl mehr auslöst. Das wirkliche Bild sollte auf der Neuzeitposition sein.

Ist dies noch nicht der Fall, dann verschiebe das Bild erneut fünf Mal. Mach es wirklich schnell. Das Verschieben darf nicht länger als ein bis zwei Sekunden dauern, sonst funktioniert es nicht.

Und jetzt schau dir das Bild auf seiner Neuzeitposition noch einmal an. Versuch es jetzt auf die Frühzeitposition zurückzuschieben! Gelingt dir dies? Wenn ja, musst du es leider erneut fünf Mal verschieben.

Bei den meisten Menschen ist das Bild jedoch schon nach den ersten fünf Wiederholungen nicht mehr von der Neuzeitposition wegzubekommen. Dies ist unser Ziel!

Wenn du das geschafft hast, dann kommen wir zum eigentlichen Umsetzungsprozess. Wir brauchen jetzt mehrere Situationen, die du bisher aus der Frühzeitsichtweise betrachtet hast. Wir wollen all diese Situationen jetzt auf die Neuzeitsichtweise verschieben. Dabei passiert etwas ganz Erstaunliches: Dein Gehirn lernt, alles, was auf der Frühzeitposition erscheint, sofort hinüber auf die Neuzeitposition zu schieben. Dafür genügen ihm fünf bis zehn Situationen.

Wann immer später in deinem Alltag irgendetwas frühzeitlich gesehen und beurteilt wird, erkennt dein Gehirn dies sofort und schiebt es hinüber auf die Neuzeitsichtweise. Wir schaffen also jetzt den gewünschten Automatismus!

Dieser Automatismus wird nur dann nicht greifen, wenn du bei einem bestimmten Thema intuitiv einen Einwand gegen die Neuzeitsichtweise hast. Das kann gelegentlich vorkommen. In diesem Fall braucht deine Intuition die Hilfe deines Verstandes. Du wirst die Situationen daran erkennen, dass du dich schlecht fühlst. Schau dir dann einfach an, was jetzt gerade läuft, und mach dir ein Bild davon. Dieses versuchst du dann bewusst auf die Neuzeitposition zu schieben. Dabei werden die Einwände deiner Intuition geweckt, und du kannst sie korrigieren.

Okay! Dann nehmen wir uns ein paar weitere Themen vor, die dein Gehirn für diese Generalisierung verwenden kann. Wie wäre es zum Beispiel damit, dass du einen bösen Brief von deiner Bank erhältst? Die Bank kündigt dir die Freundschaft. Stell dir diesen Brief jetzt einmal auf der Frühzeitposition vor.

Wenn du das Bild dort hast, dann schiebe es hinüber auf die Neuzeitposition. Wiederhole diesen Vorgang genau wie vorhin mindestens fünf Mal.

Kannst du das Bild noch auf der Frühzeitposition halten? Kannst du es noch von der Neuzeitposition wegziehen? Wenn das noch geht, dann verschiebe das Bild noch fünf Mal hintereinander!

Nehmen wir ein weiteres Thema, damit dein Gehirn lernen kann. Wie wäre es damit, dass dein Chef wütend vor dir steht und dich mächtig zusammenstauchen will? Kannst du dir das vorstellen?

Bring dieses Bild auf die Frühzeitposition und verschiebe es fünf Mal hintereinander auf die Neuzeitposition! Kontrolliere, ob das Verschieben erfolgreich war! Kannst du es noch auf der Frühzeitposition sehen? Kannst du es von der Neuzeitposition wegziehen?

Wenn das nicht mehr gelingt, nehmen wir uns das nächste Thema vor. Stell dir vor, in deiner Firma wird eine Intrige gegen dich gesponnen. Ein „netter" Arbeitskollege erzählt lauter blödes Zeug über dich.

Verschiebe auch dieses Bild fünf Mal von der Frühzeitposition auf die Neuzeitposition und kontrolliere den Erfolg dieser Maßnahme!

Als Nächstes könntest du dir vorstellen, dein Partner hätte ein großes Problem mit dir. Verschiebe auch dieses Bild fünf Mal!

Stell dir vor, deine Firma will Personal einsparen. Niemand weiß, wen es treffen wird. Verschiebe auch dieses Bild fünf Mal!

Nimm noch ein paar andere Situationen, die dir Probleme bescheren könnten, und verschiebe auch diese jeweils fünf Mal. Kontrolliere jedes Mal kurz den Erfolg deiner Maßnahme.

Und jetzt denk an ein weiteres Thema, das dir bisher noch schlechte Gefühle gemacht hat! Mach dir ein Bild davon und versuche, es auf der Frühzeitposition zu halten! Schaffst du das noch? Oder wandert es sofort auf die Neuzeitposition?

Genau das ist nämlich unser Ziel! Egal, an was du denkst, es sollte sofort auf die Neuzeitposition wandern. Sollte das noch nicht der Fall sein, dann wiederhole diese Umsetzung mit ein paar weiteren Themen.

Ist es jedoch vollbracht, dann möchte ich dich hiermit herzlich zu diesem Erfolg beglückwünschen! Du hast deinem Gehirn erfolgreich beigebracht, selbstständig alle Frühmenschdenkweisen auf die Neuzeitdenkweise umzustellen. Von nun an werden viele deiner früheren Probleme gelöst, bevor du sie überhaupt als Problem empfinden kannst.

Du wirst in den nächsten Tagen selbst merken, was das für dein Leben bedeutet! Noch einmal herzlichen Glückwunsch dazu! Normalerweise hätte dieser Prozess viele Tage, wenn nicht sogar Wochen benötigt!

Um sicherzustellen, dass dieser Automatismus stabil bestehen bleibt, empfehle ich dir, morgen noch einmal nachzuschauen, ob noch alle Themen, an die du denkst, sofort auf die Neuzeitsichtweise zischen oder wandern. Wenn dies nicht der Fall ist, dann nimm dir noch ein paar weitere Themen und verschiebe sie bewusst jeweils fünf Mal von der Frühzeit- auf die Neuzeitposition!

Kontrolliere deinen Automatismus am übernächsten Tag dann noch einmal! Ich wünsche dir gutes Gelingen.

7. Liste möglicher Submodalitäten

Assoziiert oder dissoziiert

Wenn wir uns in einem Vorstellungsbild von außen sehen, dann bezeichnet man diese Submodalität als „dissoziiert“.

Sehen wir jedoch das Bild, als würden wir durch unsere eigenen Augen hindurchschauen, ist es „assoziiert“.

Bildausschnitte

Manchmal sehen wir ein Bild in seiner Gesamtheit und manchmal nur einen bestimmten Ausschnitt.

Bilderrahmen oder rahmenlos

Innere Vorstellungsbilder haben meistens irgendeine Begrenzung nach außen. Oft sind dies Bilderrahmen. Wenn sie keine Begrenzung haben, geht das Bild für gewöhnlich fließend ins Nichts über. Manchmal hört ein Bild aber auch einfach scharfkantig auf.

Form und Farbe des Rahmens

Hat das Bild einen Rahmen, sind sowohl die Dicke des Rahmens als auch seine Farbe, sein Material und seine Form wichtig. Es kann zum Beispiel ein quadratischer, rechteckiger oder runder Rahmen sein.

Dreidimensional oder flach

Ein Bild kann zweidimensional wie ein Foto sein oder ein räumliches Gebilde. Ist es räumlich, sollten wir auch den Grad der Räumlichkeit beachten. Man nennt dies räumliche Tiefe.

Ein Bild oder mehrere

Zu manchen Themen sehen wir gleich mehrere Bilder gleichzeitig vor unserem inneren Auge. Bei anderen Themen sehen wir nur ein Bild.

Entfernung

Innere Vorstellungsbilder erscheinen uns in einem unterschiedlichen Abstand zu uns selbst. Manche sind sehr weit weg, andere ganz nah. Diese Submodalität wird von vielen Leuten mit der Größe der Bilder verwechselt. Ein entferntes Bild sieht natürlich auch kleiner aus wie ein nahes. Dennoch wären die Bilder möglicherweise gleich groß, wenn sie die gleiche Entfernung hätten.

Farbig oder schwarz-weiß

Ein Bild kann uns in Farbe erscheinen oder wie in einem Schwarz-Weiß-Foto.

Farbsättigung

Das Bild kann kräftige Farben haben oder fast schwarz-weiß sein.

Flackern

Manche Bilder stehen nicht stetig vor uns. Sie flackern.

Fokussiert oder Panorama

Wir sind manchmal sehr stark auf ein Detail eines Bildes konzentriert. Dann sehen wir die Umgebung nicht so deutlich. Manchmal nehmen wir jedoch die gesamte Größe des Bildes auf einmal wahr. Wir sehen also das gesamte Panorama.

Glatte Oberfläche oder Relief

Ein Bild kann eine glatte Oberfläche wie ein Foto haben oder eine aufgeraute, geriffelte oder dreidimensionale Oberfläche.

Grad der Durchsichtigkeit

Es gibt Bilder, durch die man mehr oder weniger hindurchschauen kann, als wären sie mit durchsichtiger Farbe auf Glas gemalt. Wenn das so ist, kann sich der Grad der Durchsichtigkeit unterscheiden.

Größe des Bildes

Hier geht es darum, wie groß ein Bild vor unserem Gesichtsfeld erscheint.

Größenverhältnis

Im Gegensatz zur Größe geht es hierbei darum, ob der Inhalt des Bildes überproportional groß oder klein gegenüber der Wirklichkeit erscheint.

Grobkörnig oder feinporig

Ein Bild kann viele oder wenige „Pixel“ haben. Ein stark vergrößertes Bild mit wenigen Pixel wird grobkörnig.

Helligkeit

Ein Bild kann hell oder dunkel sein. Der Grad der Helligkeit ist wichtig.

Kipprichtung oder Drehung

Die meisten Bilder sehen wir frontal vor uns. Manchmal sind sie in unserer Vorstellung jedoch gekippt, gewölbt oder verdreht.

Klarheit

Klarheit ist nicht gleichzusetzen mit Schärfe. An manchen Tagen hat man eine sehr gute Fernsicht in der Natur, und an anderen Tagen ist es eher trüb.

Kontrast

So wie man am Fernseher oder am Computerbildschirm den Kontrast, also die Stärke des Unterschiedes zwischen hell und dunkel, einstellen kann, so kann man das auch in unserem Gehirn.

Lichteinfallsrichtung

Licht und Schatten können in unseren inneren Vorstellungsbildern aus verschiedenen Richtungen kommen.

Matt oder glänzend

Wie bei Fotos kann die Oberfläche des Bildes seidenmatt oder glänzend sein.

Perspektive

Man kann einen Gegenstand von vorne, hinten, von der Seite und aus jeder beliebigen Perspektive sehen.

Position im Raum

Unser Vorstellungsbild kann weiter links oder rechts sein. Es kann hoch in unserem Gesichtsfeld erscheinen oder tief.

Schärfe

Das Bild kann scharf oder unscharf sein, wie bei Fotos.

Standbild oder Film

Innere Vorstellungsbilder können Standbilder sein oder sich bewegen.

Geschwindigkeit des Films

Wenn sich die Bilder bewegen, ist es wichtig, in welcher Geschwindigkeit der Film abläuft. Ist es eher in Zeitlupe oder in Zeitraffer? Oder läuft der Film in Echtzeit?

Zeitrichtung des Films

Ein Film kann vorwärts oder rückwärts ablaufen.

Tönung

Manche Vorstellungsbilder sind farblich getönt. Was normalerweise weiß oder grau ist, ist also farbig.

Trennung von Selbst und Kontext

Wenn man sich in einem Bild selbst sieht, kann es sein, dass man den Eindruck hat, man würde nicht wirklich in dieses Bild gehören. Man ist irgendwie getrennt davon. Der Hintergrund im Bild ist beispielsweise farbig und man selbst schwarz-weiß.

Vordergrund oder Hintergrund

Manchmal sieht man bestimmte wichtige Details in einem Vorstellungsbild im Vordergrund und manchmal im Hintergrund.

Teil 4: Persönlichkeitsbildung

Wenn du anderen Menschen dabei helfen willst, ihr vollständiges Glückspotenzial zu nutzen, ist neben deiner fachlichen Kompetenz noch ein weiterer Faktor von größter Bedeutung – die Weiterentwicklung deiner eigenen Persönlichkeit.

Es gibt Menschen, die machen können, was sie wollen, sie sind immer erfolgreich. Sie machen sprichwörtlich aus Scheiße Gold. (Man verzeihe mir meine Ausdrucksweise, aber diese Formulierung drückt am deutlichsten aus, worum es in diesem Punkt geht.)

Die Merkmale, die solch einen Menschen ausmachen, sind sehr leicht erkennbar, wenn man einmal genauer hinschaut. Sie sind jedoch nicht nur leicht erkennbar, sondern auch leicht erreichbar, wenn man das wirklich will. Darauf kommt es in erster Linie an. Man muss es wirklich wollen!

4.I. Motivation

Wie sieht es mit deiner Motivation aus? Willst du wirklich anderen Menschen dabei helfen, glücklich zu werden? Wollen wir das einmal gemeinsam herausfinden?

Machen wir es uns leicht und unterteilen dieses Wollen in mehrere Untermotive.

1. Warum will ich anderen helfen?

Ich weiß nicht, ob du dir diese Frage bisher schon bewusst gestellt hast. Die Motivation, die deinem Ziel zu Grunde liegt, ist von entscheidender Bedeutung für deinen Erfolg und vor allem dafür, ob du dabei wirklich glücklich sein wirst.

Jedes deiner Ziele baut letztendlich auf deinen Grundmotiven auf. So ist es auch mit deinem Ziel, anderen Menschen helfen zu wollen.

Es gibt eine Menge Leute, die anderen nur deshalb helfen wollen, weil sie Dankbarkeit oder Anerkennung von ihnen wollen. Dies sind jedoch nicht die Menschen, die wirklich erfolgreich und glücklich dabei sind, anderen Menschen zu helfen – genauso wenig wie die Menschen, die anderen nur helfen wollen, weil man damit Geld verdienen kann.

Was meinst du? Wie würde ein professioneller Glückstrainer, der diese beiden Motive mit seiner Arbeit verfolgt, auf seine Klienten wirken? Er benutzt seine Klienten! Und das würden sie auch merken!

Kann ein Glückstrainer mit solchen Motiven wirklich erfolgreich werden? Möglicherweise schafft er es, einigen Klienten das Geld aus der Tasche zu ziehen. Aber ist das wirklich Erfolg?! Glücklich wird ihn seine Tätigkeit als Glückstrainer jedenfalls nicht machen. Das normale Maß an Anerkennung wird ihm bald nicht mehr genügen. Außerdem wird er mit seinem Verdienst bald unzufrieden sein. Man gewöhnt sich an alles – auch daran, dass man viel Geld verdient und viel Anerkennung bekommt. Und dann ist es nichts Besonderes mehr. Das Problem dabei ist, dass dann die wahren Motive, die hinter dem Wunsch nach Anerkennung und Geld stehen, nicht mehr erfüllt sind. Es werden sich also Mangel und Unzufriedenheit einstellen – ein Zustand, der sich schnell auf die Klienten übertragen wird.

Glücklicherweise hast du solche Motive nicht mehr nötig! Du brauchst nicht die Anerkennung anderer Menschen, um dich erwünscht zu fühlen. Auch musst du keine Millionen scheffeln, um Spaß am Leben haben zu können oder um dich sicher zu fühlen. Deine Grundmotive sind ohnehin erfüllt, ob du nun anderen Menschen hilfst oder nicht. Du kannst all deine Grundmotive auch jetzt schon ausleben. Du musst nicht den Umweg über irgendwelche vorgeschobene Ziele wie Geld oder Dankbarkeit gehen. Doch wie kannst du konkret deine Grundmotive dabei ausleben, anderen Menschen zu helfen?

Du kannst dich mit diesen Menschen sehr leicht zusammengehörig fühlen. Du wirst bei ihnen erwünscht sein. Daran besteht kein Zweifel. Auch wirst du für sie passend sein, und sie werden zu dir passen. Das ist ein ungeschriebenes Gesetz in der Glücksberatung: Du redest immer mit genau den Menschen, die optimal zu dir passen!

Neben den beiden Grundmotiven aus dem Herdentrieb lassen sich auch die beiden Grundmotive aus dem Vergnügungstrieb erfüllen: Du kannst bei einer Beratung Spaß ohne Ende haben. Und der Genuss, der durch zwei strahlende, glückliche Augen ausgelöst werden kann, die dich nach der Beratung aus dem Gesicht deines Gesprächspartners anfunkeln, sucht sicherlich seinesgleichen.

Wenn du beruflich als Glückstrainer arbeiten willst, dann erfüllt diese Tätigkeit eventuell sogar zusätzlich dein Grundmotiv der Überlebenssicherung. Zwar ist dein Überleben in unserer Gesellschaft ohnehin gesichert, dennoch ist es schön, dass du dein Geld mit so viel Spaß, Genuss und Zusammengehörigkeit verdienen kannst.

Es spricht also nichts gegen das Geldverdienen – auch nicht für einen Glückstrainer. Im Gegenteil: Je mehr Geld du verdienst, desto erfolgreicher bist du offensichtlich. Und je erfolgreicher du bist, desto mehr Menschen hast du geholfen, ihren Weg zum Glück zu finden. Dein Geld ist der materielle Ausdruck deines Erfolges.

Das Geld sollte jedoch nicht im Vordergrund stehen. Jeder, der das Glückskonzept von Ella Kensington verstanden hat, wird wissen, dass Geld nicht glücklich macht. Es ist nur eine nette Nebensächlichkeit.

Um sicherzustellen, dass in deinem Gehirn keine alten Fixierungen vorhanden sind, die deinen Erfolg blockieren könnten, möchte ich dir empfehlen, das Motiv zu hinterfragen, warum du anderen Menschen helfen willst. Was ist dabei deine positive Absicht?

Beispiel:

„Aus welcher Absicht heraus will ich anderen Menschen helfen? Was ist dabei mein Motiv?“

„Ich will, dass es ihnen gut geht.“

„Aus welcher Absicht heraus will ich, dass es ihnen gut geht? Was ist dabei mein Motiv?“

„Ich will etwas Sinnvolles tun.“

„Wozu will ich etwas Sinnvolles tun? Was bezwecke ich damit?“

„Ich will wertvoll sein."

„Warum will ich wertvoll sein?“

„Ich will wertvoll sein, damit man mich mag. Ich will erwünscht sein!“

Auf diese Art und Weise wirst du deine tatsächlichen Motive herausfinden, deretwegen du anderen Menschen in Sachen Glück und Erfolg helfen willst.

In dem genannten Beispiel ist es vorwiegend das Motiv, wertvoll zu sein. Auf dieses Motiv fixieren sich sehr viele Menschen. Sie vergessen jedoch, dass sie wertvoll sein wollen, weil es ihnen um das Erwünschtsein geht.

Wenn du deine Motivkette gefunden hast, dann gilt es zunächst einmal, dir bewusst zu machen, dass es dir letztendlich wieder um die Erfüllung deiner Grundmotive geht. Und die sind jederzeit erfüllt. Versetz dich in die Sichtweise des Neuzeitmenschen und fühle, dass deine Grundmotive erfüllt sind. Gehe dann die Motivkette in umgekehrter Reihenfolge wieder durch und spüre, wie das deine Motive positiv verändert.

Du würdest sehr schnell spüren, dass du anderen Menschen nicht helfen musst, um wertvoll zu sein. Du kannst ihnen helfen, wenn du willst, aber du musst es nicht, weil du sonst nicht wertvoll wärst.

Weiterhin würdest du spüren, dass du auf jeden Fall erwünscht bist – selbst dann, wenn du nichts Sinnvolles tust! Man mag dich ja nicht nur, weil du nützlich bist. Man mag dich, weil du *du* bist!

Auf diese Art und Weise gehst du alle Motive aus deiner Kette durch und löst damit eventuelle Fixierungen auf.

Du musst anderen Menschen nicht helfen, um dadurch deine Grundmotive erfüllt zu bekommen. Deine Grundmotive sind immer erfüllt. Du kannst deine Grundmotive jedoch beim Helfen sehr gut ausleben. Das ist etwas völlig anderes. Du musst nicht helfen, um zu erreichen, dass man dich mag oder dass dein Überleben gesichert ist, aber du kannst dich beim Helfen mit deinem Gesprächspartner verbunden fühlen. Du kannst sehr viel Spaß mit ihm haben und die Zeit mit ihm genießen. Und wenn du das willst, kannst du dabei sogar Geld verdienen. Für mich ist der Beruf des Glückstrainers der schönste der ganzen Welt! ☺

2. Wie viel bin ich bereit dafür zu tun?

Es gibt einen wichtigen Unterschied zwischen dem Wunsch, anderen Menschen helfen zu wollen, und der Motivation, es wirklich tun zu wollen.

Bei einem bloßen Wunsch ist deine Bereitschaft, etwas für die Erfüllung deines Wunsches zu tun, nicht wirklich groß. Du hättest es halt gerne, wenn es nicht allzu große Mühe macht.

Ist deine Motivation jedoch stark genug, wirst du jede erdenkliche Chance ergreifen, um dein Ziel zu erreichen. Es ist dir dann egal, wie anstrengend es sein wird oder wie viele Schwierigkeiten sich dir dabei in den Weg stellen.

Im Gegensatz zum Wunsch baut Motivation auf einer Entscheidung auf. Du hast dich entschieden, dein Ziel in Angriff zu nehmen. Du fragst dich nicht mehr, *ob* du etwas dafür tun willst, sondern *was* du dafür tun kannst. Diese Frage beseelt deinen

Geist – und das nicht nur für die kurze Zeit der Schwärmerei, sondern langfristig.

Wann immer du eine Antwort auf diese Frage findest, bekommst du Lust darauf, sofort loszulegen. Es gibt dann nichts, was du lieber tun würdest.

Wenn dich diese Motivation gepackt hat, kann dich nichts mehr stoppen. Du machst deinen Weg! Du ziehst den Erfolg an wie das Licht die Motten.

Wie aber kommst du zu dieser Motivation? Wie immer, wenn ein Schritt zu groß ist, unterteilen wir ihn in mehrere kleinere, gangbare Unterschritte. Was ist also wichtig, damit du wirkliche Motivation aufbaust?

1. Als Erstes sollte dir dein Ziel wirklich wichtig sein. Ist es dir wirklich wichtig, anderen Menschen kompetent helfen zu können?
2. Als Nächstes solltest du Begeisterung für die Zielerreichung mitbringen. Was begeistert dich daran? Was ist so großartig daran, anderen Menschen zu helfen, glücklich zu werden?
3. Es sollte dir etwas wert sein, dein Ziel zu erreichen. Das heißt, dass du die Bereitschaft mitbringen solltest, etwas dafür zu tun – und nicht nur etwas, sondern alles, was notwendig ist! Wie viel bist du bereit, dafür zu tun, anderen Menschen kompetent helfen zu können?
4. Wichtig ist auch, dass du es als realistisch ansiehst, dein Ziel zu erreichen. Ist es für dich realistisch?
5. Genauso wichtig ist es, dass du eine realistische Vorstellung darüber hast, wie der Weg zum Ziel aussieht. Du solltest abschätzen können, wie lange es dauert und wie viel

Arbeit dafür notwendig ist. Ebenfalls sollte dir klar sein, dass es immer wieder einmal Schwierigkeiten geben kann.

Mit einer realistischen Vorstellung von dem Weg, der dich erwartet, hast du die Möglichkeit, Zufriedenheit zu finden und Schwierigkeiten zu akzeptieren. Das ist wichtig, denn sonst bist du schnell desillusioniert.

Weißt du schon genau, was dich auf dem Weg erwartet, ein kompetenter Berater in Sachen Glück und Erfolg zu werden? Wenn nicht, finde es heraus!

6. Du solltest jeden Teilschritt zum Ziel als wichtigen Erfolg beurteilen und auch als solchen feiern. Wenn dir klar ist, wie groß dein Ziel in Wirklichkeit ist, dann ist dir auch klar, dass ein kleiner Teilschritt bereits einen großen Erfolg darstellt. Lerne ihn zu feiern und den Erfolg so richtig auszukosten. Sei stolz darauf! Kannst du einen Teilerfolg als Erfolg sehen?

7. Zurückblickend solltest du immer wieder einmal Zufriedenheit aufbauen mit dem, was du bereits geschafft hast. Kannst du mit deinen bisherigen Leistungen zufrieden sein? Manche Menschen haben gelernt, dass sie mit sich selbst nie zufrieden sein dürfen. Das ist falsch! Baue dir eine sehr positive Beurteilung deiner eigenen Leistungen auf. Mach dir dabei deine Fähigkeiten bewusst. Kannst du dich positiv beurteilen?

8. Du solltest immer dein Ziel vor Augen haben und dich darauf freuen, es zu erreichen. Du wirst der Welt viel zu geben haben. Vor allem aber wirst du sehr viel Spaß, Genuss und Zusammengehörigkeit bei dieser Aufgabe finden. Diese Vorstellung sollte dich anziehen wie ein Magnet. Hast du bereits eine tolle Vorstellung davon, wie es sein wird, wenn du anderen Menschen helfen kannst, glücklich zu werden?

9. Genauso wie auf dieses große Ziel kannst du dich auch auf dein nächstes Teilziel auf dem Weg zum Erfolg freuen. Denk an die letzten Teilziele, die du erreicht hast. Du hast schon viel geschafft. Du kannst mit dir zufrieden sein. Und es hat Spaß gemacht. Beim nächsten Teilziel wirst du wieder einen tollen Erfolg feiern. Freu dich drauf! Kannst du dich schon darauf freuen?

Du solltest auf alle Fragen dieser neun Schritte eine positive Antwort gefunden haben. Wenn nicht, weißt du, woran du zu arbeiten hast, um die richtige Motivation aufzubauen.

Dein Erfolg hängt zum größten Teil davon ab, ob du diese Motivation mitbringst! Ein weitaus kleinerer Anteil am Erfolg verteilt sich auf deine Talente, deine Fähigkeiten, deine Intelligenz und dein Wissen. Ich kann daher gar nicht genug betonen, wie wichtig es ist, die richtige Motivation aufzubauen!

Man kann Motivation jedoch nicht erzwingen! Wir sprechen hier von positiver Motivation und nicht von Zwang. Eine positive Motivation entsteht durch positive Beurteilungen. Die genannten neun Schritte bauen auf solchen positiven Beurteilungen auf. Gehe sie durch, aber tue es ohne Zwang. Du *musst* anderen Menschen nicht helfen, glücklich zu werden. Du *kannst* es, wenn es das Richtige für dich ist.

3. Ziele

Auch wenn du dein großes Ziel erreicht hast, anderen Menschen kompetent helfen zu können, wirst du dir weiterhin Ziele stecken. Viele Menschen wollen sich keine Ziele mehr stecken, weil sie Angst vor den Enttäuschungen haben, die durch das Nichterreichen von gesteckten Zielen ausgelöst werden können.

Viele dieser Menschen haben beschlossen, im „Hier und Jetzt“ zu leben. Es erspart ihnen Frust und Enttäuschung. Aber es nimmt ihnen auch Freude, Lust, Zufriedenheit und Begeisterung. Die Maßnahme, im Hier und Jetzt zu leben, ist also eine Notlösung! Sie wird notwendig, wenn man nicht weiß, wie man sich Ziele richtig steckt.

Wenn du dein Leben auf dem Wissen aufbaust, dass alle deine Grundmotive permanent erfüllt sind, kannst du gar nicht groß enttäuscht werden. Du erlebst natürlich auch kleine Niederlagen, aber das ist für dich okay. Du musst ja nicht immer erfolgreich sein. Deine Grundmotive sind auf jeden Fall immer erfüllt. Damit ist eine kleine Niederlage kein Problem mehr.

Wie du weißt, gibt es keine Ziele, die du unbedingt erreichen musst, damit du glücklich sein kannst. Es gibt jedoch noch einen weiteren Grund, warum man sich Ziele stecken sollte:

Steck dir Ziele, weil dir das Stecken von Zielen viele Glücksmomente beschert! Steck dir Ziele, für die du die erwähnte Motivation mitbringst. Das wird dein Leben mit Lust, Begeisterung, Freude, Zufriedenheit, Spaß und Erfolg erfüllen. Und wenn es mal nicht klappt? Dann steckst du dir halt andere Ziele. Es ist schön, Ziele im Leben zu haben.

Große Sozialstudien belegen, dass das Stecken von realistischen Zielen ein wesentliches Glückselement im Leben eines Menschen darstellt. Alle Menschen, die tatsächlich keine Ziele im Leben mehr hatten, wurden laut dieser Studien nach längerer Zeit depressiv. Ihr Gehirn produzierte ohne Ziele zu wenig Dopamin (das Glückhormon, das unser Verlangen steuert).

Verschenke dieses Glückspotenzial also nicht dadurch, dass du nur im Hier und Jetzt leben willst. Die Zukunft bietet dir genau wie die Gegenwart und die Vergangenheit eine Menge an Glückspotenzial. Zufriedenheit kannst du zum Beispiel nur haben, wenn du auf etwas in der Vergangenheit zurückschaust. Vorfreude oder Lust kannst du nur haben, wenn du in die Zukunft schaust.

Setz dir also weiterhin Ziele und sorge für die richtige Motivation – auch dann, wenn du dein Ziel erreicht hast, anderen Menschen kompetent helfen zu können. Du willst dieses Ziel ja nicht einfach nur mal erreichen, um es erreicht zu haben. Du wirst etwas damit anfangen wollen. Vielleicht willst du deine neuen Fähigkeiten ja auch in deinem Beruf ausleben. Oder du willst sogar beruflich als Glückstrainer arbeiten. Dazu wäre es notwendig, dir Teilziele auf dem Weg zum Erfolg zu setzen.

Es wäre zum Beispiel sicherlich sinnvoll, dir zum Ziel zu setzen, Klienten für deine Glücksberatung zu finden. Wie also könntest du so viele Klienten finden, dass du von diesem Beruf leben kannst?

Wir haben den Titel „Glückstrainer“ rechtlich schützen lassen. Ebenso gibt es einen Markenschutz für den Namen „Ella Kensington“.

Wer unter der Bezeichnung „Glückstrainer nach Ella Kensington“ eine Beratung anbietet, hat bei uns eine praktische Ausbildung absolviert und eine Lizenz für diese Tätigkeit erworben.

Wolltest du als professioneller Glückstrainer unter unserem gemeinsamen Markennamen „Ella Kensington“ arbeiten, könntest du deine Klienten finden, indem du auf unserer Homepage für dich Werbung machst. Mittlerweile haben ca. eine halbe Million Menschen meine Bücher gelesen. Die Werbung unter unserem Namen würde dir also einen guten Einstieg ermöglichen.

Doch diese Werbung allein würde sicherlich nicht genügen, um mit der Glückstrainertätigkeit allein deinen Lebensunterhalt zu verdienen. Es wäre daher sinnvoll, dir ein weiteres Ziel zu setzen und die richtige Motivation dazu zu schaffen.

Du könntest dir zum Beispiel das Ziel setzten, neue Märkte eröffnen zu wollen. Die Welt ist voll von Menschen, die glücklich sein wollen. Jeder will das! Vielen Menschen ist jedoch nicht bewusst, dass man dafür etwas tun kann. Und viele Menschen schämen sich sogar, wenn sie das nicht ohne Trainer hinbekommen.

Wenn du die genannten neun Elemente einer gesunden Motivation auch bei diesem Ziel beachtest, würdest du Ideen entwickeln, wie du neue Märkte öffnen kannst. Das Internet bietet hierzu zum Beispiel hervorragende Möglichkeiten. Was hielte dich etwa davon ab, in den vielen öffentlichen Foren mitzumischen, die es im Internet gibt?

Wie gesagt will jeder glücklich sein. Damit gibt es kein Forum, wo dieses Ziel nicht irgendwie verdeckt angesprochen wird. Und du hättest dazu eine Menge zu sagen. Man würde auf dich reagieren. Man würde mit dir in Kommunikation treten. Und je mehr andere Menschen von dir erfahren, desto mehr würden sie wissen wollen. Schnell wächst das Interesse dieser Menschen so stark an, dass sie auch mal auf die Ella-Kensington-Homepage klicken und sich dort anschauen würden, was wir so machen. Wären sie dann begeistert von den Möglichkeiten, die wir bieten, hättest du einen neuen Markt eröffnet. Und du wärst der Ansprechpartner für diese Leute. Sie würden sich bei dir melden und zu dir in die Beratung kommen wollen. Ist ja klar! Dich kennen sie ja schon. Und sie gehen eher zu jemandem, den sie kennen, als zu einem Fremden.

Es gibt sicherlich außer den Foren im Internet noch eine Menge anderer Möglichkeiten, wie man als Glückstrainer neue Märkte eröffnen kann. Du müsstest dir dies nur zum Ziel setzen. Dein Erfolg als Glückstrainer wäre die unausweichliche Folge.

Solltest du tatsächlich das Ziel annehmen, neue Märkte zu eröffnen, möchte ich dir noch etwas wärmstens ans Herz legen: Versuch nicht, andere Menschen zwangszubeglücken! Du hast etwas sehr Wertvolles anzubieten. Es wird Menschen geben, die das sofort erkennen. Andere brauchen etwas mehr Zeit dazu. Lass ihnen die Zeit! Es hat keinen Sinn, sie zu drängen. Sie weichen dem Druck aus. Geh mit offenen Augen durchs Leben und beachte die Möglichkeiten, welche die Welt dir bietet.

Neben dem Ziel, anderen Menschen helfen zu wollen, gibt es sicherlich noch viele andere Ziele, die du verfolgen kannst, um dein Glückspotenzial auszuleben. Du könntest dir zum Beispiel zum Ziel setzten, dich weiterentwickeln zu wollen. Du brauchst sicherlich nicht unzufrieden zu sein mit dem, was du bereits erreicht hast. Ganz im Gegenteil! Aber du könntest trotzdem noch weiter wachsen. Dieses Ziel birgt ein immenses Glückspotenzial in sich. Es erfüllt dich jeden Tag aufs Neue mit Ideen und Begeisterung.

Ziele mit gesunder Motivation sind also wichtig. Es lohnt sich für dich mit Sicherheit, dir über deine Ziele und Zwischenziele ein paar Gedanken zu machen. Ich wünsche dir viel Spaß dabei!

4.II. Selbsteinschätzung

Wie siehst du dich, und wie sehen dich die anderen? Stimmen deine Beurteilungen über dich selbst und deine Fähigkeiten mit denen anderer Menschen überein?

Schätzt du deine Wirkung auf andere Menschen so ein, wie sie dann auch tatsächlich dort ankommt?

Viele Menschen wundern sich sehr, wenn sie von anderen Menschen einmal die „Wahrheit" gesagt bekommen.

1. Die Bedeutung einer guten Selbsteinschätzung

Wenn du anderen Menschen zu mehr Glück und Erfolg verhelfen willst, bist du sicherlich daran interessiert, wie du auf diese Menschen wirkst.

Ob du positiv auf sie wirkst, hängt ganz entscheidend von deiner Selbsteinschätzung ab. Viele Menschen schätzen sich rein emotional ein. Sind sie gerade gut drauf, beurteilen sie sich selbst als die Größten. Sind sie jedoch gerade in einem Tief, beurteilen sie sich als die letzten Heuler dieser Welt.

Diese emotionale Betrachtungsweise mag ja manchmal viel Spaß machen, aber sie kommt bei anderen Menschen eher etwas befremdlich an.

Auch bietet diese Art der Selbsteinschätzung kaum eine Möglichkeit, sich weiterzuentwickeln. Sind wir die Größten, gibt es ohnehin nichts, was wir noch erreichen könnten. Sind wir die Loser, trauen wir uns sowieso nicht zu, irgendetwas zu erreichen.

Es ist daher sinnvoll, eine relativ realistische Möglichkeit der Selbsteinschätzung zu entwickeln. Und das ist nicht sonderlich schwierig.

Betrachte dich aus der neutralen Sichtweise heraus! Betrachte dich sogar wie einen fremden Menschen! Stell dir bildhaft vor, dass du vor dir stehst. Und dann beurteile diesen Menschen! Vergleiche ihn mit anderen Menschen, die den gleichen Weg gehen.

Diese Betrachtungsweise ermöglicht es dir, eine relativ emotionslose Selbsteinschätzung vorzunehmen. Sie ist nicht perfekt, aber auf jeden Fall sehr viel näher an der Wirklichkeit als die emotionale Version der Selbsteinschätzung.

Sinnvoll ist es auch, Feedback von anderen Menschen einzuholen. Wie schätzen sie dich ein? Stimmen eure Beurteilungen überein?

Eine gute Selbsteinschätzung zeigt dir, wo du dich noch verbessern könntest. Sie zeigt dir, wie du deine Prioritäten festlegen solltest, wenn du deine Fähigkeiten weiter ausbauen möchtest, anderen Menschen möglichst effizient und kompetent zu helfen.

Für einen professionellen Glückstrainer, der von diesem Beruf leben will, ist eine gute Selbsteinschätzung natürlich extrem wichtig. Sie kann über Erfolg oder Misserfolg entscheiden. Um es dir leichter zu machen, haben wir einen Bewertungsbogen entwickelt, mit dem du dich selbst beurteilen kannst. Falls du dich einer Synergiegruppe angeschlossen hast, gib diesen Bogen an die anderen Teilnehmer deiner Gruppe weiter und lass dich von ihnen anonym beurteilen! Damit erhältst du deren unbeschönigte Meinung. Gibt es Diskrepanzen innerhalb der Beurteilungen, dann hol dir weitere Fremdeinschätzungen ein. Natürlich solltest du dich von Menschen beurteilen lassen, die dich auch gut genug kennen. Es kostet zwar Überwindung, das zu tun, aber es lohnt sich!

2. Bewertungsbogen

Die nachfolgenden Fragen sollten innerhalb einer Skala von 0 bis 100 Prozent beantwortet werden.

1. Wie viel Prozent des Beratungskonzeptes und seiner Zusammenhänge habe ich vollständig verstanden?

2. Wie viel Prozent meiner Klienten verlassen die Beratung mit Begeisterung?

3. Wie viele meiner Beratungen laufen für mich und meinen Gesprächspartner mühelos und leicht ab?

4. Bei wie vielen meiner Beratungen erkenne ich auf schnellstem Weg die tatsächliche Problemstellung? Der schnellste Weg lässt sich im Nachhinein immer sehr leicht erkennen. Bei welchem Prozentsatz meiner Beratungen gelingt mir dies von Anfang an?

5. Bei wie vielen meiner Beratungen wende ich die bestmögliche Intervention an? Auch hier lässt sich der bestmögliche Weg sehr leicht im Nachhinein erkennen.

6. Bei wie vielen Menschen bin ich in der Lage, ihre Persönlichkeit gut einzuschätzen und mich gut auf sie einzustellen?

7. Wie viele meiner Erklärungen werden von meinem Gesprächspartner sofort ohne Nachfragen richtig verstanden?

8. Wie oft kann ich die Wirkung meiner Intervention ohne Anstrengung mitverfolgen?

9. Wie häufig erkenne ich sofort, dass mein Gesprächspartner sein Ziel erreicht hat?

10. Mit wie viel Prozent aller Menschen, die eine Beratung suchen, könnte ich eine stabile Vertrauensbasis aufbauen?

11. Wie gut kann ich mich selbst einschätzen?

12. Wie häufig kann ich Kritik als Anregung sehen, ohne mich angegriffen zu fühlen?

13. Wie viele Menschen, die gerade erfahren, dass ich Glückstrainer bin, würden sagen, dass dieser Beruf zu mir passt?

14. Wie viel Prozent aller Menschen, die gerade erfahren, dass ich Glückstrainer bin, würden mir spontan zutrauen, dass ich ihnen helfen kann?

15. Wie viel Prozent meiner Klienten halten mich nach der Beratung für einen sehr guten Glückstrainer?

16. Wie gut bin ich in der Lage, meine Weiterentwicklung selbstständig zu gestalten?

IV.III. Wirkung auf andere Menschen

Unsere Wirkung auf andere Menschen ist wie gesagt von entscheidender Bedeutung für unseren Erfolg. Niemand lässt sich von jemandem beraten, den er als unfähig, inkompetent oder unsympathisch ansieht.

Es sollte uns also nicht gleichgültig sein, wie wir auf andere Menschen wirken. Um diesen Punkt genauer betrachten zu können, habe ich ihn wieder in kleine, gangbare Schritte unterteilt.

1. Charisma

Die Macht einer starken persönlichen Ausstrahlung ist für unser Ziel natürlich sehr wichtig. Doch wie kommt man zu solch einer Ausstrahlung?

Diese Frage ist leicht zu beantworten: Sei du selbst und sei dir klar darüber, dass du etwas Besonderes bist. Das ist schon alles!

Viele Menschen spielen ständig eine Rolle. Sie wollen sein wie jemand anders. Als Kopie eines anderen Menschen kannst du jedoch keine wirklich starke Ausstrahlung haben. Die hat nur das Original. Falls du es noch nicht gemerkt hast: Du bist auch ein Original!

Es wurden viele Bücher geschrieben über das Thema „Sei du selbst!“ Nach dem, was alles geschrieben wurde, sieht es so aus, als wäre dies eine der schwierigsten Aufgaben, welche die Menschheit zu lösen hat. Glücklicherweise ist dies nicht wirklich der Fall. In Wirklichkeit ist es ganz einfach!

Bei der Aussage „Sei du selbst!“ geht es ums Wollen. Du sollst du selbst sein *wollen*. Das genügt schon!

Doch warum solltest du das tun? Ich kenne zwei Gründe dafür: Erstens hast du sowieso keine andere Wahl als du selbst zu sein! Du kannst gar nicht jemand anders sein. Du bist du! Und zweitens bist du etwas ganz Besonderes – etwas so Besonderes, dass die Welt davon erfahren sollte. Du bist ein Neuzeitmensch! Die Welt kann jedoch nur von dir erfahren, wenn du dich zeigst, wie du bist.

Wenn dir bewusst ist, dass du etwas Besonderes bist und du darauf stolz sein kannst, hast du Charisma. Wenn du von allen Menschen auf der Welt am liebsten du selbst sein möchtest, hast du Charisma.

Diese beiden Punkte gilt es also zu verwirklichen. Setze sie dir zum Ziel und nutze jede Gelegenheit, die sich dir zur Umsetzung bietet.

2. Kompetenz

Als ein Mensch mit Charisma werden dich die meisten Menschen automatisch für kompetent halten. Du kannst jedoch darüber hinaus für deine kompetente Ausstrahlung einiges mehr tun. Natürlich solltest du nicht nur daran arbeiten, kompetent zu *wirken*. Du solltest es auch wirklich sein!

Deine kompetente Wirkung auf andere Menschen kommt zum großen Teil aus deiner Selbsteinschätzung bezüglich deines Könnens. Wenn du weißt, dass du so gut wie jedem Menschen helfen kannst, glücklich zu werden, hast du Selbstvertrauen, und das strahlst du auch aus. Es sei denn, du meinst, dass du absolut jedes erdenkliche Problem lösen können musst. Das kann niemand! Wer sich diesen Zwang auferlegt, wirkt unsicher und inkompetent. Es gilt also zu akzeptieren, dass es Probleme gibt, die du nicht lösen kannst.

Wir wollen andere Menschen dazu inspirieren, dass sie die Welt so sehen, wie sie heute wirklich ist, und dies ihren Instinkten permanent vor Augen halten! Das ist unser Ziel, und das sollten wir nie vergessen!

Wenn jemand mit einer ernsthaften psychischen Erkrankung zu uns in die Beratung kommt, dann ist es nicht unsere Aufgabe, ihn wieder gesund zu machen. Unsere Beratung richtet sich an Menschen, die glücklich sein wollen und ganz normale Lebensprobleme haben. So werden wir keine Schizophrenie heilen und auch keinen Verfolgungswahn.

Solche psychischen Störungen fallen nicht in unseren Aufgabenbereich. Wenn solch ein Mensch zu uns kommt und sich Hilfe erhofft, schicken wir ihn zum Arzt.

Abgesehen von diesen psychischen Erkrankungen kann es natürlich auch mal passieren, dass wir einem gesunden Menschen nicht helfen können. Das sollte für einen professionellen Glückstrainer die absolute Ausnahme darstellen. Aber es kann passieren und ist ebenfalls keine Katastrophe. Wie gesagt: Niemand kann jedem helfen. Das ist nun mal so. Das Sinnvollste in solch einem Fall ist, gegenüber diesem Klienten eine Empfehlung für einen anderen Glückstrainer auszusprechen, den wir als passender empfinden.

Wenn du deinen Freunden und Bekannten helfen willst, glücklich zu werden, würde ich dir das Gleiche empfehlen. Wenn du jemandem nicht helfen kannst, empfiehl ihm jemand anders. Es ist kein Armutszeugnis, das zu tun. Es ist eher eines, es nicht zu tun!

Wenn du weißt, dass du sehr vielen Menschen helfen kannst, aber nicht jedem helfen können musst, dann wirst du eine sehr selbstbewusste und kompetente Ausstrahlung haben.

Die einzige Möglichkeit, diese kompetente Ausstrahlung wieder zunichte zu machen, besteht darin, von einer falschen Motivation getrieben zu sein.

Falsch wäre zum Beispiel, wenn du allen Menschen unbedingt klar machen willst, dass du kompetent bist. Es würde aufdringlich wirken und die Leute darüber nachdenken lassen, warum du das nötig hast.

Fassen wir noch einmal zusammen: Falsch wäre jede Motivation hinsichtlich deiner kompetenten Wirkung, mit der du (abgesehen von der kompetenten Wirkung selbst) etwas erreichen willst. Dabei ist es egal, ob du durch deine Wirkung erreichen willst, möglichst viel Geld zu verdienen oder Anerkennung zu bekommen oder möglichst viele Menschen zum Glück zu führen. Es ist egal, was du damit erreichen willst. Tatsache ist, dass andere Menschen instinktiv spüren, dass du bewusst kompetent wirken möchtest, um etwas damit zu erreichen.

80 Prozent unserer Kommunikation läuft nonverbal ab. Es ist unsere Körpersprache, die unsere Emotionen verrät. Jeder versteht diese Körpersprache auf intuitiver Ebene – jedes Kind und jeder Erwachsene.

Baut dein Verhalten also darauf auf, etwas mit deiner kompetenten Wirkung erreichen zu wollen, werden alle Menschen das intuitiv erkennen. Es wird ihnen vielleicht nicht vollständig bewusst, aber ihre Intuition hinterlässt ein eindeutiges skeptisches Gefühl. Du würdest ihnen also suspekt vorkommen.

Welche Motivation solltest du also haben? Welche Motivation unterstützt deine kompetente Wirkung?

Wie würdest du einen Menschen empfinden, dem anzumerken ist, dass ihm an seinem Gesprächspartner etwas liegt? Es liegt ihm deshalb etwas an ihm, weil er das Motiv verfolgt, mit diesem Menschen Verbundenheit zu erleben. Damit zeigt er automatisch Wertschätzung und Mitgefühl.

Wie würdest du einen Menschen empfinden, der bei seiner Beratung das Motiv verfolgt, seinen Gesprächspartner glücklich zu machen, weil es für ihn ein Genuss ist, sein Gegenüber glücklich zu sehen? Wie würdest du ihn beurteilen, wenn er bei der Lösung der Probleme sogar Spaß haben möchte? (Nicht auf Kosten seines Gegenübers, versteht sich!)

Würdest du diesen Menschen mit diesen Motiven als kompetent ansehen können? Die meisten Leute tun dies.

Es ist also das Wissen, dass unsere Grundmotive ständig erfüllt sind, das uns unmittelbar zu einer kompetenten Ausstrahlung verhilft.

Wir können nicht erreichen, dass uns hundert Prozent aller Menschen als kompetent ansehen. Wir können jedoch versuchen, einen möglichst hohen Prozentsatz zu erreichen. Und mit dem Gedanken daran, dass wir alles haben, was wir zum Glücklichsein brauchen, würden wir das tun.

Wieder sind es also zwei Punkte, die uns eine kompetente Ausstrahlung verleihen: Erstens unser Selbstvertrauen und zweitens die richtige Motivation.

3. Vertrauen

Niemand verrät einem anderen Menschen seine intimsten Emotionen, wenn er ihm nicht vertraut. Dies ist eines der ersten Merkmale, die andere Menschen bei uns abchecken, bevor sie sich von uns beraten lassen. Sie müssen sich eine Meinung über uns bilden. Dafür haben sie nur wenige Sekunden Zeit. Und mehr braucht ihre Intuition auch nicht. Intuitiv erfassen sie unsere Persönlichkeit und treffen ihre Entscheidung darüber, ob wir vertrauenswürdige Menschen sind.

Diese Einschätzung ihrer Intuition stimmt in 95 Prozent aller Fälle auf Anhieb, wie ich bereits mehrfach angedeutet habe.

Unser Gesprächspartner liest also unsere Körpersprache, die, wie bereits erwähnt, eindeutig unsere Emotionen und damit auch unsere Motive widerspiegelt.

Zur Erinnerung: Unsere Grundinstinkte verfolgen von Geburt an bestimmte Motive. Auf diesen Grundmotiven, wie wir sie nennen, bauen dann alle anderen Motive auf, die wir im Laufe unseres Lebens annehmen. Unsere Emotionen werden von unseren Instinkten genutzt, um diese Motive zu erfüllen. Damit ist eine eindeutige Zuordnung von Emotionen und Motiven möglich. Und damit sind auch unsere Motive in unserem Körperausdruck erkennbar, den jeder Mensch intuitiv mit einer 95-prozentigen Genauigkeit lesen kann.

Ob uns ein Mensch das notwendige Vertrauen in einer Beratung auf Anhieb entgegenbringt, hängt also zu 95 Prozent von unserer Motivation ab und nur zu 5 Prozent von einer möglichen Fehleinschätzung dieses Menschen. Erinnern wir ihn zum Beispiel an jemanden, dem er nicht vertrauen kann, weil wir die gleichen Augen haben, dann fallen wir für ihn unter die 5 Prozent Fehleinschätzung.

Das heißt jetzt nicht, dass uns nur maximal 95 Prozent aller Menschen vertrauen werden. Es heißt nur, dass uns 95 Prozent *auf Anhieb* vertrauen werden, wenn wir die richtige Motivation bei unserer Arbeit haben.

Die restlichen 5 Prozent werden etwas länger brauchen, um ihr Vertrauen zu uns aufzubauen. Sie werden dieses Vertrauen über ihre bewusste Einschätzung aufbauen müssen. Diese Menschen werden uns also ein wenig testen wollen. Sie werden uns Fragen stellen oder uns auf das Thema Vertrauen ansprechen. Sie brauchen diese Phase, damit sie mit uns arbeiten können. Geben wir sie ihnen. Wir haben ja nichts zu verbergen.

Gelegentlich hat einer unserer Gesprächspartner ein größeres Problem damit, anderen Menschen zu vertrauen. Er befürchtet, dass wir im Gespräch mit ihm ungewollt Schaden anrichten könnten. Er will diesbezüglich jede Gefahr ausschließen.

Bei solchen Menschen sollten wir deutlich machen, dass wir mit diesem Gespräch lediglich Entscheidungshilfen ansprechen wollen. Die eigentliche Entscheidung trifft unser Gesprächspartner dann ganz allein. Auf diese Weise werden wir mit so gut wie jedem Menschen eine Vertrauensbasis aufbauen können. Wichtig sind auch hier unsere Motive. Verfolgen wir unsere Grundmotive, wie im letzten Punkt „Kompetenz“ bereits geschildert, werden wir auch vertrauenswürdig auf unseren Klienten wirken.

4. Gleichwertigkeit

Ein weiterer Punkt, der für deine Wirkung auf andere Menschen wichtig ist, ist deine Einstellung gegenüber der Wertigkeit anderer Menschen.

Jemand, der sich in seinem Wert über seine Gesprächspartner stellt, wird auch herablassend wirken. Er wird den Eindruck hinterlassen, dass er sich für etwas Besseres hält und damit sein Gegenüber abwertet.

Niemand will abgewertet werden. Dies löst in unseren Instinkten sofort Vermeidungsgefühle aus. Der Herdentrieb bekommt

Angst, nicht mehr erwünscht zu sein, wenn wir nichts wert sind, und der Vergnügungstrieb beginnt sich gegen eine Unterordnung zu wehren.

Gelegentlich treffen wir auch auf Menschen, die sich gerne unterordnen wollen. Das ist nicht unbedingt selten. Sie stellen uns auf einen Sockel und übergeben uns die Verantwortung für ihr Glück. Natürlich kann das nicht funktionieren, und so wird uns dieser Mensch dann die Schuld dafür geben, dass er nach der Beratung nicht wirklich glücklich ist. Er wird dies nicht zu uns sagen, denn er hat sich uns untergeordnet. Er geht sehr freundlich und scheinbar dankbar nach Hause und erzählt dort allen, die es nicht hören wollen, dass wir nichts taugen. Er hat ja jetzt einen neuen Schuldigen für sein Unglück. Das befreit und gibt ihm die Hoffnung, dass er durch diese Erklärung bei anderen Menschen wieder stärker erwünscht ist.

Es hat keinen Sinn, eine Beratung auf dieser Basis laufen zu lassen. Überaus wichtig ist, dass unsere Klienten ihre Eigenverantwortung behalten. Der einfachste Schritt hierzu ist, eine gleichwertige Wirkung bereits mit unserer Ausstrahlung zu erzielen. Machen wir uns also bewusst, dass wir tatsächlich alle den gleichen Rang in unserem großen Rudel der Welt haben. Wir sind weder ranghöher noch rangniedriger als unsere Gesprächspartner.

Damit kommen unsere Gesprächspartner gar nicht erst auf die Idee, sich unterzuordnen. Ebenfalls kommen sie nicht auf die Idee, gegen eine Unterordnung kämpfen zu müssen oder Angst zu bekommen, nichts wert und damit nicht mehr erwünscht zu sein.

Wir können es uns also sehr viel leichter machen, wenn wir diesen Sachverhalt berücksichtigen und die Einstellung annehmen, dass andere Menschen den gleichen Rang im Rudel haben wie wir.

Jeder, der mit der Beratertätigkeit sein Ego aufpolieren will, steht sich damit selbst im Weg. So etwas haben wir nicht nötig. Wir müssen nicht beweisen, dass wir wertvoll sind oder sogar noch wertvoller als die anderen. Wir haben sowieso den höchsten Rang, den es gibt. Wir haben genügend Menschen, die uns mögen und lieben. Und wir haben die absolute Entscheidungsfreiheit über unser Leben – genau wie alle unsere Gesprächspartner.

Wir sind sicherlich wertvoll. Wir sind gut! Aber es sind nicht nur die Menschen etwas wert, die anderen helfen können, glücklich zu werden. Es gibt so viele wichtige Aufgaben im Leben, dass jeder eine dieser Aufgaben erfüllt. Und jeder ist in seinem Bereich Weltklasse! Alle Menschen haben einen einzigartigen Lebensweg hinter sich gebracht, bei dem sie einzigartige Fähigkeiten und Eigenschaften entwickelt haben. Für viele andere Menschen sind diese Eigenschaften und Fähigkeiten wertvoller als alles andere.

Jeder hat dieser Welt also etwas sehr Wertvolles zu geben. Viele sind sich darüber nicht bewusst, aber dennoch ist es so. Wenn wir diese Wahrheit verinnerlichen, werden wir sie auch ausstrahlen und bei den Menschen, denen wir helfen wollen, eine positive Wirkung hinterlassen.

4.IV. Kritikfähigkeit

Als Glückstrainer bekommen wir recht häufig Kritik. Fühlen wir uns durch solch eine Kritik persönlich angegriffen, haben wir unsere Glaubwürdigkeit natürlich verloren.

Darüber hinaus verschenken wir allerdings auch wertvolle Informationen darüber, wie wir etwas besser machen könnten.

Ein guter Umgang mit Kritik ist also sehr wichtig für einen Menschen, der anderen dabei helfen will, glücklich zu werden. Doch wie geht man am sinnvollsten damit um? Ist es sinnvoll, alles zu verändern, was andere Menschen nicht gut an uns finden?

Ein Freund von mir ist Musiker. Er spielte vor vielen Jahren in einer Band und war damit recht erfolgreich. Die Konzerte wurden voller und voller. Am Ende seiner Konzerte kamen oft Zuhörer nach vorne, die meinten, man könnte dies und jenes noch ein bisschen besser machen. Die Band hörte sich das an und stellte sich darauf ein. In ihrem nächsten Konzert war es dann „besser".

So lief das über viele Konzerte hinweg. Alle Anregungen ihrer Zuhörerschaft baute die Band in ihre Musik ein. Das Seltsame war, dass immer weniger Leute zu ihren Konzerten kamen – bis sie schließlich vor einem fast leeren Saal spielten.

Die Band traf eine wichtige Entscheidung: Sie kehrten wieder zu ihrer ursprünglichen Musik zurück und ignorierten alle Verbesserungsvorschläge. Nach wenigen Konzerten waren die Säle wieder voll.

Wir sind natürlich keine Musiker. Dennoch sollten auch wir mit Kritik vorsichtig umgehen. Ich mache jetzt seit fünf Jahren Ella-Kensington-Seminare. An meinen Seminaren haben mittlerweile viele tausend Menschen teilgenommen. Viele kamen nach dem Seminar zu mir und sagten mir ihre Kritik. Ich dachte über diese Kritik sehr lange nach. Ich überprüfte ihre Aussagen – zumindest dann, wenn die Kritik für mich neu war. Natürlich wiederholten sich viele Aussagen mit der Zeit.

Etwa 10 Prozent der Kritik enthielten wertvolle Informationen für mich und die Entwicklung meiner Seminare. Hätte ich diese 10 Prozent verschenkt, wäre ich nicht dort, wo ich heute bin.

Es ist also sinnvoll, Kritik ernst zu nehmen. Es ist jedoch notwendig, sie zu überprüfen – und zwar gründlich! Weder sollten wir den Fehler machen, jede Anregung in unsere Arbeit einfließen zu lassen, noch den Fehler, alles nur abzuschmettern und widerlegen zu wollen.

Damit wir mit Kritik vernünftig umgehen können, ist es notwendig, unsere Emotionen in die richtigen Bahnen zu lenken. Allzu schnell fühlt sich unser Vergnügungstrieb angesprochen und wehrt sich gegen die mögliche Unterordnung durch unseren Kritiker. Oder unser Herdentrieb macht uns Angst, dass wir nicht gut genug und damit nicht mehr erwünscht sind.

Mittlerweile sollte es dir leicht fallen, diese beiden Probleme in den Griff zu bekommen. Begib dich in die Neuzeitsichtweise und geh die beiden Themen durch.

Danach ist der Weg frei, die Kritik deiner Mitmenschen sinnvoll zu nutzen und dich dabei gut zu fühlen.

4.V. Nutzung deines vollständigen Potenzials

Wenn du anderen Menschen helfen willst, ihr Leben dem Glück zuzuwenden, solltest du dabei dein vollständiges geistiges Potenzial nutzen können.

Du denkst, wie ich bereits im Kapitel „Sinnvolle und nicht sinnvolle Verständnismodelle“ beschrieben habe, immer in mehreren Denkweisen gleichzeitig. Du denkst verstandesorientiert, intuitiv, assoziativ und generalisierend.

Um dein vollständiges Potenzial zu nutzen, ist es sinnvoll, diese verschiedenen Denkweisen möglichst gut miteinander zu koordinieren. Sie alle haben ihre Stärken und Schwächen.

Deine Intuition kann zum Beispiel für eine bestimmte Zielsetzung rasend schnell Lösungen liefern. Sie fragt jedoch nicht danach, ob diese Lösungen realistisch sind. Sie fragt auch nicht danach, ob diese Lösungen von dir selbst durchgeführt werden müssen oder ob du dabei von einem anderen Menschen abhängig bist.

Beispiel: Du willst, dass dein Gesprächspartner endlich einsieht, dass es besser ist, die Welt neuzeitlich zu sehen. Diese Zielsetzung ist nicht selbsterfüllbar. Du bist davon abhängig, ob dein Gesprächspartner es einsieht oder nicht.

Deine Intuition würde bei dieser Zielsetzung keine Lösung finden. In den meisten Fällen werden nicht selbsterfüllbare Zielsetzungen schon automatisch in selbsterfüllbare übersetzt. Du würdest also intuitiv diese Zielsetzung umformulieren. Du würdest überlegen, wie du es anstellen kannst, dass dein Gesprächspartner es erkennt. Du würdest überlegen, was du dafür tun kannst. Diese Zieldefinition wäre dann selbst erfüllbar.

Leider wird nicht jede Zieldefinition automatisch korrigiert. Viele Menschen wollen zum Beispiel geliebt werden. Dieses Ziel ist nicht selbsterfüllbar. Zwar kann man sein möglichstes versuchen, damit man liebenswert ist. Aber man kann niemanden dazu zwingen, einen zu lieben.

Um sicherzugehen, dass du deine Intuition sinnvoll nutzen kannst, solltest du alle deine Beratungsziele daraufhin untersuchen, ob sie selbsterfüllbar sind.

Willst du beispielsweise, dass deine Freunde erkennen, dass die neuzeitliche Sichtweise der Welt die sicherste ist? Oder willst du ihnen alle Entscheidungshilfen anbieten, damit sie dies erkennen können?

Die erste Zieldefinition wäre nicht selbsterfüllbar, die zweite wäre es.

Überprüfe also deine Zielsetzungen zu gegebenem Zeitpunkt auf diesen Punkt. Alle deine Beratungsziele sollten selbsterfüllbar sein.

Ein weiterer Punkt, der in dieser Betrachtungsweise wichtig ist, ist die Beurteilung darüber, ob deine Zieldefinition realistisch ist.

Wenn du willst, dass jeder Mensch, der mit dir über dieses Thema einmal geredet hat, für alle Zeiten nur noch glücklich ist, dann wirst du mit dieser Zielsetzung nicht sehr viel Freude haben. Deine Intuition wird keine Lösungen für dieses Ziel finden. Du würdest dich machtlos und demotiviert fühlen.

Deine Ziele sollten also selbsterfüllbar und realistisch sein!

Der entscheidende Punkt zur systematischen Nutzung deiner Intuition besteht jedoch in einer dritten wichtigen Gesetzmäßigkeit. Deine Ziele sollten so präzise formuliert sein, dass sie einen Handlungsimpuls auslösen.

Beispiel: Die meisten Menschen bekommen einen Handlungsimpuls, wenn man sie fragt, ob sie eine Uhr haben. Sie antworten nicht mit „Ja" oder „Nein", sondern schauen auf die Uhr und sagen uns die Uhrzeit. Das tun jedoch nicht alle Menschen. Manche sagen auch einfach nur „Ja".

Im Allgemeinen nutzen wir Menschen unsere Intuition nicht systematisch. Wir freuen uns darüber, wenn wir mal einen Geistesblitz haben. Diese Geistesblitze tauchen dann scheinbar zufällig auf. Doch nichts geschieht in unserem Gehirn zufällig.

Du kannst mit einer präzisen Zieldefinition dafür sorgen, dass diese Geistesblitze wie am Fließband produziert werden. Das wissen nur sehr wenige Menschen (eigentlich nur diejenigen, die dieses Buch gelesen haben! ☺).

Wenn wir knifflige Aufgaben zu lösen haben – was in einem Beratungsgespräch immer der Fall ist – dann ist es sinnvoll, diese Aufgaben so zu formulieren, dass unsere Intuition einen Handlungsimpuls bekommt.

Beispiel: Wir wollen ein sympathisches Beratungsklima mit unserem Gesprächspartner herstellen.

Löst diese Zieldefinition bei dir bereits einen Handlungsimpuls aus? Merkst du, dass du intuitiv bereits eine Vielzahl an Möglichkeiten auflistest, die du für diese Zielsetzung anwenden könntest?

Bei mir wäre dies bei dieser Zieldefinition noch nicht der Fall. Ich müsste sie noch weiter spezifizieren (natürlich selbsterfüllbar und realistisch!).

Nun weiß ich, wodurch Sympathie zustande kommt. Beide Gesprächspartner müssen sich dazu von dem anderen erwünscht fühlen und gleichzeitig das Gefühl haben, dass der jeweils andere zu ihnen passt. Die Grundmotive des Passens und Erwünschtseins müssen also erfüllt werden.

Definieren wir also diese Zielsetzung etwas präziser. Unterteilen wir dabei das Ziel in zwei Unterziele:

Wir wollen unserem Gesprächspartner zeigen, dass er bei uns erwünscht ist, und wir wollen ihm zeigen, dass er bei uns an der richtigen Adresse ist. Wir zeigen ihm also, dass wir der passende Gesprächspartner für ihn sind.

Wenden wir uns der ersten Zieldefinition zu. Wir wollen unserem Gesprächspartner zeigen, dass er bei uns erwünscht ist. Wie können wir das anstellen?

Löst diese Zieldefinition einen Handlungsimpuls bei dir aus? Gehen dir jetzt Möglichkeiten durch den Kopf, wie du deinem Gesprächspartner zeigen kannst, dass er bei dir erwünscht ist? Oder würdest du diese Möglichkeiten sofort automatisch anwenden? Würdest du deinen Gesprächspartner möglicherweise gleich bei der Begrüßung schon freundlich empfangen, um ihm zu zeigen, dass er bei dir erwünscht ist? Würdest du ihn anlächeln? Würdest du ihm etwas zu trinken anbieten?

Ich vermute, dass du genau dies tun würdest – und zwar ohne dass du einen Gedanken daran verschwenden müsstest.

Diese Zieldefinition löst also einen Handlungsimpuls aus!

Wie sieht es mit der zweiten Zielsetzung aus? Du willst deinem Gesprächspartner aufzeigen, dass du der Richtige für seine Problemstellung bist. Wie kannst du ihm dies aufzeigen? Sagen wir einmal, er hätte ein Problem damit, dass er sich nirgends erwünscht fühlt. Wie kannst du ihm zeigen, dass du ihm bei diesem Problem helfen kannst?

Na? Gehen dir Gedanken durch den Kopf? Löst diese Frage also einen Handlungsimpuls aus? Wenn ja, dann ist sie ausreichend präzise formuliert, um deine Intuition anzuwerfen.

Du würdest mit diesen beiden Zielsetzungen innerhalb weniger Minuten ein supertolles Gesprächsklima zaubern. Es wäre für dich das Einfachste auf dieser Welt.

Tatsächlich lernen viele Trainer und Therapeuten eine Menge komplizierter Techniken, um dieses sympathische Beratungsklima zu erzeugen. Das alles ist nicht notwendig, wenn du deine Ziele präzise formulierst.

Du verfügst bereits über ein reichhaltiges Sortiment an Fähigkeiten. Die Kunst besteht nicht darin, sich neue Fähigkeiten anzueignen, sondern die vorhandenen systematisch zu nutzen.

Wenn du in einer Beratungssituation ins Stocken kommst, dann liegt das nur selten daran, dass dir irgendwelche Fähigkeiten fehlen – dir fehlt der Handlungsimpuls! Dir fehlt eine präzise, selbsterfüllbare und realistische Zielsetzung!

Hier noch ein weiteres Beispiel zu diesem Thema: Wie du im letzten Kapitel gelesen hast, ist es für einen Glückstrainer wichtig, gut mit Kritik umgehen zu können. Dein Ziel könnte also lauten: „Ich will gut mit Kritik umgehen können!"

Löst diese Zieldefinition bei dir einen Handlungsimpuls aus, wenn du daran denkst? Bei mir wäre das nicht der Fall. Ich müsste diese Definition weiter präzisieren.

Was passiert, wenn du das Ziel folgendermaßen definierst? „Ich will die Kritik meines Gesprächspartners als Anregung sehen."

Würde diese Zieldefinition bei dir einen Handlungsimpuls auslösen? Bei mir wäre das der Fall.

Aber präzisieren wir diese Zielsetzung noch ein bisschen genauer: „Ich will mir im Fall einer Kritik darüber bewusst sein, dass diese Kritik keine Unterordnungsmaßnahme darstellt, sondern unter Umständen eine wertvolle Bereicherung, die es zu überprüfen gilt."

Könntest du im Fall einer Kritik jetzt sinnvoll damit umgehen, wenn dir diese Zieldefinition durch den Kopf schießt? Würde diese Definition einen sinnvollen Handlungsimpuls auslösen?

Auf diese Weise kannst du alle deine Zielsetzungen im Leben definieren. Ist die Definition selbsterfüllbar, realistisch und so präzise formuliert, dass sie einen Handlungsimpuls auslöst, kommst du in einen so genannten „Flow-Zustand" – das Leben „fließt" einfach, ohne dass du etwas forcieren musst. Du handelst, ohne lange darüber nachdenken zu müssen, und nutzt dazu dein vollständiges Potenzial an Fähigkeiten.

Diese Flow-Zustände erzeugen sehr viele Glücksgefühle. Es sind vor allem Passensgefühle. Diese Gefühle beziehen sich darauf, dass die an dich gestellten Anforderungen exakt mit deinen Fähigkeiten übereinstimmen. Diese Passensgefühle nennt man im Übrigen auch „Spaß"!

Es ist also nicht wirklich schwer, dein vollständiges geistiges Potenzial nutzbar zu machen. Definiere alle deine Ziele selbsterfüllbar, realistisch und präzise. Der Rest läuft dann wie von selbst.

4.VI. Konkurrenzdenken

Mir ist bewusst, dass viele Menschen, die mit diesem Beratungskonzept die Welt um ein Stückchen Glück bereichern wollen, andere Glücklichmacher als Konkurrenz ansehen könnten. Vor allem werden sich die Leute Sorgen um ihr Einkommen machen, die professionell als Glückstrainer unter dem Markennamen „Ella Kensington“ arbeiten wollen. Diese Sorgen sind natürlich unbegründet!

Wie bereits erwähnt, wird es für professionelle Glückstrainer nicht genügen, auf unserer Homepage zu stehen und darauf zu warten, dass ihre Praxis voll wird. Alle Trainer werden ihren jeweils eigenen Markt eröffnen – einen Markt, von dem ihnen niemand etwas wegnehmen wird. Im Gegenteil!

Allein im deutschsprachigen Raum leben 100 Millionen Menschen. 50 Prozent dieser Menschen haben nach einer aktuellen Sozialstudie bereits als ihr höchstes Ziel definiert, glücklich sein zu wollen. Das sind 50 Millionen Menschen – ein gigantischer Markt! In kaum einem anderen Geschäftszweig gibt es ein derart großes Marktsegment.

Das Problem ist derzeit noch, dass die meisten Menschen noch nicht auf die Idee kommen, fürs Glücklichsein mehr tun zu können, als Geld zu verdienen und einen Beziehungspartner zu finden.

Wir wollen diesen gigantischen Markt öffnen, indem wir unser Wissen so weit wie möglich publik machen. Und dabei wird jeder entscheidend mitwirken, der unser Glückskonzept an andere weitergeben will – ganz egal, ob er es jetzt lizenziert unter unserem Namen tut oder ganz privat.

Jeder, der anderen beim Glücklichsein unter die Arme greift, wird damit automatisch die Begriffe „Glückstrainer" und „Ella Kensington" bekannt machen. Je mehr über uns geredet wird, desto mehr Menschen werden eine Glücksberatung für gut und normal halten und zu uns in die Beratung kommen – und damit auch zu dir, ob du nun privat oder beruflich andere Menschen in Sachen Glück und Erfolg beraten willst. Denn du bist jetzt auch einer von uns!

Wir sind Marktführer in unserem Bereich. Nirgends sonst bekommt man für so wenig Geld so viele wertvolle Impulse zum Glücklichsein. Das hat sich langsam schon herumgesprochen und wird es weiterhin tun. Auch daran kannst du einen Anteil haben, wenn du anderen Menschen hilfst. Deine Aktivitäten kommen also allen zugute, die als Glückstrainer arbeiten. Und ihre Werbung kommt dir zugute – vor allem dann, wenn du beruflich als Glückstrainer Fuß fassen möchtest. „Einer für alle und alle für einen!"

Wie gesagt haben wir den Begriff „Glückstrainer" schützen lassen. Wer auch immer seine Dienstleistung als Glückstrainer unter dem Markennamen „Ella Kensington" anbietet, erfüllt unsere hohen Qualitätsstandards. Darauf werden wir achten, denn Qualität ist der beste Garant für den langfristigen Erfolg.

Viele unserer Klienten gehen nach einer erfolgreichen Beratung auch noch zu anderen Glückstrainern. Sie sind begeistert und hoffen, bei anderen Trainern noch mehr Impulse zu bekommen.

Wer nach einer zweistündigen Beratung sein gesamtes Leben entscheidend in Richtung Glück verändert hat, wird den Wert unserer Arbeit zu schätzen wissen. Er wird noch mehr wollen.

Er wird vermutlich alles wollen, was zu kriegen ist. Und so schaut er sich auch bei anderen Glückstrainern von Ella Kensington um.

So läuft es derzeit bei uns. Und so wird es auch weiter laufen, wenn alle, die unter unserem Markennamen arbeiten, ihr Konkurrenzdenken in den Griff bekommen. Und darauf werden wir achten. Wir wollen Synergie statt Konkurrenz.

Die emotionale Voraussetzung für ein synergetisches Denken sollte über den Überlebenstrieb geschaffen werden. Logischerweise hängt dein Überleben nicht von deinem Erfolg als Trainer ab – schon gar nicht, wenn du nur privat in deinem Bekanntenkreis tätig wirst. Das solltest du dir auf jeden Fall richtig klar machen.

Weiterhin sollte dir klar sein, dass hier dein Vergnügungstrieb angeworfen wird, der einen möglichst hohen Rang im Rudel erreichen will. Wir haben das Konkurrenzdenken also schon im Blut. Jetzt gilt es, eine Blutreinigung zu vollziehen. Mach dir also bewusst, dass du alle Freiheiten und Privilegien hast, die du zum Glücklichsein brauchst. Es ist nicht notwendig, einen hohen Rang im Rudel zu erreichen. Es gibt diese Frühzeitregeln nicht mehr! Es gibt nur noch hohe Ränge! Jeder ist sein eigener Chef.

Ebenfalls brauchst du dich auch nicht vor einer Unterordnung durch andere Glückstrainer zu schützen, denn ihr Erfolg stellt keine Unterordnungsmaßnahme dir gegenüber dar. Im Gegenteil! Je kompetenter professionelle Glückstrainer arbeiten, desto besser wird der generelle Ruf einer Glücksberatung sein. Damit werden viele Menschen auch dir gegenüber sehr viel aufgeschlossener sein, wenn es um deine Hilfe zum Glücklichsein geht – ganz egal, ob du nun beruflich als Glückstrainer arbeitest oder privat deine Freunde berätst. Mach dir das so lange bewusst, bis es in Fleisch und Blut übergegangen ist.

Deinen Herdentrieb solltest du natürlich nicht vergessen. Denk daran, dass du auch dann noch genauso erwünscht bist, wenn andere Trainer erfolgreicher sein sollten als du.

Befriedige also wieder einmal in der Neuzeitsichtweise deine Grundmotive und mach damit den Weg frei, eine wirkliche Synergie mit uns von Ella Kensington zu erleben.

Gemeinsam steht uns eine große Aufgabe bevor. Wir wollen die Menschheit einen entscheidenden Schritt weiter zum Glück bringen.

Nicht, dass unser Leben ansonsten sinnlos wäre – es macht einfach nur einen Heidenspaß, diese Aufgabe zu verfolgen. Diese Aufgabe bringt mehr Glücksgefühle mit sich als jede andere. Und darauf kommt es uns an. Wir wollen keine Wohltäter der Menschheit sein. Wir wollen Spaß, Genuss und Zusammengehörigkeit mit anderen Menschen gemeinsam erleben. Das ist es, was uns täglich mit Freude aus dem Bett springen lässt.

Wenn du dich uns anschließen willst, schau dir mal unsere Homepage (www.ella.org) an. Dort findest du alles Wichtige über uns. Aber keine Angst! Wir sind keine Sekte. Wir haben viel mehr mit Sekt als mit Sekte zu tun. Wir sind weder eine Glaubensgemeinde, der man beitreten kann, noch sonst irgendeine dubiose Organisation. Wir sind genau genommen gar keine Organisation. Wir sind ein Haufen selbstständiger Glückstrainer, die sich unter dem Namen „Ella Kensington“ zusammengeschlossen haben, um gemeinsam erfolgreicher zu sein, als das jeder für sich allein je sein könnte.

Zu diesem Zweck haben wir auch den Ella-Kensington-Verlag gegründet, in dem ausschließlich Bücher publiziert werden, die von ausgebildeten Glückstrainern unseres Teams geschrieben wurden.

Wenn du uns also kennen lernen möchtest, dann schau mal auf unserer Homepage vorbei. Aber beeil dich! Es warten 50 Millionen Menschen auf uns!

Schlusswort

Uns ist es also gar nicht so elementar wichtig, ob wir es tatsächlich schaffen können, fünfzig Millionen Menschen glücklicher zu machen. Es geht uns vielmehr darum, dieses Ziel überhaupt zu haben, denn alleine das beschert uns schon Tag für Tag ein Unmaß an persönlichem Glück. Es ist ein sehr schönes Ziel, für das es sich zu leben lohnt.

Wir würden uns sehr freuen, wenn du dich uns dabei anschließen möchtest. Es gibt viele Möglichkeiten, etwas zu unserem gemeinsamen Ziel beizutragen. Unsere größte Aufgabe besteht darin, das Bewusstsein darüber zu fördern, dass man für sein persönliches Glück sehr viel mehr tun kann, als Geld zu verdienen und einen Beziehungspartner zu suchen.

Die meisten Menschen stehen leider immer noch auf dem Standpunkt, dass es ein Armutszeugnis darstellt, wenn man sich in Sachen Glück Hilfe holen muss. Dass man sich im sportlichen Bereich von einem professionellen Trainer Hilfe holt, ist ja okay. Auch, dass man die Hilfe eines Gesangslehrers in Anspruch nimmt, um sein vollständiges stimmliches Potenzial zu öffnen, wird als normal und richtig angesehen. Aber doch bitte nicht fürs Glücklichsein! Dabei wird kaum ein anderer Lebensbereich von unserer Wissenschaft gerade so intensiv erforscht wie das Glücklichsein. Viele bahnbrechende Resultate aus diesen Forschungen sollten der Allgemeinheit zugänglich gemacht werden. Und genau das wollen wir tun.

Es ist sicherlich kein Armutszeugnis, wenn man sich die neuesten Erkenntnisse der Wissenschaft zu Nutze macht. Im Gegenteil! Falsche Eitelkeit sollte hier nicht im Weg stehen.

Momentan wird leider noch fast alles, was in Richtung Glück geht, in die Rubriken „Esoterik“ oder „Therapie“ gesteckt. Viele Menschen rümpfen die Nase, wenn sie den Begriff „Esoterik“ hören und halten jeden Menschen für „gestört“, der eine Therapie in Anspruch nehmen muss.

Wir möchten mit unserer Arbeit das Bewusstsein darüber fördern, dass es genauso „ehrenhaft“ ist, sich in Sachen Glück trainieren zu lassen, wie eine Gesangsstunde bei einem Gesangslehrer zu nehmen oder sich von einem Tennistrainer eine Privatstunde geben zu lassen. Genau wie ein guter Gesangslehrer wollen wir unseren Klienten helfen, ihr vollständiges Potenzial freizulegen.

Dieses Bewusstsein kann in der Bevölkerung nur entstehen, wenn man von allen Seiten davon hört. Das ist das Wichtigste, was du zu unserem gemeinsamen Ziel beitragen kannst. Setz es selbst um, hilf anderen und rede darüber!

Natürlich sollten die Menschen, die über unser Glückstraining berichten, auch den Eindruck erwecken, dass es funktioniert. Daher bieten wir dir für deine persönliche Umsetzung unsere Unterstützung an.

Seit November 2005 versenden wir einen kostenlosen mehrseitigen monatlichen Glückstipp per E-Mail, mit dem wir unsere Leser auf dem aktuellen Stand der Umsetzungsentwicklung bei Ella Kensington halten. In diesen Glückstipps vermitteln wir neues Wissen und bieten einfache Übungen zur Umsetzung an.

Auf unserer Homepage (www.ella.org) kannst du dir alle bisher versendeten Glückstipps anschauen sowie dich in unseren Glückstipp- E-Mail-Verteiler eintragen. Der Umfang der archivierten Glückstipps füllt bereits einen dicken Ordner. Es lohnt sich also, einmal bei uns vorbeizuschauen.

Weiterhin findest du auf unserer Homepage ein Archiv von Leser-Fragen zur Umsetzung unserer Lerninhalte, die wir von 2001 bis 2005 beantwortet hatten. In diesen fünf Jahren ist ein umfassendes Sammelwerk für alle Lebensfragen entstanden.

Der Austausch mit anderen Menschen kann den eigenen Weg zum Glück erheblich vereinfachen und verschönern. Daher bietet dir die kostenlose Kontaktbörse auf unserer Homepage die Möglichkeit, Gleichgesinnte zu finden oder dich von ihnen finden zu lassen.

Diese Gleichgesinnten kannst du auch in den privaten Ella-Treffs finden, die überall im deutschsprachigen Raum wie Pilze aus dem Boden schießen. Eine Liste der Kontaktadressen für diese Treffen findest du ebenfalls auf unserer Homepage.

Sollte es in deiner Nähe noch keinen Ella-Treff geben, kannst du natürlich auch gerne einen gründen. Es macht mächtig viel Spaß, mit einer Horde von glücksbegeisterten Menschen den Abend zu verbringen!

Neben all diesen kostenlosen Unterstützungsmaßnahmen bieten wir auf unserer Homepage (www.ella.org) natürlich auch Seminare, Workshops, Einzelberatungen und selbstverständlich auch die Beraterausbildung an, aus der dieses Buch ja entstanden ist.

Die effektivste Möglichkeit für deine persönliche Umsetzung unseres Glückskonzeptes ist das neunmonatige Glücksstudium, das wir Wochenend-Camp nennen. Wir machen mit einer Seminarreihe von fünf Wochenendveranstaltungen Glücksnägel mit Köpfen und bieten dir dabei alle Möglichkeiten, um in Sachen Glück und Erfolg zu einer Ausnahmeerscheinung in unserer Gesellschaft zu werden.

Kennst du eigentlich die Symptome der akuten Aufschiebe-ritis? Wir haben festgestellt, dass die meisten Menschen genau wie wir selbst auch unter diesem Phänomen leiden, wenn sie etwas Großes alleine angehen sollen. Deshalb gründen wir am ersten Seminarwochenende des Wochenend-Camps und der Beraterausbildung so genannte Synergie-gruppen.

Die Ausbildung neuer emotionaler Fähigkeiten sowie die Integration neuer Erkenntnisse in den Alltag gelingen mit Hilfe einer Synergiegruppe um ein Vielfaches leichter und schöner als allein. Die Teilnehmer deiner Gruppe werden während deines Glücksstudiums oder der Ausbildung zu guten Freun-den, mit denen du dich super verstehst und über alles reden kannst. Zurückzufallen in ein weniger glückliches Leben wird so nicht mehr möglich sein, denn das wird deine Synergie-gruppe einfach nicht mehr zulassen!

Durch dein persönliches Glück werden viele deiner Freunde und Bekannten wissen wollen, was mit dir los ist. Viele werden glauben, dass du frisch verliebt bist! Das ist die Standardfrage, auf die du dich einstellen kannst, wenn du durch unser Trai-ning immer glücklicher wirst. Die Standardantwort, die viele Teilnehmer unserer Seminare daraufhin geben, ist: „Ja, ich bin verliebt. Ich weiß nur noch nicht, in wen!"

Es wird dir leichtfallen, dein persönliches Umfeld an deinem Glück teilhaben zu lassen. Und damit tust du dir selbst, dei-nem Umfeld und auch uns einen riesigen Gefallen.

Das Bewusstsein über die Effektivität unseres Glückstrai-nings wird sich durch Mund-zu-Mund-Propaganda am besten verbreiten. Und wenn alle, die durch unser Training glücklicher geworden sind, dabei mithelfen, dieses Glück auch anderen

Menschen zugänglich zu machen, dann haben wir die 50 Millionen schon so gut wie in der Tasche! Doch was tun wir, wenn wir die 50 Millionen erreicht haben? Dann haben wir ja gar kein tolles Ziel mehr, das so gut zu unserem persönlichen Glück passt! Was sollen wir dann tun?

Dann weiten wir unser Ziel aus und wollen den Rest der Menschheit auch noch beglücken. An diesem Ziel werden wir sicherlich noch sehr, sehr lange unsere Freude haben.

Bis dahin wünsche ich dir ein oberabgefahrenes, glückliches Leben.

Bodo

Buchbestellung

Alle Ella-Kensington-Bücher sind über den Buchhandel erhältlich. Du kannst sie jedoch auch direkt auf unserer Homepage oder bei der angegebenen Kontaktadresse bestellen.

Die Bestellung über unsere Homepage geht ganz einfach! Einfach nur den Button „Bücher" anklicken und das gewünschte Buch aus der Liste auswählen. Dann nur noch deinen Namen und deine Adresse eintragen, und schon ist das Buch unterwegs zu dir. Es wird noch am gleichen Tag zusammen mit einer Rechnung losgeschickt. Du hast dann zwei Wochen Zeit, den Rechnungsbetrag auf unser Konto zu überweisen. Genauso läuft es auch mit der Buchbestellung per Fax oder Postkarte.

Bei allen Bestellarten entstehen dir keine zusätzlichen Kosten. Porto und Verpackung gehen auf uns. Die Bücher werden dir also versandkostenfrei zugeschickt.

Kontaktadresse:	**AHD Müller** **Rehstr. 7** **66701 Beckingen**
Fax:	**06832 801399**
Homepage:	**http://www.ella.org**

Bücher von Ella Kensington

Mary   Die unbändige, göttliche Lebenslust

„Das beste Buch der Welt gegen Liebeskummer und schlechte Stimmung“, schreibt Bärbel Mohr in ihrem Buch: „Bestellungen beim Universum“.

Michael, unsterblich verliebt und von Selbstzweifeln zerfressen, hat nur von einem genug im Leben: nämlich von Problemen. Seine Geschichte und wie er spielend zu einer glücklichen Lebenseinstellung findet, ist verknüpft mit der Geschichte eines Wesens, das aus einer anderen Welt auf die Erde kommt, um das Menschsein zu erlernen. Dabei muss es als Erstes einmal erkennen, dass die Menschen so etwas wie Probleme haben. Es hat keine Ahnung, wie das funktionieren soll, findet es aber überaus spannend.

Robin und das Positive Fühlen

Es gibt Momente im Leben, in denen wir so glücklich sind, dass wir am liebsten die ganze Welt umarmen würden. Egal, wie das Wetter ist, für uns scheint die Sonne. Egal, wie schwierig anderen eine Aufgabe erscheinen mag, für uns ist sie einfach. Wir fühlen uns motiviert, sind begeistert, reißen andere mit und wissen aus tiefster Seele, dass wir so, wie wir sind, voll und ganz richtig sind. Wir fühlen uns schön und attraktiv, merken dabei auch, wie andere Menschen sehr positiv auf uns reagieren. Ja, in diesen Paradiessekunden gehört uns die Welt!

Warum sollten wir etwas tun, um solche Momente sehr viel häufiger zu erleben? Ganz einfach: Weil wir es können! Dieser packende und mystische Liebesroman verrät in allen Einzelheiten wie. Robin und das Positive Fühlen stellt die Fortsetzung des Bestsellers *Mary* dar und beinhaltet den neusten Stand unseres Umsetzungskonzeptes.

Robin und das Positive Fühlen erscheint voraussichtlich im Frühjahr 2008.

Glücksgefühle bis zum Abwinken

Wann hast du das letzte Mal geweint vor Glück? Wann hast du dich das letzte Mal vor Lachen so geschüttelt, dass du nicht mehr wusstest, wo oben und unten ist?

In diesem kleinen Büchlein habe ich die zehn effektivsten und schönsten Methoden zusammengestellt, mit denen man sich Glücksgefühle reinschrauben kann, bis einem schwarz vor Augen wird.

Dieses Buch ist im Buchhandel leicht zu erkennen: Es trägt das gleiche Markenzeichen wie dieses Buch – den Tautropfen im Gras, gleich vor meiner Tür!

Ich wünsche dir beim Lesen den gleichen Spaß, den ich beim Schreiben hatte!

Glücksmomente

Die Grundregeln des Glücks

Wenn ich als Tennisspieler meinen Aufschlag verbessern will, kann ich trainieren. Wenn ich meine Fähigkeiten als Sänger verbessern will, kann ich trainieren.

Was aber ist, wenn ich glücklicher werden will? Kann ich das auch trainieren?

Du findest in diesem Buch ein sehr effektives und leicht zu erlernendes Glückstraining, mit dem bereits mehrere Tausend Seminarteilnehmer ihr Glücksempfinden dauerhaft und stabil auf ein sehr viel höheres Niveau bringen konnten.

Die einzelnen Übungen stellen eine konsequente Weiterführung unseres Glückskonzeptes dar, das in „Die Glückstrainer" beschrieben wurde. Obwohl dieses Buch damit sozusagen die Fortgeschrittenen-Version darstellt, ist es als eigenständiges Werk konzipiert. Die einzelnen Übungen können daher auch ohne Vorkenntnisse umgesetzt werden.

Mysterio *Überlege Dir gut, was Du Dir wünschst! Es könnte in Erfüllung gehen!*

Es geht in diesem Buch um ein mysteriöses Internet-Spiel. Dieses Spiel wird von 20 000 Menschen auf der ganzen Welt gespielt. Alle Spieler haben in Verbindung mit diesem Spiel sehr seltsame Erlebnisse. Am Anfang glauben sie, dass alles Zufall sei, was passiert. Später glauben sie, das Spiel habe magische Fähigkeiten. Am Ende erkennen sie allerdings, dass das Spiel nur ihre schöpferischen Fähigkeiten aktiviert hat. Es ist ein verkapptes Trainingsprogramm, das zur Nutzung des gesamten menschlichen Potenzials führt. Dieses Spiel wurde von einer höheren Intelligenz in das Internet eingespielt und dient dem Einläuten des neuen Zeitalters.

Die Spieler machen viele übersinnliche Erfahrungen. Sie finden früher oder später auf rätselhafte Weise zusammen und erkennen, dass sie gemeinsam eine bestimme Aufgabe für die Menschheit zu erfüllen haben.

Die 7 Botschaften unserer Seele

Ich bin, was ich erlebe
Ich erlebe, was ich denke
Ich denke, was ich fühle
Ich fühle, was ich glaube
Ich glaube, was ich will
Ich will, was ich liebe
Ich liebe, was ich bin

Joe erhält auf abenteuerlichem Wege Kontakt zu seiner Seele, die er jeden Abend zu den Geschehnissen des Tages befragt. In sieben aufeinander aufgebauten Lektionen bringt ihm seine Seele bei, wie er es anstellen kann, jeden Tag in seinem Leben zu einem Tag reiner Freude werden zu lassen.

Die Kammer des Wissens

In nicht allzu ferner Zukunft leben die Menschen im Inneren der Erde. Die Erdoberfläche wurde bei einem atomaren Krieg für alle Zeiten unbewohnbar gemacht. Nur einige Millionen Menschen überlebten.

Ronja wird in unsere Zeit zurückgeschickt, um diesen Krieg ungeschehen zu machen. Doch es kommt alles anders als geplant. In einem dramatischen Wettlauf gegen die Zeit sucht sie zusammen mit zwei Gefährten nach der legendären Kammer des Wissens. Nur mit dem Inhalt dieser Kammer kann der Krieg verhindert werden. Dummerweise nützt dieser Inhalt jedoch nur etwas, wenn die drei es schaffen, nur noch glückliche Emotionen zu haben. Für diese Suche und das Erreichen ihrer glücklichen Emotionen haben sie genau eine Woche Zeit!

Auf ihrer Suche stoßen die drei auf ungeheuerliche Wahrheiten über den Aufbau unserer Wirklichkeit – Wahrheiten, die alles in den Schatten stellen, was sie bisher über das Leben glaubten.

Die Wahrheiten, auf welche unsere drei Titelhelden stoßen, entsprechen den Erkenntnissen der modernen Naturwissenschaft. Diese Erkenntnisse legen nahe, dass wir uns das Leben in vielen Bereichen erheblich leichter machen können.

In die Geschichte dieses Buches sind wahre Begebenheiten eingeflochten.

Dem Leser bietet dieses Buch die Möglichkeit, sowohl in ein neues Verständnis der Welt als auch in die Geheimnisse wahrer Liebe und eines glücklichen Lebens einzutauchen.

Buchempfehlungen

Wärmstens an Herz legen möchte ich dir die Bücher von Bärbel Mohr.

Bisher erschienen:
- **Bestellungen beim Universum**
- **Der kosmische Bestellservice**
- **Universum und Co.**
- **Reklamationen beim Universum**
- **Nutze die täglichen Wunder**

In einer sehr humorvollen und erfrischenden Art und Weise zeigt Bärbel eine sehr einfache Möglichkeit zur Wunscherfüllung. Sie bestellt einfach beim Universum, was sie sich wünscht! Ungewöhnlicherweise gehen diese Wünsche auch noch sehr häufig in Erfüllung.

Wie sie das anstellt und was dabei zu beachten ist, damit es wirklich klappt, kannst du ihren Büchern entnehmen. Ich wünsche dir den gleichen Spaß dabei, den ich beim Lesen hatte.

Ebenfalls begeistert war ich von dem Buch „**Die Glücksformel**" von Stefan Klein. In einer leicht verständlichen und amüsanten Art und Weise bringt Stefan Klein dem Leser die neurobiologischen Grundlagen des Glücklichseins näher. Neben diesem Verständnis für die Funktionsweise des menschlichen Gehirns findet man in diesem Buch eine Vielzahl sehr interessanter Sozialstudien aus dem Bereich der Glücksforschung.

Kontaktadresse:	**AHD Müller** **Rehstr. 7** **66701 Beckingen**
Fax:	**06832 801399**
Homepage:	**http://www.ella.org**